# 用户画像

## 方法论与工程化解决方案

赵宏田 ◎ 著

USER PORTRAIT

METHODOLOGY AND ENGINEERING SOLUTIONS

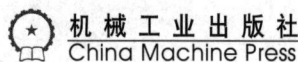

机械工业出版社
China Machine Press

图书在版编目（CIP）数据

用户画像：方法论与工程化解决方案 / 赵宏田著 . —北京：机械工业出版社，2019.10
（2024.7 重印）

ISBN 978-7-111-63564-2

I. 用… II. 赵… III. 市场营销学 IV. F713.50

中国版本图书馆 CIP 数据核字（2019）第 230464 号

# 用户画像：方法论与工程化解决方案

出版发行：机械工业出版社（北京市西城区百万庄大街 22 号　邮政编码：100037）

责任编辑：李 艺　　　　　　　　　　　　责任校对：李秋荣

印　　刷：三河市宏达印刷有限公司　　　　版　　次：2024 年 7 月第 1 版第 14 次印刷

开　　本：186mm×240mm　1/16　　　　　印　　张：16.75

书　　号：ISBN 978-7-111-63564-2　　　　定　　价：79.00 元

客服电话：(010) 88361066　68326294

版权所有・侵权必究
封底无防伪标均为盗版

# 前言

## 为什么写这本书

我曾在知乎"数据智能"专栏下面不定期连载关于用户画像的文章,也曾在知乎开设过几期live直播,还曾在天善智能等网课平台开设过系列网课"用户画像解决方案"。在和同行业中对画像感兴趣的朋友们交流时,我发现大家虽然来自地产、烟草、零售、互联网等不同行业,但所在公司对用户画像领域都有建设需求,而且大家对于指标体系、标签作业效率(ETL)、标签监控、实时计算、画像产品化、业务应用场景和应用方式等方面都有进一步了解的兴趣。所以我想对这些年做用户画像的经验、踩过的"坑"进行梳理总结,为数据开发、数据分析、运营、用户研究等岗位的工作人员提供一些参考。

在写这份解决方案的一个个夜晚,我有时会想,科技和时代都在飞速发展,如果有一天我不做这一行了,该拿什么来回忆那些年奋斗的时光呢?2019年,我第3次从0到1开始搭建用户画像系统,从离线标签开发、用户数据分析、ETL调度、流式计算开发,到打通数据服务层、应用画像数据服务业务方、获得业务增长的反馈,这一路走过来,过程是痛苦的,收获是丰富的。奋斗的日子固然多彩,回望一步步走过的路,谨以此书向那些不舍昼夜奔腾向前的日子致敬。

## 本书特色

开始做用户画像的时候我也不知道从何处下手,市面上介绍 Hive、Spark、HBase、MySQL、数据仓库等大数据相关技术的书籍很多,但是介绍用户画像搭建开发的书籍很少,甚至没有。在没有相关项目经验的情况下,我不知道如何把这些大数据组件统筹起来搭建用户画像系统。直到这两年,我才一边开发画像系统,一边总结梳理,最终编纂成本书。

本书借助数据仓库实现一套用户画像系统的方案。从实际工程案例出发,结合多业务场景,内容涵盖开发离线批处理计算的标签及流式计算标签,为读者的分析、开发、搭建用户画像系统,并借助该用户画像系统为运营人员制定运营用户的策略提供端到端的解决方案。

一套好的解决方案需要包括以下几个层面。

1)架构层:在画像系统的架构层,本书首先介绍了画像数据仓库的架构,进一步介绍了数据存储的技术选型,在什么场景下使用 Hive、MySQL、HBase、Elasticsearch 等工具存储数据,用户标签开发、人群计算开发等相应数据开发层面的内容,以及整个项目的开发流程和各阶段的关键产出。

2)流量层:介绍整个方案是如何运作起来的。本书主要涉及画像系统的作业流程调度、数据仓库和各业务系统的打通。

3)业务层:包括系统的前后端交互以及如何把这套系统应用在业务服务层面。本书通过用户画像产品化介绍了产品端和画像系统的"代码"层面是如何进行交互操作的。

4)方案价值:包括系统上线后如何服务于各业务场景产生业务价值以及有待进一步完善的地方。

以上几个层面的内容构成了一套完整的用户画像解决方案,这也是本书各章节覆盖的全部模块。

数据的最终目的是走出数据仓库,应用到业务系统和营销系统中来驱动营收增长。

我在学习数据仓库的时候学过 Kimball 的《数据仓库工具箱》,其中关于数据仓库的 34 个子系统的介绍对我影响很大，其对于如何解决特定问题并形成结构化思维有着系统的方法论与解决方案。虽然面对具体问题的处理方式是灵活且丰富多样的，但是固定的结构化思维有利于快速找到突破口，形成良好的开端。

本书可以帮助读者在用户画像领域形成一种体系化思维，在面对一个具体项目时不会无从下手。如何建立标签指标体系？指标体系中包含哪些标签？如何设计存储画像标签的表结构？如何开发标签？画像系统中涉及哪些数据存储工具？如何打通标签数据到服务层？如何对画像系统进行监控？如何对整个画像系统进行调度？如何使画像系统服务于业务场景来驱动增长？这些都是画像系统的子模块。

## 主要章节及内容

本书共 9 章，各章具体内容如下：

第 1 章：主要讲用户画像的基础知识，包括搭建用户画像系统需要覆盖的模块，开发阶段流程，各阶段的关键产出，以及数据仓库架构、表结构的设计等内容。阅读本章可以帮助读者形成构建用户画像的一个整体化思想。

第 2 章：结合业务设定指标体系，本章针对案例背景，从常用的用户属性、行为、消费、风险控制这 4 个维度设定指标体系。本章提供的标签可涵盖大部分刻画用户画像的应用场景，对于具体应用点，读者可根据公司业务特性进行针对性的补充。

第 3 章：讲解了标签相关数据的存储，包括 Hive 存储、MySQL 存储、HBase 存储和 Elasticsearch 存储。不同的存储方式适用于不同的场景和业务需要。

第 4 章：也是本书的重点章节，书中介绍的标签数据及相关脚本的开发是用户画像构建工作的重点。本章讲解了对常见的统计类、规则类、挖掘类、流式计算类标签以及用户特征库等与用户相关的数据的开发，还进一步介绍了如何计算人群数据、打通数据到服务层通路的开发。通过 GraphX 图计算用户 2 度关系熟人的案例介绍了如何深度挖掘用户间的关联关系。本章对每一小节都进行了详细的讲解，并附有配套的代码计算过程。

第 5 章：讲解了开发过程中常见的数据倾斜调优、对小文件的读取、缓存中间数据、开发中间表等调优工作。

第 6 章：讲解了如何使用开源 ETL 工具 Airflow 实现画像系统相关任务的工程化上线调度，以及对数据的监控预警和调度异常的排查。

第 7 章：画像产品化是数据从数据仓库走向业务服务的重要环节，画像产品化可便于业务人员使用工具来分析用户，将业务上定义的用户群应用到各业务系统中提供服务。本章为数据产品人员、业务人员提供了解决方案的思路。

第 8 章：介绍了用户画像的应用场景，包括经营分析、精准营销、个性化推荐等应用方向，方便业务人员、产品经理、数据分析师更好地了解用户、触达用户。

第 9 章：通过场景化介绍用户画像实际应用的 8 个案例，清楚地展现了用户画像作为一种分析、触达用户的工具在实际业务上的应用方式和应用流程。

## 主要读者对象

- 产品经理：由于岗位性质对技术不是特别熟悉，可重点关注第 1、2、7、8、9 章的内容。
- 数据分析师：可以从多个维度对用户及用户群进行分析，可重点关注第 1、2、3、7、8、9 章的内容。
- 运营人员：可重点关注第 2、8、9 章的内容，了解画像系统涉及的指标体系、应用场景及应用策略。
- 数据开发人员：本书主要站在数据开发人员的角度对整个画像系统进行系统化介绍。数据开发人员可完整阅读本书各章的内容。
- 市场人员：借助画像系统了解用户群体的特征以及运营用户群的策略方法，可重点关注第 2、8、9 章的内容。

## 勘误和支持

由于水平有限,书中难免会存在疏漏之处,恳请读者批评指正。为此,读者可通过邮箱(892798505@qq.com)或微信(administer00001)反馈有关问题,我将尽全力为读者进行解答。

## 致谢

感谢父母对我一路成长的支持。感谢机械工业出版社的杨福川老师和李艺老师,这是我第二次与两位老师合作,每次合作与沟通总是那么愉快;感谢为本书写推荐的朋友们,你们的专业建议让本书更加精彩。最后,感谢过去一年中自己的每一分投入,不断积累,将大数据在用户画像领域的工程化实现和应用方案编纂成书。

# 目录 Contents

前言

## 第1章 用户画像基础 ········ 1
### 1.1 用户画像是什么 ········ 1
#### 1.1.1 画像简介 ········ 1
#### 1.1.2 标签类型 ········ 3
### 1.2 数据架构 ········ 4
### 1.3 主要覆盖模块 ········ 5
### 1.4 开发阶段流程 ········ 7
#### 1.4.1 开发上线流程 ········ 7
#### 1.4.2 各阶段关键产出 ········ 9
### 1.5 画像应用的落地 ········ 10
### 1.6 某用户画像案例 ········ 11
#### 1.6.1 案例背景介绍 ········ 11
#### 1.6.2 相关元数据 ········ 12
#### 1.6.3 画像表结构设计 ········ 16
### 1.7 定性类画像 ········ 21
### 1.8 本章小结 ········ 22

## 第2章 数据指标体系 ········ 23
### 2.1 用户属性维度 ········ 23
#### 2.1.1 常见用户属性 ········ 23
#### 2.1.2 用户性别 ········ 26
### 2.2 用户行为维度 ········ 27
### 2.3 用户消费维度 ········ 27

### 2.4 风险控制维度 ········ 29
### 2.5 社交属性维度 ········ 30
### 2.6 其他常见标签划分方式 ········ 31
### 2.7 标签命名方式 ········ 33
### 2.8 本章小结 ········ 34

## 第3章 标签数据存储 ········ 35
### 3.1 Hive 存储 ········ 35
#### 3.1.1 Hive 数据仓库 ········ 35
#### 3.1.2 分区存储 ········ 37
#### 3.1.3 标签汇聚 ········ 39
#### 3.1.4 ID-MAP ········ 41
### 3.2 MySQL 存储 ········ 45
#### 3.2.1 元数据管理 ········ 45
#### 3.2.2 监控预警数据 ········ 47
#### 3.2.3 结果集存储 ········ 47
### 3.3 HBase 存储 ········ 50
#### 3.3.1 HBase 简介 ········ 50
#### 3.3.2 应用场景 ········ 52
#### 3.3.3 工程化案例 ········ 52
### 3.4 Elasticsearch 存储 ········ 59
#### 3.4.1 Elasticsearch 简介 ········ 59
#### 3.4.2 应用场景 ········ 60
#### 3.4.3 工程化案例 ········ 64
### 3.5 本章小结 ········ 67

# 第 4 章 标签数据开发 ............ 69

## 4.1 统计类标签开发 ............ 69
### 4.1.1 近 30 日购买行为标签案例 ...... 70
### 4.1.2 最近来访标签案例 ............ 73

## 4.2 规则类标签开发 ............ 74
### 4.2.1 用户价值类标签案例 .......... 75
### 4.2.2 用户活跃度标签案例 .......... 79

## 4.3 挖掘类标签开发 ............ 84
### 4.3.1 案例背景 .................... 84
### 4.3.2 特征选取及开发 .............. 85
### 4.3.3 文本分词处理 ................ 86
### 4.3.4 数据结构处理 ................ 89
### 4.3.5 文本 TF-IDF 权重 ............ 90
### 4.3.6 朴素贝叶斯分类 .............. 92

## 4.4 流式计算标签开发 .......... 95
### 4.4.1 流式标签建模框架 ............ 95
### 4.4.2 Kafka 简介 .................. 96
### 4.4.3 Spark Streaming 集成 Kafka ... 97
### 4.4.4 标签开发及工程化 ............ 99

## 4.5 用户特征库开发 ............ 104
### 4.5.1 特征库规划 .................. 105
### 4.5.2 数据开发 .................... 107
### 4.5.3 其他特征库规划 .............. 111

## 4.6 标签权重计算 .............. 112
### 4.6.1 TF-IDF 词空间向量 .......... 112
### 4.6.2 时间衰减系数 ................ 114
### 4.6.3 标签权重配置 ................ 115

## 4.7 标签相似度计算 ............ 116
### 4.7.1 案例场景 .................... 116
### 4.7.2 数据开发 .................... 118

## 4.8 组合标签计算 .............. 122
### 4.8.1 应用场景 .................... 122
### 4.8.2 数据计算 .................... 123

## 4.9 数据服务层开发 ............ 124
### 4.9.1 推送至营销系统 .............. 125
### 4.9.2 接口调用服务 ................ 127

## 4.10 GraphX 图计算用户 ........ 129
### 4.10.1 图计算理论及应用场景 ...... 129
### 4.10.2 数据开发案例 .............. 132

## 4.11 本章小结 .................. 135

# 第 5 章 开发性能调优 ............ 137

## 5.1 数据倾斜调优 .............. 137
## 5.2 合并小文件 ................ 141
## 5.3 缓存中间数据 .............. 143
## 5.4 开发中间表 ................ 144
## 5.5 本章小结 .................. 145

# 第 6 章 作业流程调度 ............ 146

## 6.1 crontab 命令调度 .......... 146
## 6.2 Airflow 工作平台 .......... 148
### 6.2.1 基础概念 .................... 149
### 6.2.2 Airflow 服务构成 ............ 150
### 6.2.3 Airflow 安装 ................ 151
### 6.2.4 主要模块功能 ................ 151
### 6.2.5 工作流调度 .................. 155
### 6.2.6 脚本实例 .................... 155
### 6.2.7 常用命令行 .................. 158
### 6.2.8 工程化调度方案 .............. 158

## 6.3 数据监控预警 .............. 161
### 6.3.1 标签监控预警 ................ 161
### 6.3.2 服务层预警 .................. 162

6.4 ETL 异常排查 164
6.5 本章小结 166

## 第 7 章 用户画像产品化 167
7.1 即时查询 167
7.2 标签视图与标签查询 169
7.3 元数据管理 171
7.4 用户分群功能 173
7.5 人群分析功能 175
7.6 本章小结 177

## 第 8 章 用户画像应用 178
8.1 经营分析 178
  8.1.1 商品分析 178
  8.1.2 用户分析 179
  8.1.3 渠道分析 180
  8.1.4 漏斗分析 185
  8.1.5 客服话术 186
  8.1.6 人群特征分析 186
8.2 精准营销 187
  8.2.1 短信/邮件营销 187
  8.2.2 效果分析 188
8.3 个性化推荐与服务 189
8.4 本章小结 190

## 第 9 章 实践案例详解 191
9.1 风控反欺诈预警 191
  9.1.1 应用背景 191
  9.1.2 用户画像切入点 192
9.2 A/B 人群效果测试 193
  9.2.1 案例背景 194
  9.2.2 用户画像切入点 194
  9.2.3 效果分析 195
9.3 用户生命周期划分与营销 195
  9.3.1 生命周期划分 196
  9.3.2 不同阶段的用户触达策略 201
  9.3.3 画像在生命周期中的应用 204
  9.3.4 应用案例 206
9.4 高价值用户实时营销 209
  9.4.1 项目应用背景 209
  9.4.2 用户画像切入点 209
  9.4.3 HBase 应用场景小结 209
9.5 短信营销用户 211
  9.5.1 案例背景 211
  9.5.2 画像切入及其应用效果 211
9.6 Session 行为分析应用 213
  9.6.1 关于用户行为分析 213
  9.6.2 案例背景 218
  9.6.3 特征构建 219
  9.6.4 分析方法与结论 221
9.7 人群效果监测报表搭建 228
  9.7.1 案例背景 228
  9.7.2 逻辑梳理 228
  9.7.3 自动报表邮件 237
9.8 基于用户特征库筛选目标人群 239
  9.8.1 案例背景 239
  9.8.2 应用方式及效果 240
9.9 本章小结 241

**附录 某产品用户画像项目规划文档** 242

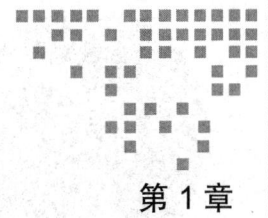

第 1 章　Chapter 1

# 用户画像基础

## 1.1　用户画像是什么

在互联网步入大数据时代后，用户行为给企业的产品和服务带来了一系列的改变和重塑，其中最大的变化在于，用户的一切行为在企业面前是可"追溯""分析"的。企业内保存了大量的原始数据和各种业务数据，这是企业经营活动的真实记录，如何更加有效地利用这些数据进行分析和评估，成为企业基于更大数据量背景的问题所在。随着大数据技术的深入研究与应用，企业的关注点日益聚焦在如何利用大数据来为精细化运营和精准营销服务，而要做精细化运营，首先要建立本企业的用户画像。

### 1.1.1　画像简介

用户画像，即用户信息标签化，通过收集用户的社会属性、消费习惯、偏好特征等各个维度的数据，进而对用户或者产品特征属性进行刻画，并对这些特征进行分析、统计，挖掘潜在价值信息，从而抽象出用户的信息全貌，如图1-1所示。用户画像可看作企业应用大数据的根基，是定向广告投放与个性化推荐的前置条件，为数据驱动运营奠定了基础。由此看来，如何从海量数据中挖掘出有价值的信息越发重要。

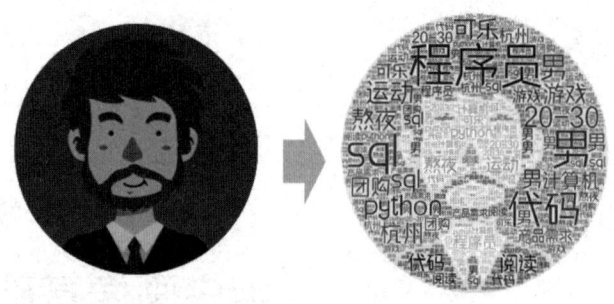

图 1-1　某用户标签化

大数据已经兴起多年，其对于互联网公司的应用来说已经如水、电、空气对于人们的生活一样，成为不可或缺的重要组成部分。从基础设施建设到应用层面，主要有数据平台搭建及运维管理、数据仓库开发、上层应用的统计分析、报表生成及可视化、用户画像建模、个性化推荐与精准营销等应用方向。

很多公司在大数据基础建设上投入很多，也做了不少报表，但业务部门觉得大数据和传统报表没什么区别，也没能体会大数据对业务有什么帮助和价值，究其原因，其实是"数据静止在数据仓库，是死的"。

而用户画像可以帮助大数据"走出"数据仓库，针对用户进行个性化推荐、精准营销、个性化服务等多样化服务，是大数据落地应用的一个重要方向。数据应用体系的层级划分如图 1-2 所示。

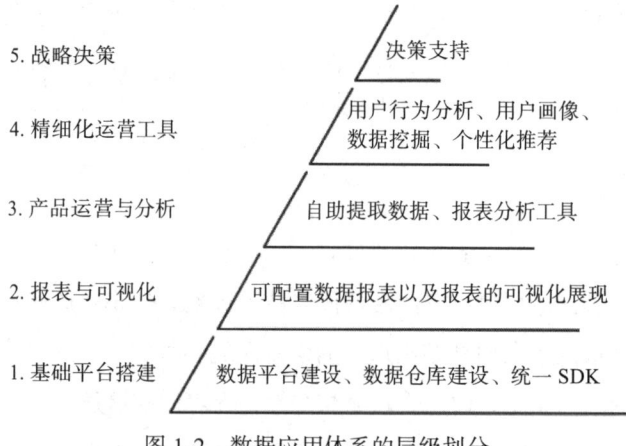

图 1-2　数据应用体系的层级划分

## 1.1.2 标签类型

用户画像建模其实就是对用户"打标签",从对用户打标签的方式来看,一般分为3种类型(如图1-3所示):①统计类标签;②规则类标签;③机器学习挖掘类标签。

图1-3 标签类型

下面我们介绍这3种类型的标签的区别:

**1. 统计类标签**

这类标签是最为基础也最为常见的标签类型,例如,对于某个用户来说,其性别、年龄、城市、星座、近7日活跃时长、近7日活跃天数、近7日活跃次数等字段可以从用户注册数据、用户访问、消费数据中统计得出。该类标签构成了用户画像的基础。

**2. 规则类标签**

该类标签基于用户行为及确定的规则产生。例如,对平台上"消费活跃"用户这一口径的定义为"近30天交易次数≥2"。在实际开发画像的过程中,由于运营人员对业务更为熟悉,而数据人员对数据的结构、分布、特征更为熟悉,因此规则类标签的规则由运营人员和数据人员共同协商确定;

**3. 机器学习挖掘类标签**

该类标签通过机器学习挖掘产生,用于对用户的某些属性或某些行为进行预测判断。例如,根据一个用户的行为习惯判断该用户是男性还是女性、根据一个用户的消费习惯判断其对某商品的偏好程度。该类标签需要通过算法挖掘产生。

在项目工程实践中,一般统计类和规则类的标签即可以满足应用需求,在开发中占有较大比例。机器学习挖掘类标签多用于预测场景,如判断用户性别、用户购买商品偏好、用户流失意向等。一般地,机器学习标签开发周期较长,开发成本较高,因此其开发所占比例较小。

## 1.2 数据架构

在整个工程化方案中,系统依赖的基础设施包括Spark、Hive、HBase、Airflow、MySQL、Redis、Elasticsearch。除去基础设施外,系统主体还包括Spark Streaming、ETL、产品端3个重要组成部分。图1-4所示是用户画像数仓架构图,下面对其进行详细介绍。

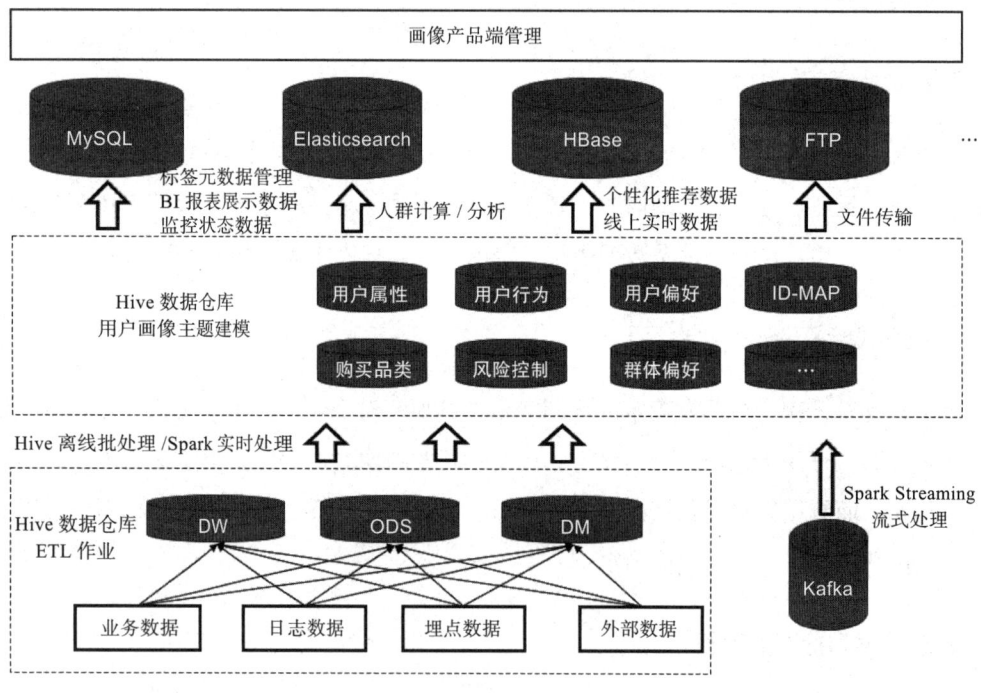

图1-4 用户画像数仓架构

图1-4下方虚线框中为常见的数据仓库ETL加工流程,也就是将每日的业务数据、日志数据、埋点数据等经过ETL过程,加工到数据仓库对应的ODS层、DW层、DM层中。

中间的虚线框即为用户画像建模的主要环节，用户画像不是产生数据的源头，而是对基于数据仓库 ODS 层、DW 层、DM 层中与用户相关数据的二次建模加工。在 ETL 过程中将用户标签计算结果写入 Hive，由于不同数据库有不同的应用场景，后续需要进一步将数据同步到 MySQL、HBase、Elasticsearch 等数据库中。

- Hive：存储用户标签计算结果、用户人群计算结果、用户特征库计算结果。
- MySQL：存储标签元数据，监控相关数据，导出到业务系统的数据。
- HBase：存储线上接口实时调用类数据。
- Elasticsearch：支持海量数据的实时查询分析，用于存储用户人群计算、用户群透视分析所需的用户标签数据（由于用户人群计算、用户群透视分析的条件转化成的 SQL 语句多条件嵌套较为复杂，使用 Impala 执行也需花费大量时间）。

用户标签数据在 Hive 中加工完成后，部分标签通过 Sqoop 同步到 MySQL 数据库，提供用于 BI 报表展示的数据、多维透视分析数据、圈人服务数据；另一部分标签同步到 HBase 数据库用于产品的线上个性化推荐。

## 1.3 主要覆盖模块

搭建一套用户画像方案整体来说需要考虑 8 个模块的建设，如图 1-5 所示。

- 用户画像基础：需要了解、明确用户画像是什么，包含哪些模块，数据仓库架构是什么样子，开发流程，表结构设计，ETL 设计等。这些都是框架，大方向的规划，只有明确了方向后续才能做好项目的排期和人员投入预算。这对于评估每个开发阶段重要指标和关键产出非常重要，重点可看 1.4 节。
- 数据指标体系：根据业务线梳理，包括用户属性、用户行为、用户消费、风险控制等维度的指标体系。
- 标签数据存储：标签相关数据可存储在 Hive、MySQL、HBase、Elasticsearch 等数据库中，不同存储方式适用于不同的应用场景。
- 标签数据开发：用户画像工程化的重点模块，包含统计类、规则类、挖掘类、流式计算类标签的开发，以及人群计算功能的开发，打通画像数据和各业务系统之间的通路，提供接口服务等开发内容。

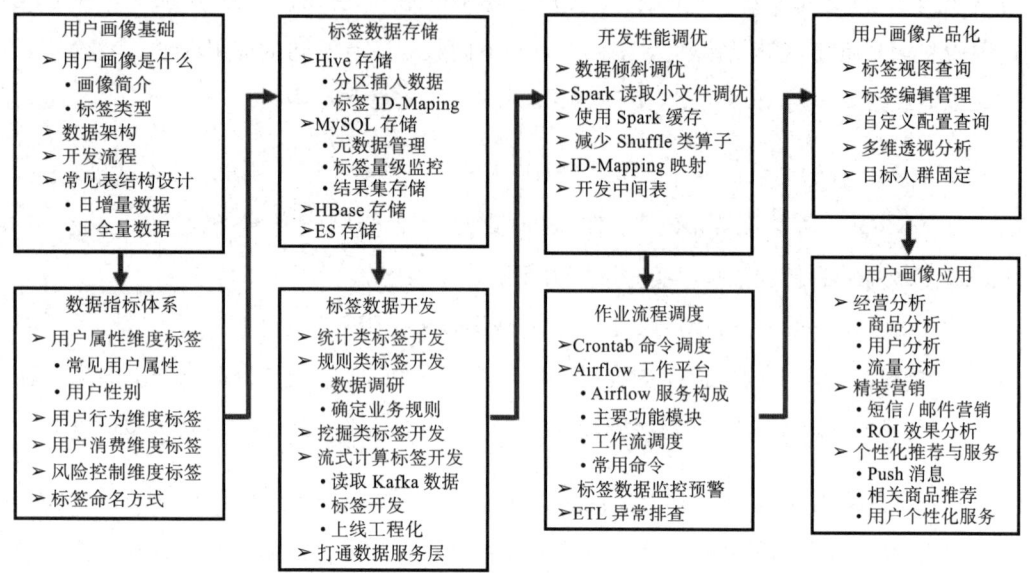

图1-5　用户画像主要覆盖模块

- ❑ 开发性能调优：标签加工、人群计算等脚本上线调度后，为了缩短调度时间、保障数据的稳定性等，需要对开发的脚本进行迭代重构、调优。
- ❑ 作业流程调度：标签加工、人群计算、同步数据到业务系统、数据监控预警等脚本开发完成后，需要调度工具把整套流程调度起来。本书讲解了Airflow这款开源ETL工具在调度画像相关任务脚本上的应用。
- ❑ 用户画像产品化：为了能让用户数据更好地服务于业务方，需要以产品化的形态应用在业务上。产品化的模块主要包括标签视图、用户标签查询、用户分群、透视分析等。
- ❑ 用户画像应用：画像的应用场景包括用户特征分析、短信、邮件、站内信、Push消息的精准推送、客服针对用户的不同话术、针对高价值用户的极速退货退款等VIP服务应用。

本书内容安排也分别围绕这8个模块的内容来展开。方便读者更清楚地了解用户画像是如何从0到1搭建起来并提供服务、驱动用户和实现营收增长的。

## 1.4 开发阶段流程

本节主要介绍画像系统开发上线的流程以及各阶段的关键产出。

### 1.4.1 开发上线流程

用户画像建设项目流程,如图 1-6 所示。

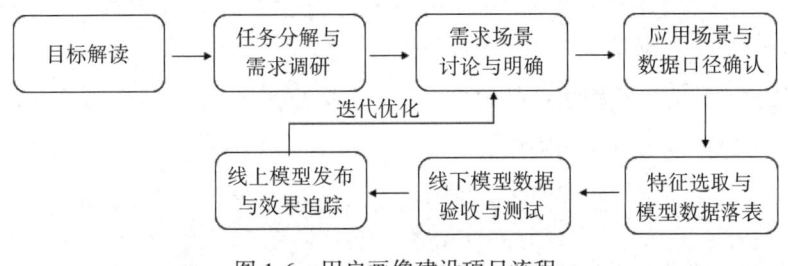

图 1-6 用户画像建设项目流程

**第一阶段:目标解读**

在建立用户画像前,首先需要明确用户画像服务于企业的对象,再根据业务方需求,明确未来产品建设目标和用户画像分析之后的预期效果。

一般而言,用户画像的服务对象包括运营人员和数据分析人员。不同业务方对用户画像的需求有不同的侧重点,就运营人员来说,他们需要分析用户的特征、定位用户行为偏好,做商品或内容的个性化推送以提高点击转化率,所以画像的侧重点就落在了用户个人行为偏好上;就数据分析人员来说,他们需要分析用户行为特征,做好用户的流失预警工作,还可根据用户的消费偏好做更有针对性的精准营销。

**第二阶段:任务分解与需求调研**

经过第一阶段的需求调研和目标解读,我们已经明确了用户画像的服务对象与应用场景,接下来需要针对服务对象的需求侧重点,结合产品现有业务体系和"数据字典"规约实体和标签之间的关联关系,明确分析维度。就后文将要介绍的案例而言,需要从用户属性画像、用户行为画像、用户偏好画像、用户群体偏好画像等角度去进行业务建模。

### 第三阶段：需求场景讨论与明确

在本阶段，数据运营人员需要根据与需求方的沟通结果，输出产品用户画像需求文档，在该文档中明确画像应用场景、最终开发出的标签内容与应用方式，并就该文档与需求方反复沟通并确认无误。

### 第四阶段：应用场景与数据口径确认

经过第三个阶段明确了需求场景与最终实现的标签维度、标签类型后，数据运营人员需要结合业务与数据仓库中已有的相关表，明确与各业务场景相关的数据口径。在该阶段中，数据运营方需要输出产品用户画像开发文档，该文档需要明确应用场景、标签开发的模型、涉及的数据库与表以及应用实施流程。该文档不需要再与运营方讨论，只需面向数据运营团队内部就开发实施流程达成一致意见即可。

### 第五阶段：特征选取与模型数据落表

本阶段中数据分析挖掘人员需要根据前面明确的需求场景进行业务建模，写好HQL逻辑，将相应的模型逻辑写入临时表中，并抽取数据校验是否符合业务场景需求。

### 第六阶段：线下模型数据验收与测试

数据仓库团队的人员将相关数据落表后，设置定时调度任务，定期增量更新数据。数据运营人员需要验收数仓加工的HQL逻辑是否符合需求，根据业务需求抽取表中数据查看其是否在合理范围内，如果发现问题要及时反馈给数据仓库人员调整代码逻辑和行为权重的数值。

### 第七阶段：线上模型发布与效果追踪

经过第六阶段，数据通过验收之后，会通过Git进行版本管理，部署上线。使用Git进行版本管理，上线后通过持续追踪标签应用效果及业务方反馈，调整优化模型及相关权重配置。

## 1.4.2 各阶段关键产出

为保证程序上线的准时性和稳定性，需要规划好各阶段的任务排期和关键产出。画像体系的开发分为几个主要阶段，包括前期指标体系梳理、用户标签开发、ETL 调度开发、打通数据服务层、画像产品端开发、面向业务方推广应用、为业务方提供营销策略的解决方案等，如表 1-1 所示。

表 1-1 用户画像项目各阶段关键产出

| 任务类型 | 任务名称 | 任务内容 | 所需时间 | 重点内容 |
| --- | --- | --- | --- | --- |
| 标签开发 | 性别标签开发 | 数据调研、熟悉数据字典、开发标签（包括统计类、算法类、实时类的标签） | ×× 天 | 数据调研，和业务方确认数据口径，标签开发上线。初期上线满足应用需求 |
|  | 会员标签开发 |  | ×× 天 |  |
|  | 活跃度标签开发 |  | ×× 天 |  |
|  | RFM 标签开发 |  | ×× 天 |  |
|  | …… | …… | …… |  |
| ETL 调度开发 | 任务依赖关系梳理 | 梳理各任务之间的依赖关系 | ×× 天 | 满足定时调度、监控预警、失败重试，各调度任务之间的复杂依赖关系 |
|  | 监控脚本开发 | 开发标签监控、人群计算监控、服务层监控等相关脚本 | ×× 天 |  |
|  | 调度脚本开发 | 根据梳理的各任务间的调度依赖，开发调度流脚本 | ×× 天 |  |
|  | 上线调度系统 | 调度流脚本上线调度试运行 / 正式运行 | ×× 天 |  |
| 打通服务层接口 | push 系统业务对接沟通 | 画像人群数据和 Push 系统的打通方案，开发方式确定 | ×× 天 | 打通数据仓库数据和各业务系统之间的通路，提供稳健的服务 |
|  | 外呼系统业务对接沟通 | 和外呼团队了解外呼业务场景，确定打通方式 | ×× 天 |  |
|  | 广告系统业务对接沟通 | 和广告团队了解目前的广告场景，确定打通方式 | ×× 天 |  |
|  | 客服系统业务对接沟通 | 和客服团队确认系统打通方式 | ×× 天 |  |
|  | …… | …… | …… |  |
| 画像产品化 | 产品经理与业务人员、技术开发对接沟通 | 确定产品功能、画原型、明确开发排期 | ×× 天 | 产品交互友好，能支持到业务方对用户进行分析、精细运营的需求 |
|  | Java Web 端开发 | 开发测试、内测 | ×× 天 |  |
|  | 产品上线 | 通知各业务方使用产品 | ×× 天 |  |
| 开发调优 | 标签脚本、调度脚本的重构优化 | 梳理现有标签开发、调度、校验告警、同步到服务层等相关脚本，明确可以优化的地方，迭代优化 | ×× 天 | 减少 ETL 调度时间，降低调度时的资源消耗 |

(续)

| 任务类型 | 任务名称 | 任务内容 | 所需时间 | 重点内容 |
|---|---|---|---|---|
| 面向业务方推广应用 | 写画像使用文档 | 面向数据分析师、业务人员等群体撰写详细的画像使用文档，包括相关表及元数据、产品使用手册等 | ××天 | 帮助业务人员将画像数据应用到业务中去，提高用户活跃度，提高 GMV |
| | 提供业务支持 | 针对业务场景，为业务方提供画像解决方案 | ××天 | |

❑ 标签开发：根据业务需求和应用场景梳理标签指标体系，调研业务上定义的数据口径，确认数据来源，开发相应的标签。标签开发在整个画像项目周期中占有较大比重。

❑ ETL 调度开发：梳理需要调度的各任务之间的依赖关系，开发调度脚本及调度监控告警脚本，上线调度系统。

❑ 打通服务层接口：为了让画像数据走出数据仓库，应用到用户身上，需要打通数据仓库和各业务系统的接口。

❑ 画像产品化：需要产品经理与业务人员、技术开发人员一起对接业务需求点和产品功能实现形式，画产品原型，确定工作排期。Java Web 端开发完成后，需要数据开发人员向对应的库表中灌入数据。

❑ 开发调优：在画像的数据和产品端搭建好架构、能提供稳定服务的基础上，为了让调度任务执行起来更加高效、提供服务更加稳健，需要对标签计算脚本、调度脚本、数据同步脚本等相关计算任务进行重构优化。

❑ 面向业务方推广应用：用户画像最终的价值产出点是业务方应用画像数据进行用户分析，多渠道触达运营用户，分析 ROI，提升用户活跃度或营收。因此，面向业务人员推广画像系统的使用方式、提供针对具体业务场景的解决方案显得尤为重要。在该阶段，相关人员需要撰写画像的使用文档，提供业务支持。

## 1.5 画像应用的落地

用户画像最终的价值还是要落地运行，为业务带来实际价值。这里需要开发标签的数据工程师和需求方相互协作，将标签应用到业务中。否则开发完标签后，数据还是只停留在数据仓库中，没有为业务决策带来积极作用。

画像开发过程中，还需要开发人员组织数据分析、运营、客服等团队的人员进行画像应用上的推广。对于数据分析人员来说，可能会关注用户画像开发了哪些表、哪些字段以及字段的口径定义；对运营、客服等业务人员来说，可能更关注用户标签定义的口径，如何在 Web 端使用画像产品进行分析、圈定用户进行定向营销，以及应用在业务上数据的准确性和及时性。

只有业务人员在日常工作中真正应用画像数据、画像产品，才能更好地推动画像标签的迭代优化，带来流量提升和营收增长，产出业绩价值。

## 1.6 某用户画像案例

这里通过一个贯穿本书的实践案例来将大家更好地带入实际开发画像、应用画像标签的场景中。本节主要介绍案例背景及相关的元数据，以及开发标签中可以设计的表结构样式。

在本案例的开发工作中，基于 Spark 计算引擎，主要涉及的语言包括 HiveQL、Python、Scala、Shell 等。

### 1.6.1 案例背景介绍

某图书电商网站拥有超过千万的网购用户群体，所售各品类图书 100 余万种。用户在平台上可进行浏览、搜索、收藏、下单、购买等行为。商城的运营需要解决两个问题：一方面在企业产品线逐渐扩张、信息资源过载的背景下，如何在兼顾自身商业目标的同时更好地满足消费者的需求，为用户带来更个性化的购物体验，通过内容的精准推荐，更好地提高用户的点击转化率；另一方面在用户规模不断增长的背景下，运营方考虑建立用户流失预警机制，及时识别将要流失的用户群体，采取运营措施挽回用户。

商城自建立以来，数据仓库中积累着大量的业务数据、日志数据及埋点数据。如何充分挖掘沉淀在数据仓库中的数据的价值，有效支持用户画像的建设，成为当前的重要工作。

## 1.6.2 相关元数据

在本案例中,可以获取的数据按其类型分为:业务类数据和用户行为数据。其中业务类数据是指用户在平台上下单、购买、收藏物品、货物配送等与业务相关的数据;用户行为数据是指用户搜索某条信息、访问某个页面、点击某个按钮、提交某个表单等通过操作行为产生(在解析日志的埋点表中)的数据。

涉及数据仓库中的表主要包括用户信息表、商品订单表、图书信息表、图书类目表、App 端日志表、Web 端日志表、商品评论表等。下面就用户画像建模过程中会用到的一些数据表做详细介绍。

### 1. 用户信息表

用户信息表(见表 1-2)存放有关用户的各种信息,如用户姓名、年龄、性别、电话号码、归属地等信息。

表 1-2 用户信息表(dim.user_basic_info)

| 字 段 | 字段类型 | 字段定义 | 备 注 |
| --- | --- | --- | --- |
| user_id | character varying(50) | 用户编码 | |
| user_name | character varying(50) | 用户姓名 | |
| user_status_id | integer | 用户状态 | 0: 未注册;1: 已注册;2: 已注销 |
| mail_id | character varying(40) | 邮箱编码 | |
| birthday | character varying(40) | 用户生日 | |
| gender_id | smallint | 性别 | 0: 男;1: 女;2: 其他 |
| call_phone_id | character varying(64) | 电话号码 | |
| is_has_photo | smallint | 是否有头像 | |
| gmt_created | timestamp | 创建时间 | |
| gmt_created_date | date | 注册日期 | |
| province_name | character varying(20) | 归属省 | 用户填写 > 手机号归属地 > 身份证归属地 |
| city_name | character varying(20) | 归属市 | 同上 |
| user_address | character varying(320) | 详细地址 | |

## 2. 商品订单表

商品订单表（见表 1-3）存放商品订单的各类信息，包括订单编号、用户 id、用户姓名、订单生成时间、订单状态等信息。

表 1-3　商品订单表（dw.order_info_fact）

| 字　段 | 字段类型 | 字段定义 | 备　注 |
| --- | --- | --- | --- |
| id | bigint | 自增主键 | |
| source_id | bigint | 订单来源标识 | 0:App；1:Web；2: H5；3: 其他 |
| user_id | character varying(50) | 用户编码 | |
| user_name | character varying(50) | 用户姓名 | |
| order_id | integer | 订单号 | |
| std_book_id | bigint | 图书编码 | |
| std_book_name | character varying(80) | 图书名称 | |
| create_time | timestamp | 订单生成时间 | |
| create_date | date | 订单日期 | |
| order_remark | character varying(80) | 订单备注 | |
| status_id | bigint | 订单状态 | 1: 待支付；2: 已完成；3: 已取消；4: 已退款；5: 支付失败 |
| status_time | timestamp | 订单状态时间 | |
| order_amount | double precision | 订单金额 | |
| pay_account | character varying(50) | 付款账户 | |
| pay_type_id | character varying(30) | 付款方式 | |

## 3. 埋点日志表

埋点日志表（见表 1-4）存放用户访问 App 时点击相关控件的打点记录。通过在客户端做埋点，从日志数据中解析出来。

表 1-4　埋点日志表（ods.page_event_log）

| 字　段 | 字段类型 | 字段定义 | 备　注 |
| --- | --- | --- | --- |
| login_id | character varying(50) | 设备登录名 | 设备记录的用户登录名 |
| user_id | character varying(50) | 用户 id | |
| session_id | character varying(50) | 设备 id | |
| visit_time | timestamp | 访问时间 | 本次访问操作在日志表中的生成时间 |
| report_time | timestamp | 上报时间 | 终端记录用户点击按钮时间 |

(续)

| 字段 | 字段类型 | 字段定义 | 备注 |
|---|---|---|---|
| province | character varying(50) | 用户所在省份 | 通过 IP 地址解析获取用户所在省份 |
| city | character varying(50) | 用户所在城市 | 通过 IP 地址解析获取用户所在城市 |
| referer_url | character varying(50) | 上一个页面 url | 上一个访问页面地址 |
| url | character varying(50) | 当前页面 Url | 当前访问页面的链接地址 |
| client | character varying(50) | 操作系统 | mac/windows |
| date_id | date | 登录日期 | YYYY-MM-DD |
| lon | character varying(50) | 经度 | 用户设备登录时所在经度 |
| lat | character varying(50) | 纬度 | 用户设备登录时所在纬度 |

### 4. 访问日志表

访问日志表（见表 1-5）存放用户访问 App 的相关信息及用户的 LBS 相关信息，通过在客户端埋点，从日志数据中解析出来。

表 1-5　访问日志表（ods.page_view_log）

| 字段 | 字段类型 | 字段定义 | 备注 |
|---|---|---|---|
| login_id | character varying(50) | 设备登录名 | 设备记录的用户登录名 |
| user_id | character varying(50) | 用户 id | |
| session_id | character varying(50) | 设备 ID | |
| date_id | date | 访问日期 | YYYY-MM-DD |
| visit_time | timestamp | 访问时间 | 本次访问操作在日志表中的生成时间 |
| report_time | timestamp | 上报时间 | 终端记录用户点击按钮时间 |
| province | character varying(50) | 用户所在省份 | 通过 IP 地址解析获取用户所在省份 |
| city | character varying(50) | 用户所在城市 | 通过 IP 地址解析获取用户所在城市 |
| referer_url | character varying(50) | 上一个页面 url | 上一个访问页面地址 |
| url | character varying(50) | 当前页面 url | 当前访问页面的链接地址 |
| client | character varying(50) | 操作系统 | android/ios/win |
| lon | character varying(50) | 经度 | 用户设备登录时所在经度 |
| lat | character varying(50) | 纬度 | 用户设备登录时所在纬度 |

### 5. 商品评论表

商品评论表（见表 1-6）存放用户对商品的评论信息。

表 1-6 商品评论表（dw.book_comment）

| 字 段 | 字段类型 | 字段定义 | 备 注 |
|---|---|---|---|
| user_id | character varying(15) | 用户 id | |
| user_name | character varying(15) | 用户姓名 | |
| user_content | character varying(64) | 评论内容 | |
| user_images | character varying(15) | 评论图片 | |
| status_id | bigint | 评论状态 | 1: 待审核；2: 已审核；3: 已屏蔽 |
| order_code | integer | 订单 id，订单对应编号 | |
| create_time | character varying(15) | 创建时间 | |
| create_date | date | 创建日期 | |
| content_ip | character varying(15) | 评论用户 ip | |
| modify_time | timestamp | 更新时间 | |

## 6. 搜索日志表

搜索日志表（见表 1-7）存放用户在 App 端搜索相关的日志数据。

表 1-7 搜索日志表（dw.app_search_log）

| 字 段 | 字段类型 | 字段定义 | 备 注 |
|---|---|---|---|
| login_id | character varying(15) | 设备登录名 | 设备记录的用户登录名 |
| user_id | character varying(15) | 用户 id | |
| session_id | character varying(15) | 设备 id | |
| search_rad | character varying(15) | 搜索 id | |
| date_id | date | 搜索日期 | |
| visit_time | timestamp | 搜索时间 | |
| search_q | character varying(15) | 用户搜索的关键词 | |
| tag_name | character varying(15) | 标签内容 | 用户搜索关键词切词后与标签库模糊匹配到的标签内容 |
| random_id | character varying(15) | 每个访次的随机数 | |

## 7. 用户收藏表

用户收藏表（见表 1-8）记录用户收藏图书的数据。

## 8. 购物车信息表

购物车信息表（见表 1-9）记录用户将图书加入购物车的数据。

表 1-8 用户收藏表（dw.book_collection_df）

| 字　段 | 字段类型 | 字段定义 | 备　注 |
|---|---|---|---|
| user_id | character varying(15) | 用户 id | |
| create_date | date | 收藏日期 | |
| creat_time | timestamp | 收藏时间 | |
| book_id | bigint | 图书 id | |
| book_name | character varying(50) | 图书名称 | |
| status_id | bigint | 收藏状态 | 1：收藏；0：取消收藏 |
| modify_date | date | 修改日期 | |
| modify_time | timestamp | 修改时间 | |

表 1-9 购物车信息表（dw.shopping_cart_df）

| 字　段 | 字段类型 | 字段定义 | 备　注 |
|---|---|---|---|
| user_id | character varying(15) | 用户 id | |
| book_id | bigint | 图书 id | |
| book_name | character varying(50) | 图书名称 | |
| quantity | bigint | 图书数量 | |
| create_date | date | 创建日期 | |
| creat_time | timestamp | 创建时间 | |
| status_id | bigint | 图书状态 | 1：加入购物车；0：移出购物车 |
| modify_date | date | 修改日期 | |
| modify_time | timestamp | 修改时间 | |

### 1.6.3　画像表结构设计

表结构设计也是画像开发过程中需要解决的一个重要问题。

表结构设计的重点是要考虑存储哪些信息、如何存储（数据分区）、如何应用（如何抽取标签）这 3 个方面的问题。

不同业务背景有不同的设计方式，这里提供两种设计思路：一是每日全量数据的表结构；二是每日增量数据的表结构。

Hive 需要对输入进行全盘扫描来满足查询条件，通过使用分区可以优化查询。对于用户标签这种日加工数据，随着时间的推移，分区数量的变动也是均匀的。

每日全量数据，即该表的日期分区中记录着截止到当天的全量用户数据。例如，"select count(*) from userprofile where data='20180701'"这条语句查询的是userprofile表截止到2018年7月1日的全量用户数据。日全量数据的优势是方便查询，缺点是不便于探查更细粒度的用户行为。

每日增量数据，即该表的日期分区中记录着当日的用户行为数据。例如，同样是"select count(*) from userprofile where data='20180701'"，这条语句查询的是userprofile表在2018年7月1日记录的当日用户行为数据。日增量数据可视为ODS层的用户行为画像，在应用时还需要基于该增量数据做进一步的建模加工。

下面详细介绍这两种表结构的设计方法。

**1. 日全量数据**

日全量数据表中，在每天对应的日期分区中插入截止到当天为止的全量数据，用户进行查询时，只需查询最近一天的数据即可获得最新全量数据。下面以一个具体的日全量表结构的例子来进行说明。

```
CREATE TABLE `dw.userprofile_attritube_all `(
    `userid` string COMMENT 'userid',
    `labelweight` string COMMENT '标签权重',)
COMMENT 'userid 用户画像数据'
PARTITIONED BY ( `data_date` string COMMENT '数据日期', `theme` string COMMENT
'二级主题', `labelid` string COMMENT '标签id')
```

这里userid表示用户id，labelweight表示标签权重，theme表示标签归属的二级主题，labelid表示一个标签id。通过"日期+标签归属的二级主题+标签id"的方式进行分区，设置三个分区字段更便于开发和查询数据。该表结构下的标签权重仅考虑统计类型标签的权重，如：历史购买金额标签对应的权重为金额数量，用户近30日访问天数为对应的天数，该权重值的计算未考虑较为复杂的用户行为次数、行为类型、行为距今时间等复杂情况。

通过表名末尾追加"_all"的规范化命名形式，可直观看出这是一张日全量表。

例如，对于主题类型为"会员"的标签，插入"20190101"日的全量数据，可通过语句：insert overwrite table dw. userprofile_userlabel_all partition(data_date= '20190101', theme= 'member', labelid='ATTRITUBE_U_05_001') 来实现。查询截止到"20190101"日的被打上会员标签的用户量，可通过语句：select count(distinct userid) from dw.userprofile_userlabel_all where data_date='20190101' 来实现。具体的开发过程在 4.1 节中详细讲解。

### 2. 日增量数据

日增量数据表，即在每天的日期分区中插入当天业务运行产生的数据，用户进行查询时通过限制查询的日期范围，就可以找出在特定时间范围内被打上特定标签的用户。下面以一个具体的日增量表结构的例子来说明。

```
CREATE TABLE dw.userprofile_act_feature_append (
  labelid STRING COMMENT '标签id',
  cookieid STRING COMMENT '用户id',
  act_cnt int COMMENT '行为次数',
  tag_type_id int COMMENT '标签类型编码',
  act_type_id int COMMENT '行为类型编码')
comment '用户画像-用户行为标签表'
PARTITIONED BY (data_date STRING COMMENT '数据日期')
```

这里，labelid 表示标签名称；cookieid 表示用户 id；act_cnt 表示用户当日行为次数，如用户当日浏览某三级品类商品 3 次，则打上次数为 3；tag_type_id 为标签类型，如母婴、3C、数码等不同类型；act_type_id 表示行为类型，如浏览、搜索、收藏、下单等行为。分区方式为按日期分区，插入当日数据。

通过表名末尾追加"_append"的规范化命名形式，可直观看出这是一张日增量表。

例如，某用户在"20180701"日浏览某 3C 电子商品 4 次（act_cnt），即给该用户（userid）打上商品对应的三级品类标签（tagid），标签类型（tag_type_id）为 3C 电子商品，行为类型（act_type_id）为浏览。这里可以通过对标签类型和行为类型两个字段配置维度表的方式，对数据进行管理。例如对于行为类型（act_type_id）字段，可以设定 1 为购买行为、2 为浏览行为、3 为收藏行为等，在行为标签表中以数值定义用户行为类型，在维度表中维护每个数值对应的具体含义。

该日增量数据表可视为 ODS 层用户行为标签明细。在查询过程中，例如对于某用户 id 为 001 的用户，查询其在"20180701"日到"20180707"日被打上的标签，可通过命令：select * from dw.userprofile_act_feature_append where userid = '001' and data_date>='20180701' and data_date<= '20180707' 查询。

该日增量的表结构记录了用户每天的行为带来的标签，但未计算打在用户身上标签的权重，计算权重时还需做进一步建模加工。标签权重算法详见 4.6 节的内容。

### 3. 关于宽表设计

用户画像表结构如何设计，没有一定要遵循的固定的格式，符合业务需要、能满足应用即可。下面通过两个宽表设计的案例，提供另一种解决方案的思路。

用户属性宽表设计（见表 1-10），主要记录用户基本属性信息。

表 1-10　用户属性宽表设计

| 字 段 | 字段类型 | 字段定义 | 备 注 |
| --- | --- | --- | --- |
| userid | Bigint | 用户编码 | |
| cookieid | String | cookieid | |
| login_name | String | 登录名称 | |
| user_name | String | 用户姓名 | |
| user_status_id | Int | 用户状态 | 0：未激活；1：已激活；2：作废 |
| gender_id | Int | 用户性别 | 1：男；2：女；3：未知 |
| birthday | Int | 用户生日 | |
| user_age | Int | 用户年龄 | |
| constellation_name | String | 用户星座名称 | 白羊座，金牛座，双子座等 |
| zodiac_name | Sting | 用户生肖名称 | 鼠，牛，虎等 |
| cellphone_id | String | 用户手机编码 | |
| cert_id | String | 用户证件号码 | |
| source_id | Bigint | 用户注册来源 | 代码表 dim.source_info |
| cert_region_name | String | 证件归属地区域名称 | |
| cert_province_name | String | 证件归属地省份名称 | |
| cert_city_name | String | 证件归属地市级名称 | |
| phone_region_name | String | 手机归属地区域名称 | |
| phone_province_name | String | 手机归属地省份名称 | |
| phone_city_name | String | 手机归属地市级名称 | |
| is_real_name_auth | Int | 是否实名认证标志 | 1：强实名；2：弱实名；3：一般实名；4：未实名；-99：其他 |

（续）

| 字　段 | 字段类型 | 字段定义 | 备　注 |
| --- | --- | --- | --- |
| is_valid_cellphone | Int | 是否认证手机标志 | 1：是；0：否 |
| extreme_card_type | String | 会员类型 | |
| last_7_log_days | String | 近7日登录天数 | |
| last_30_log_days | String | 近30日登录天数 | |
| total_order_amount | Double | 累计购买总金额 | |
| total_order_pieces | Bigint | 累计购买总件数 | |
| last1y_order_amount | Double | 近一年购买总金额 | |
| last1y_order_pieces | Bigint | 近一年购买总件数 | |
| total_consult_num | Bigint | 累计咨询次数 | |
| total_refuse_num | Bigint | 累计退货次数 | |
| total_refund_amount | Double | 累计退货金额 | |
| red_num | Bigint | 账户红包个数 | |
| red_amount | Double | 账户红包金额 | |
| coupon_num | Bigint | 账户优惠券个数 | |
| coupon_amount | Double | 账户优惠券金额 | |
| create_time | Timestamp | 注册时间 | |
| create_date | String | 注册日期 | |
| first_time | String | 首次访问时间 | |
| last_time | String | 最近一次访问时间 | |
| date_date | String | 数据日期 | |

用户日活跃宽表设计（见表1-11），主要记录用户每天访问的信息。

表1-11　用户日活跃宽表设计

| 字　段 | 字段类型 | 字段定义 |
| --- | --- | --- |
| user_id | String | 用户编码 |
| date_date | String | 日期 |
| peak_day_visit_App_sid | Bigint | 高峰时段App访问次数 |
| peak_day_order_App_cnt | Bigint | App高峰时段订单数 |
| peak_day_visit_App_duration | Bigint | App高峰时段访问时长 |
| day_visit_App_url | Bigint | App访问页面数 |
| day_visit_App_sid | Bigint | App访问次数 |
| peak_day_visit_App_url | Bigint | 高峰时段App访问页面数 |
| day_visit_App_duration | Bigint | App访问时长 |
| day_visit_App_cnt | Bigint | App访问天数 |

## 1.7　定性类画像

本书重点讲解如何运用大数据定量刻画用户画像，然而对于用户的刻画除了定量维度外，定性刻画也是常见手段。定性类画像多见于用户研究等运营类岗位，通过电话调研、网络调研问卷、当面深入访谈、网上第三方权威数据等方式收集用户信息，帮助其理解用户。这种定性类调研相比大数据定量刻画用户来说，可以更精确地了解用户需求和行为特征，但这个样本量是有限的，得出的结论也不一定能代表大部分用户的观点。

通过制定调研问卷表，我们可以收集用户基本信息以及设置一个或多个场景，专访用户或网络回收调研问卷，在分析问卷数据后获取用户的画像特征。目前市场上“问卷星”等第三方问卷调查平台可提供用户问卷设计、链接发放、采集数据和信息、调研结果分析等一系列功能，如图 1-7 所示。

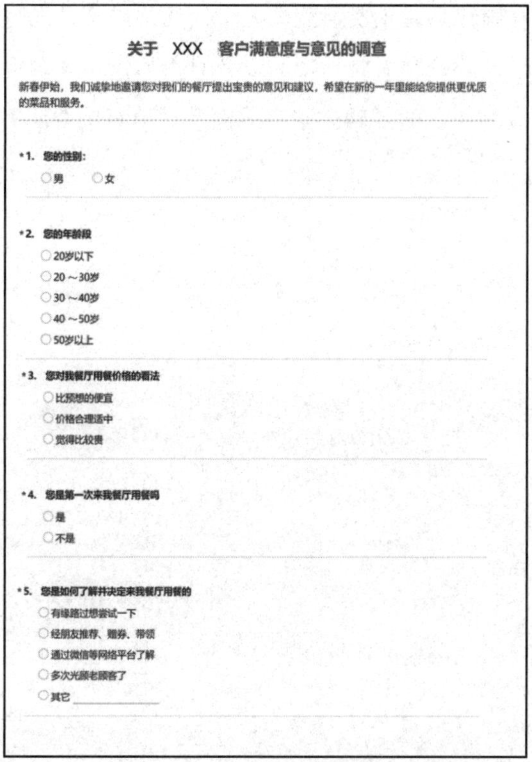
关于　XXX　客户满意度与意见的调查

新春伊始，我们诚挚地邀请您对我们的餐厅提出宝贵的意见和建议，希望在新的一年里能给您提供更优质的菜品和服务。

*1.　您的性别：

○男　○女

*2.　您的年龄段

○20岁以下
○20～30岁
○30～40岁
○40～50岁
○50岁以上

*3.　您对我餐厅用餐价格的看法

○比预想的便宜
○价格合理适中
○觉得比较贵

*4.　您是第一次来我餐厅用餐吗

○是
○不是

*5.　您是如何了解并决定来我餐厅用餐的

○有缘路过想尝试一下
○经朋友推荐、赠券、带领
○通过微信等网络平台了解
○多次光顾老顾客了
○其它 ________

图 1-7　某调研问卷示例（截图自“问卷星”）

根据回收的调研问卷，可结合统计数据进一步分析用户画像特征（如图 1-8 所示）。

第1题：您的年龄段：［单选题］

| 选项 | 小计 | 比例 |
|---|---|---|
| 15岁以下 | 135 | 100% |
| 15~20 | 0 | 0% |
| 21~25 | 0 | 0% |
| 26~30 | 0 | 0% |
| 31~40 | 0 | 0% |

图 1-8　回收的调研问卷（截图自“问卷星”）

## 1.8　本章小结

本章主要介绍了用户画像的一些基础知识，包括画像的简介、标签类型、整个画像系统的数据架构，开发画像系统主要覆盖的 8 个模块，以及开发过程中的各阶段关键产出。初步介绍了画像系统的轮廓概貌，帮助读者对于如何设计画像系统、开发周期、画像的应用方式等有宏观的初步的了解。本书后面的章节将围绕 1.3 节中画像系统覆盖的 8 个模块依次展开。

第 2 章　Chapter 2

# 数据指标体系

数据指标体系是建立用户画像的关键环节，也是在标签开发前要进行的工作，具体来说就是需要结合企业的业务情况设定相关的指标。

互联网相关企业在建立用户画像时一般除了基于用户维度（userid）建立一套用户标签体系外，还会基于用户使用设备维度（cookieid）建立相应的标签体系。基于cookieid维度的标签应用也很容易理解，当用户没有登录账户而访问设备时，也可以基于用户在设备上的行为对该设备推送相关的广告、产品和服务。

建立的用户标签按标签类型可以分为统计类、规则类和机器学习挖掘类，相关内容在 1.1.2 节中有详细介绍。从建立的标签维度来看，可以将其分为用户属性类、用户行为类、用户消费类和风险控制类等常见类型。

下面详细介绍用户标签体系的构成及应用场景。

## 2.1 用户属性维度

### 2.1.1 常见用户属性

用户属性是刻画用户的基础。常见用户属性指标包括：用户的年龄、性别、安装时间、注册状态、城市、省份、活跃登录地、历史购买状态、历史购买金额等。

用户属性维度的标签建成后可以提供客服电话服务，为运营人员了解用户基本情况提供帮助。

用户属性标签包含统计类、规则类、机器学习挖掘类等类型。统计类标签的开发较为简单，机器学习挖掘类标签将在 4.3 节中通过具体案例进行讲解。本节主要介绍常见用户属性标签主要包括的维度。表 2-1 给出了常用的用户属性维度标签。

表 2-1  用户属性维度标签示例

| 标签名称 | 标签主题 | 一级归类 | 标签类型 |
| --- | --- | --- | --- |
| 男 | 用户属性 | 自然性别 | 统计 |
| 女 | 用户属性 | 自然性别 | 统计 |
| 男 | 用户属性 | 购物性别 | 规则 |
| 女 | 用户属性 | 购物性别 | 规则 |
| 年龄 | 用户属性 | 年龄 | 统计 |
| 年龄段 | 用户属性 | 年龄 | 统计 |
| 省份 | 用户属性 | 地域 | 统计 |
| 城市 | 用户属性 | 地域 | 统计 |
| 城市等级 | 用户属性 | 地域 | 统计 |
| 注册日期 | 用户属性 | 注册日期 | 统计 |
| 高 | 用户属性 | 手机品牌 | 规则 |
| 中 | 用户属性 | 手机品牌 | 规则 |
| 低 | 用户属性 | 手机品牌 | 规则 |
| Android | 用户属性 | 手机系统 | 统计 |
| iOS | 用户属性 | 手机系统 | 统计 |
| 常用手机号 | 用户属性 | 联系方式 | 统计 |
| 常用邮箱 | 用户属性 | 联系方式 | 统计 |
| 身份证号 | 用户属性 | 联系方式 | 统计 |
| 购买过 | 用户属性 | 历史购买状态 | 统计 |
| 未购买过 | 用户属性 | 历史购买状态 | 统计 |
| 钻石会员 | 用户属性 | 会员类型 | 统计 |
| 黄金会员 | 用户属性 | 会员类型 | 统计 |
| 黑金会员 | 用户属性 | 会员类型 | 统计 |
| 白金会员 | 用户属性 | 会员类型 | 统计 |
| 白银会员 | 用户属性 | 会员类型 | 统计 |

(续)

| 标签名称 | 标签主题 | 一级归类 | 标签类型 |
| --- | --- | --- | --- |
| 高活跃 | 用户属性 | 用户活跃度 | 规则 |
| 中活跃 | 用户属性 | 用户活跃度 | 规则 |
| 低活跃 | 用户属性 | 用户活跃度 | 规则 |
| 新用户 | 用户属性 | 用户活跃度 | 规则 |
| 老用户 | 用户属性 | 用户活跃度 | 规则 |
| 流失用户 | 用户属性 | 用户活跃度 | 规则 |
| 重要价值 | 用户属性 | RFM 价值度 | 规则 |
| 重要发展 | 用户属性 | RFM 价值度 | 规则 |
| 重要保持 | 用户属性 | RFM 价值度 | 规则 |
| 重要挽留 | 用户属性 | RFM 价值度 | 规则 |
| 一般价值 | 用户属性 | RFM 价值度 | 规则 |
| 一般发展 | 用户属性 | RFM 价值度 | 规则 |
| 一般保持 | 用户属性 | RFM 价值度 | 规则 |
| 一般挽留 | 用户属性 | RFM 价值度 | 规则 |
| 浏览购买型 | 用户属性 | 购物风格 | 算法 |
| 搜索购买型 | 用户属性 | 购物风格 | 算法 |
| 促销购买型 | 用户属性 | 购物风格 | 算法 |
| 0~50 | 用户属性 | 购买价格段偏好 | 统计 |
| 50~100 | 用户属性 | 购买价格段偏好 | 统计 |
| 100~500 | 用户属性 | 购买价格段偏好 | 统计 |
| 500+ | 用户属性 | 购买价格段偏好 | 统计 |
| 注册渠道 | 用户属性 | 渠道来源 | 统计 |
| 最近访问渠道 | 用户属性 | 渠道来源 | 统计 |
| 购买渠道 | 用户属性 | 渠道来源 | 统计 |
| 累计购买次数 | 用户属性 | 平台消费 | 统计 |
| 近××日购买次数 | 用户属性 | 平台消费 | 统计 |
| 累计购买金额 | 用户属性 | 平台消费 | 统计 |
| 近××日购买金额 | 用户属性 | 平台消费 | 统计 |
| 家庭主妇 | 用户属性 | 用户身份 | 算法 |
| 学生 | 用户属性 | 用户身份 | 算法 |
| 儿童 | 用户属性 | 用户身份 | 算法 |
| 青年 | 用户属性 | 用户身份 | 算法 |
| 中年人 | 用户属性 | 用户身份 | 算法 |
| 老年人 | 用户属性 | 用户身份 | 算法 |
| 程序员 | 用户属性 | 用户身份 | 算法 |

(续)

| 标签名称 | 标签主题 | 一级归类 | 标签类型 |
|---|---|---|---|
| 时尚达人 | 用户属性 | 用户身份 | 算法 |
| 高忠诚度 | 用户属性 | 用户忠诚度 | 算法 |
| 一般忠诚度 | 用户属性 | 用户忠诚度 | 算法 |
| 低忠诚度 | 用户属性 | 用户忠诚度 | 算法 |
| ××薪资水平 | 用户属性 | 薪资水平 | 规则 |
| …… | …… | …… | …… |

表 2-1 对于相同的一级标签类型，需要判断多个标签之间的关系为互斥关系还是非互斥关系。例如，在判断性别时，用户性别为男的情况下就不能同时为女，所以标签之间为互斥关系；在判断用户是否在黑名单内时，用户既可能在短信黑名单中，也可能同时在邮件黑名单中，所以这种就为非互斥关系。

对于根据数值进行统计、分类的标签开发相对容易。例如，用户的"性别""年龄""城市""历史购买金额"等确定性的标签。而在对规则类的标签进行开发前则首先需要进行数据调研。例如，对于用户价值度划分（RFM），如何确定一个用户是重要价值用户还是一般价值用户，对于用户活跃度的划分如何确定是高活跃、中活跃、低活跃还是已经流失，需要结合数据调研情况给出科学的规则并进行划分。在 4.2 节中，将会通过两个案例介绍规则类标签如何开发。

## 2.1.2 用户性别

用户性别可细分为自然性别和购物性别两种。

自然性别是指用户的实际性别，一般可通过用户注册信息、填写调查问卷表单等途径获得。该标签只需要从相应的表中抽取数据即可，加工起来较为方便。

用户购物性别是指用户购买物品时的性别取向。例如，一位实际性别为男性的用户，可能经常给妻子购买女性的衣物、包等商品，那么这位用户的购物性别则是女性。

## 2.2 用户行为维度

用户行为是另一种刻画用户的常见维度,通过用户行为可以挖掘其偏好和特征。常见用户行为维度指标(见表2-2)包括:用户订单相关行为、下单/访问行为、用户近30天行为类型指标、用户高频活跃时间段、用户购买品类、点击偏好、营销敏感度等相关行为。

表2-2 用户行为维度标签示例

| 标签名称 | 标签主题 | 一级归类 | 标签类型 |
| --- | --- | --- | --- |
| 近××日访问次数 | 用户行为 | 近××日行为 | 统计 |
| 近××日客单价 | 用户行为 | 近××日行为 | 统计 |
| 近××日活跃天数 | 用户行为 | 近××日行为 | 统计 |
| 近××日访问时长 | 用户行为 | 近××日行为 | 统计 |
| 最近一次访问日期 | 用户行为 | 用户访问 | 统计 |
| 平均访问深度 | 用户行为 | 用户访问 | 统计 |
| 高频用户 | 用户行为 | 购买频度 | 规则 |
| 中频用户 | 用户行为 | 购买频度 | 规则 |
| 低频用户 | 用户行为 | 购买频度 | 规则 |
| 新充值用户 | 用户行为 | 消费充值 | 规则 |
| 普通用户 | 用户行为 | 消费充值 | 规则 |
| 土豪用户 | 用户行为 | 消费充值 | 规则 |
| …… | …… | …… | …… |

## 2.3 用户消费维度

对于用户消费维度指标体系的建设,可从用户浏览、加购、下单、收藏、搜索商品对应的品类入手,品类越细越精确,给用户推荐或营销商品的准确性越高。如图2-1所示,根据用户相关行为对应商品品类建设指标体系,本案例精确到商品三级品类。

表2-3为用户消费维度的标签设计。

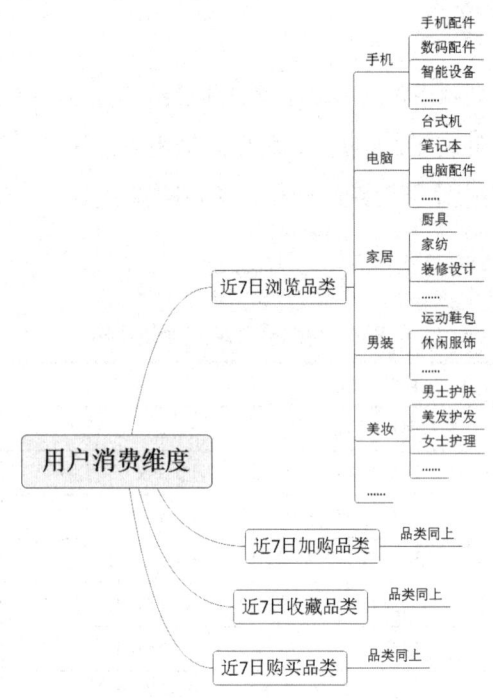

图 2-1 用户消费维度指标梳理

表 2-3 用户消费维度标签示例

| 标签名称 | 标签主题 | 一级归类 | 标签类型 |
| --- | --- | --- | --- |
| 鼠标 | 购买品类 | 电脑外设 | 统计 |
| 键盘 | 购买品类 | 电脑外设 | 统计 |
| 手写板 | 购买品类 | 电脑外设 | 统计 |
| 鼠标垫 | 购买品类 | 电脑外设 | 统计 |
| 摄像头 | 购买品类 | 电脑外设 | 统计 |
| 休闲鞋 | 购买品类 | 男鞋 | 统计 |
| 商务鞋 | 购买品类 | 男鞋 | 统计 |
| 帆布鞋 | 购买品类 | 男鞋 | 统计 |
| 运动鞋 | 购买品类 | 男鞋 | 统计 |
| 拖鞋 | 购买品类 | 男鞋 | 统计 |
| 凉鞋 | 购买品类 | 男鞋 | 统计 |
| 增高鞋 | 购买品类 | 男鞋 | 统计 |
| … | … | … | … |
| 苹果 | 收藏品类 | 新鲜水果 | 统计 |

(续)

| 标签名称 | 标签主题 | 一级归类 | 标签类型 |
| --- | --- | --- | --- |
| 橙子 | 收藏品类 | 新鲜水果 | 统计 |
| 火龙果 | 收藏品类 | 新鲜水果 | 统计 |
| 芒果 | 收藏品类 | 新鲜水果 | 统计 |
| 猪肉 | 收藏品类 | 精选肉类 | 统计 |
| 牛肉 | 收藏品类 | 精选肉类 | 统计 |
| … | … | … | … |

这里通过一个场景来介绍构建用户消费维度的标签的应用。某女装大促活动期间，渠道运营人员需要筛选出平台上的优质用户，并通过短信、邮件、Push等渠道进行营销，可以通过圈选"浏览""收藏""加购""购买""搜索"与该女装相关品类"的标签来筛选出可能对该女装感兴趣的潜在用户，进一步组合其他标签（如"性别""消费金额""活跃度"等）筛选出对应的高质量用户群，推送到对应渠道。因此将商品品类抽象成标签后，可通过品类+行为的组合应用方式找到目标潜在用户人群。

## 2.4 风险控制维度

互联网企业的用户可能会遇到薅羊毛、恶意刷单、借贷欺诈等行为的用户，为了防止这类用户给平台带来损失和风险，互联网公司需要在风险控制维度构建起相关的指标体系，有效监控平台的不良用户。结合公司业务方向，例如可从账号风险、设备风险、借贷风险等维度入手构建风控维度标签体系。下面详细介绍一些常见的风险控制维度的标签示例，如表2-4所示。

表 2-4　风险控制维度标签示例

| 标签名称 | 标签主题 | 一级归类 | 标签类型 |
| --- | --- | --- | --- |
| 法院失信人 | 风险控制 | 失信风险 | 统计 |
| 贷款逾期 | 风险控制 | 失信风险 | 统计 |
| 贷款不良 | 风险控制 | 失信风险 | 统计 |
| 同一设备有多账号登录 | 风险控制 | 设备风险 | 统计 |
| 同一设备出现在多地址 | 风险控制 | 设备风险 | 统计 |
| 同一设备有多账号借款 | 风险控制 | 设备风险 | 统计 |
| 同一设备有多账号消费 | 风险控制 | 设备风险 | 统计 |

（续）

| 标签名称 | 标签主题 | 一级归类 | 标签类型 |
|---|---|---|---|
| 同一账号在多设备登录 | 风险控制 | 账号风险 | 统计 |
| 同一账号在多设备购买 | 风险控制 | 账号风险 | 统计 |
| 同一账号出现在多地址 | 风险控制 | 账号风险 | 统计 |
| 经常投诉用户 | 风险控制 | 潜在问题用户 | 规则 |
| 经常差评用户 | 风险控制 | 潜在问题用户 | 规则 |
| 经常退货用户 | 风险控制 | 潜在问题用户 | 规则 |
| 总借款笔数 | 风险控制 | 借款风险 | 统计 |
| 总还款笔数 | 风险控制 | 借款风险 | 统计 |
| 总借款金额 | 风险控制 | 借款风险 | 统计 |
| 手机号无效 | 风险控制 | 无效渠道 | 算法 |
| 邮箱无效 | 风险控制 | 无效渠道 | 算法 |
| … | … | … | … |

## 2.5 社交属性维度

社交属性用于了解用户的家庭成员、社交关系、社交偏好、社交活跃程度等方面，通过这些信息可以更好地为用户提供个性化服务。表 2-5 是常用的社交属性维度标签示例。

表 2-5 社交属性维度标签示例

| 标签名称 | 标签主题 | 一级归类 | 标签类型 |
|---|---|---|---|
| 上午 | 社交属性 | 经常活跃时间段 | 规则 |
| 中午 | 社交属性 | 经常活跃时间段 | 规则 |
| 下午 | 社交属性 | 经常活跃时间段 | 规则 |
| 常登录地 | 社交属性 | 活跃地 | 规则 |
| 80 后 | 社交属性 | 年龄段 | 统计 |
| 90 后 | 社交属性 | 年龄段 | 统计 |
| 00 后 | 社交属性 | 年龄段 | 统计 |
| 单身 | 社交属性 | 家庭成员 | 统计 |
| 有小孩 | 社交属性 | 家庭成员 | 统计 |
| 程序员 | 社交属性 | 职业 | 规则 |
| 市场销售 | 社交属性 | 职业 | 规则 |
| 公务员 | 社交属性 | 职业 | 规则 |
| … | … | … | … |

在日常使用社交软件时，我们可以发现社交软件中的信息流广告会结合我们的社交特征进行个性化推送。如图 2-2 所示，结合我所在城市、经常活跃地段及近期收藏的电脑相关文章，在微信朋友圈给我推送了相关电脑营销的广告。如图 2-3 所示，基于我的星座和年龄段信息，推送符合我某些特征的婚庆摄影广告。

图 2-2　朋友圈信息流广告 –
基于位置（截图自微信）

图 2-3　朋友圈信息流广告 –
基于星座（截图自微信）

## 2.6　其他常见标签划分方式

本章前 5 节从用户属性、用户行为、用户消费、风险控制、社交属性共五大维度划分归类了用户标签指标体系。但对用户标签体系的归类并不局限于此，通过应用场景对标签进行归类也是常见的标签划分方式。图 2-4 展示了具体的画像标签应用场景划分。

从业务场景的角度出发，可以将用户标签体系归为用户属性、用户行为、营销场景、地域细分、偏好细分、用户分层等维度。每个维度可细分出二级标签、三级标签等。

- 用户属性：包括用户的年龄、性别、设备型号、安装/注册状态、职业等刻画用户静态特征的属性。
- 用户行为：包括用户的消费行为、购买后行为、近 N 日的访问、收藏、下单、购买、售后等相关行为。

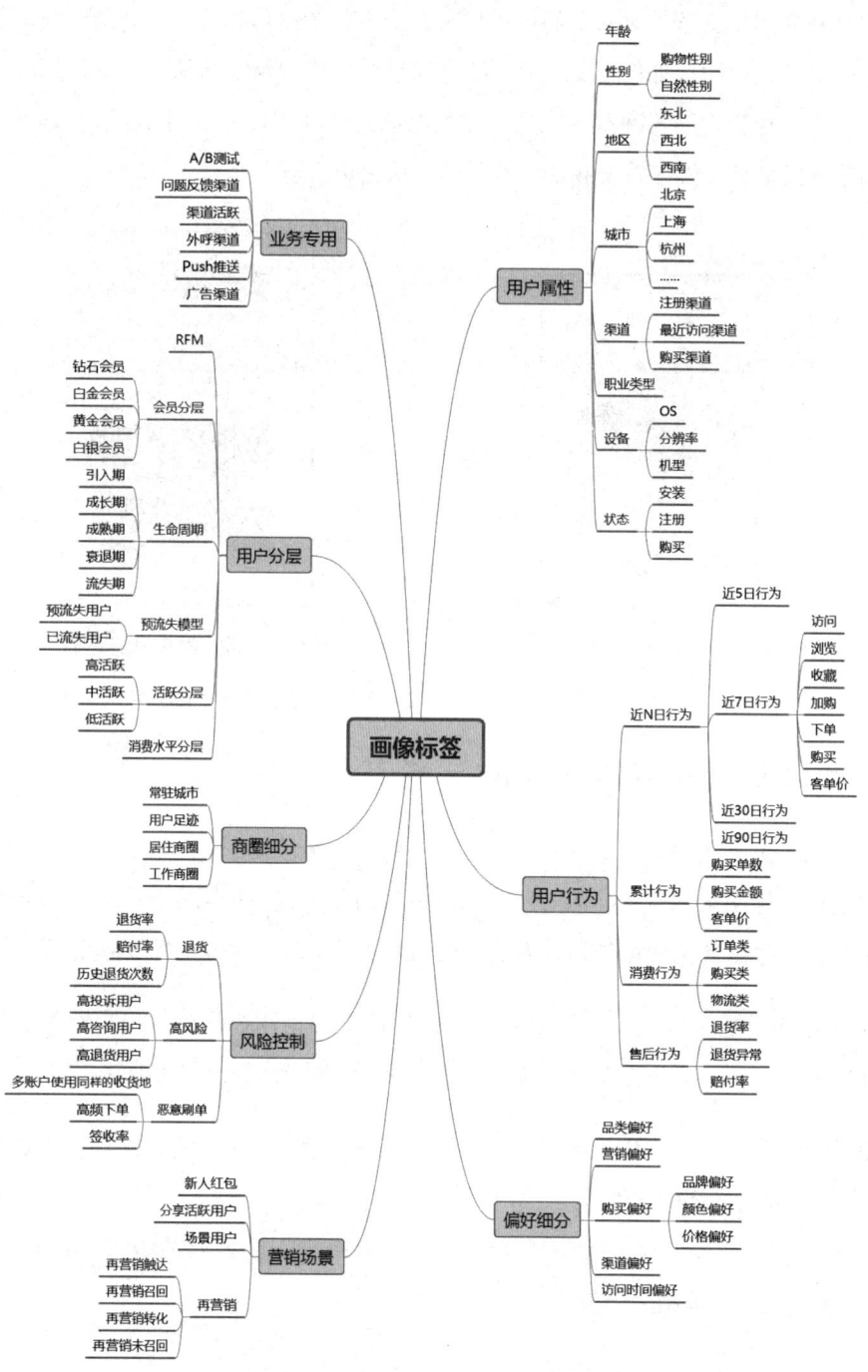

图 2-4 画像标签应用场景划分

- 偏好细分：用户对于商品品类、商品价格段、各营销渠道、购买的偏好类型、不同营销方式等方面的偏好特征；
- 风险控制：对用户从征信风险、使用设备的风险、在平台消费过程中产生的问题等维度考量其风险程度；
- 业务专用：应用在各种业务上的标签，如 A/B 测试标签、Push 系统标签等；
- 营销场景：以场景化进行分类，根据业务需要构建一系列营销场景，激发用户的潜在需求，如差异化客服、场景用户、再营销用户等；
- 地域细分：标识用户的常住城市、居住商圈、工作商圈等信息，应用在基于用户地理位置进行推荐的场景中；
- 用户分层：对用户按生命周期、RFM、消费水平类型、活跃度类型等进行分层划分。

本节提供了一种从业务场景的角度出发对标签体系进行归类的解决方案。为读者构建标签体系提供了另外一种参考维度。

## 2.7 标签命名方式

为了便于对诸多标签进行集中管理，需要对每个标签对应的标签 id 进行命名。例如，对性别为"男"的用户打上标签"ATTRITUBE_U_ol_001"，性别为"女"的用户打上标签"ATTRITUBE_U_01_002"。下面我们详细介绍如何建立起这套标签命名方式。

对于一个标签，可以从标签主题、刻画维度、标签类型、一级归类等多角度入手来确定每个标签的唯一名称，如图 2-5 所示。

| 标签主题 | 用户维度 | 标签类型 | 一级归类 |
| --- | --- | --- | --- |
| ATTRITUBE：人口属性<br>ACTION：行为属性<br>CONSUME：用户消费<br>RISKMANAGE：风险控制<br>… | C：cookieid<br>U：userid | 统计型<br>规则型<br>算法型 | 自然性别<br>购物性别<br>年龄<br>地域<br>…… |

图 2-5 用户标签命名维度

- 标签主题：用于刻画属于哪种类型的标签，如人口属性、行为属性、用户消费、风险控制等多种类型，可分别用 ATTRITUBE、ACTION、CONSUME、RISKMANAGE 等单词表示各标签主题。

- 用户维度：用于刻画该标签是打在用户唯一标识（userid）上，还是打在用户使用的设备（cookieid）上。可用 U、C 等字母分别标识 userid 和 cookieid 维度。
- 标签类型：类型可划分为统计型、规则型和算法型。其中统计型开发可直接从数据仓库中各主题表建模加工而成，规则型需要结合公司业务和数据情况，算法型开发需要对数据做机器学习的算法处理得到相应的标签。
- 一级维度：在每个标签主题大类下面，进一步细分维度来刻画用户。

参照上面的命名维度和命名方式，下面通过几个例子来讲述如何命名标签。

对于用户的性别标签，标签主题是人口属性，用户维度为 userid，标签类型属于算法型。给男性用户打上标签"ATTRITUBE_U_01_001"，给女性用户打上标签"ATTRITUBE_U_01_002"，其中"ATTRITUBE"为人口属性主题，"_"后面的"U"为 userid 维度，"_"后面"01"为一级归类，最后面的"001"和"002"为该一级标签下的标签明细，如果是划分高中低活跃用户的，对应一级标签下的明细可划分为"001""002""003"。

标签统一命名后，维护一张码表记录标签 id 名称、标签含义及标签口径等主要信息，后期方便元数据的维护和管理。本节介绍的标签命名方式可作为开发标签过程中的一种参考方式。

## 2.8 本章小结

本章主要介绍了如何结合业务场景去搭建刻画用户的数据指标体系。其中 2.1 节到 2.5 节介绍了一种从用户属性、用户行为、用户消费、风险控制和社交属性 5 个维度建立用户标签体系的思路，2.6 节提供了一种基于应用场景搭建指标体系的思路。2.7 节介绍了一种规范化命名标签的解决方案，可保证对每一个业务标签打上唯一的标签 id。

对于互联网企业来说，其存储的海量用户访问日志数据便于分析用户操作的行为特性；而对于传统企业来说则可以更多地从用户属性维度去丰富指标体系。

第 3 章 Chapter 3

# 标签数据存储

在画像系统搭建的过程中,数据存储的技术选型是非常重要的一项内容,不同的存储方式适用于不同的应用场景。本章主要介绍使用 Hive、MySQL、HBase、Elasticsearch 存储画像相关数据的应用场景及对应的解决方案。

## 3.1 Hive 存储

本节内容主要介绍使用 Hive 作为数据仓库的应用场景时,相应的库表结构如何设计。

### 3.1.1 Hive 数据仓库

建立用户画像首先需要建立数据仓库,用于存储用户标签数据。Hive 是基于 Hadoop 的数据仓库工具,依赖于 HDFS 存储数据,提供的 SQL 语言可以查询存储在 HDFS 中的数据。开发时一般使用 Hive 作为数据仓库,存储标签和用户特征库等相关数据。

"数据仓库之父" W.H.Inmon 在《Building the Data Warehouse》一书中定义数据仓库是"一个面向主题的、集成的、非易失的、随时间变化的、用来支持管理人员决策的数据集合"。

- 面向主题：业务数据库中的数据主要针对事务处理，各个业务系统之间是相互分离的，而数据仓库中的数据是按照一定主题进行组织的。
- 集成：数据仓库中存储的数据是从业务数据库中提取出来的，但并不是对原有数据的简单复制，而是经过了抽取、清理、转换（ETL）等工作。业务数据库记录的是每一项业务处理的流水账。这些数据不适合进行分析处理，进入数据仓库之前需要经过一系列计算，同时抛弃一些无关分析处理的数据。
- 非易失：业务数据库中一般只存储短期数据，因此其数据是不稳定的，记录的是系统中数据变化的瞬态。数据仓库中的数据大多表示过去某一时刻的数据，主要用于查询、分析，不像业务系统中的数据库一样经常修改，一般数据仓库构建完成后主要用于访问，不进行修改和删除。
- 随时间变化：数据仓库关注的是历史数据，按时间顺序定期从业务库和日志库里面载入新的数据进行追加，带有时间属性。

数据抽取到数据仓库的流程如图 3-1 所示。

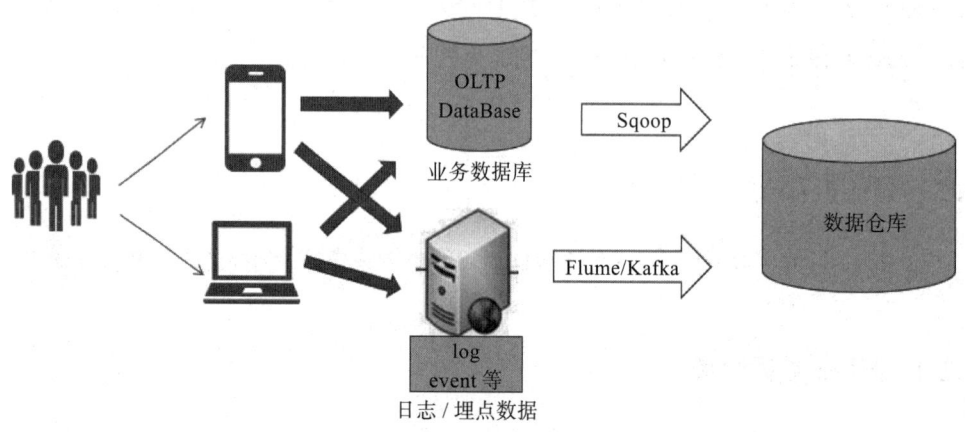

图 3-1　数据抽取到数据仓库

在数据仓库建模的过程中，主要涉及事实表和维度表的建模开发（图 3-2）。

事实表主要围绕业务过程设计，就应用场景来看主要包括事务事实表，周期快照事实表和累计快照事实表：

- 事务事实表：用于描述业务过程，按业务过程的单一性或多业务过程可进一步分为单事务事实表和多事务事实表。其中单事务事实表分别记录每个业务过程，如下单业务记入下单事实表，支付业务记入支付事实表。多事务事实表在同一个表中包含了不同业务过程，如下单、支付、签收等业务过程记录在一张表中，通过新增字段来判断属于哪一个业务过程。当不同业务过程有着相似性时可考虑将多业务过程放到多事务事实表中。

- 周期快照事实表：在一个确定的时间间隔内对业务状态进行度量。例如查看一个用户的近 1 年付款金额、近 1 年购物次数、近 30 日登录天数等。
- 累计快照事实表：用于查看不同事件之间的时间间隔，例如分析用户从购买到支付的时长、从下单到订单完结的时长等。一般适用于有明确时间周期的业务过程。

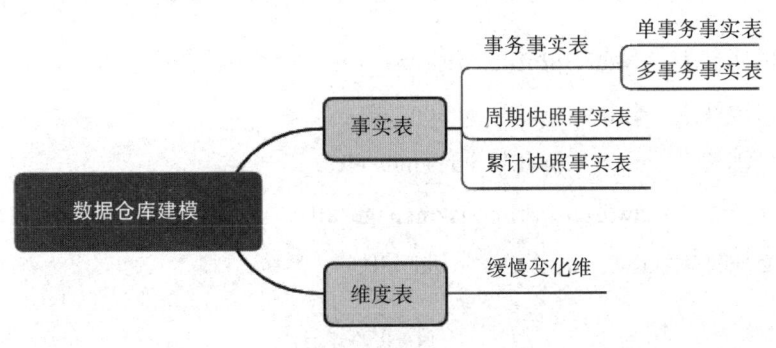

图 3-2　数据仓库建模

维度表主要用于对事实属性的各个方面描述，例如，商品维度包括商品的价格、折扣、品牌、原厂家、型号等方面信息。维度表开发的过程中，经常会遇到维度缓慢变化的情况，对于缓慢变化维一般会采用：①重写维度值，对历史数据进行覆盖；②保留多条记录，通过插入维度列字段加以区分；③开发日期分区表，每日分区数据记录当日维度的属性；④开发拉链表按时间变化进行全量存储等方式进行处理。在画像系统中主要使用 Hive 作为数据仓库，开发相应的维度表和事实表来存储标签、人群、应用到服务层的相关数据。

## 3.1.2　分区存储

如果将用户标签开发成一张大的宽表，在这张宽表下放几十种类型标签，那么每天该画像宽表的 ETL 作业将会花费很长时间，而且不便于向这张宽表中新增标签类型。

要解决这种 ETL 花费时间较长的问题，可以从以下几个方面着手：

❑ 将数据分区存储，分别执行作业；
❑ 标签脚本性能调优；
❑ 基于一些标签共同的数据来源开发中间表。

下面介绍一种用户标签分表、分区存储的解决方案。

根据标签指标体系的人口属性、行为属性、用户消费、风险控制、社交属性等维度分别建立对应的标签表进行分表存储对应的标签数据。如图 3-3 所示。

❑ 人口属性表：dw.userprofile_attritube_all；
❑ 行为属性表：dw.userprofile_action_all；
❑ 用户消费表：dw.userprofile_consume_all；
❑ 风险控制表：dw.userprofile_riskmanage_all；
❑ 社交属性表：dw.userprofile_social_all

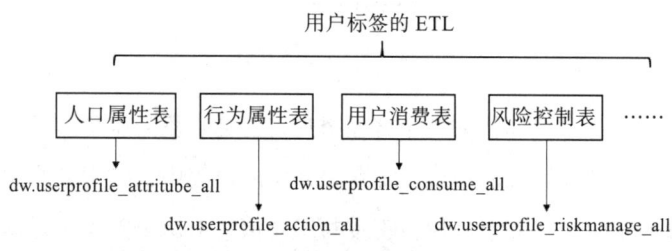

图 3-3　用户标签数据 ETL 逻辑示意图

例如创建用户的人口属性宽表：

| 字段 | 字段定义 | 示例 | 备注 |
|---|---|---|---|
| userid | 用户 id | 44463729 | 用户没被打上该标签，数值为 0，如果有确定数值的该字段存储具体数值（如年龄标签存放具体年龄），如果没有具体数值则放数值 1（如性别标签存储 1） |
| ATTRITUBE_U_01_001 | 男性 | 1 | |
| ATTRITUBE_U_01_002 | 女性 | 0 | |
| ATTRITUBE_U_02_001 | 高活跃用户 | 1 | |
| ATTRITUBE_U_02_002 | 中等活跃用户 | 0 | |

(续)

| 字段 | 字段定义 | 示例 | 备注 |
|---|---|---|---|
| ATTRITUBE_U_02_003 | 非活跃用户 | 0 | |
| ATTRITUBE_U_03_001 | 年龄 | 28 | |
| ATTRITUBE_U_04_001 | 重要价值（RFM 价制度） | 0 | |
| ATTRITUBE_U_04_002 | 重要发展（RFM 价制度） | 0 | |
| ATTRITUBE_U_04_003 | 重要保持（RFM 价制度） | 0 | |
| ATTRITUBE_U_04_004 | 重要挽留（RFM 价制度） | 1 | |
| …… | …… | …… | |
| data_date | 日期 | 20190101 | 数据分区日期 |

同样的，用户其他 id 维度（如 cookieid、deviceid、registerid 等）的标签数据存储，也可以使用上面案例中的表结构。

在上面的创建中通过设立人口属性维度的宽表开发相关的用户标签，为了提高数据的插入和查询效率，在 Hive 中可以使用分区表的方式，将数据存储在不同的目录中。在 Hive 使用 select 查询时一般会扫描整个表中所有数据，将会花费很多时间扫描不是当前要查询的数据，为了扫描表中关心的一部分数据，在建表时引入了 partition 的概念。在查询时，可以通过 Hive 的分区机制来控制一次遍历的数据量。

### 3.1.3 标签汇聚

在 3.1.2 节的案例中，用户的每个标签都插入到相应的分区下面，但是对一个用户来说，打在他身上的全部标签存储在不同的分区下面。为了方便分析和查询，需要将用户身上的标签做聚合处理。紧接 3.1.2 节的案例，下面讲解标签汇聚的开发案例（见图 3-4）。

标签汇聚后将一个每个用户身上的全量标签汇聚到一个字段中，表结构设计如下：

```
CREATE TABLE `dw.userprofile_userlabel_map_all`(
`userid` string COMMENT 'userid',
`userlabels` map<string,string> COMMENT 'tagsmap',)
COMMENT 'userid 用户标签汇聚'
PARTITIONED BY ( `data_date` string COMMENT '数据日期')
```

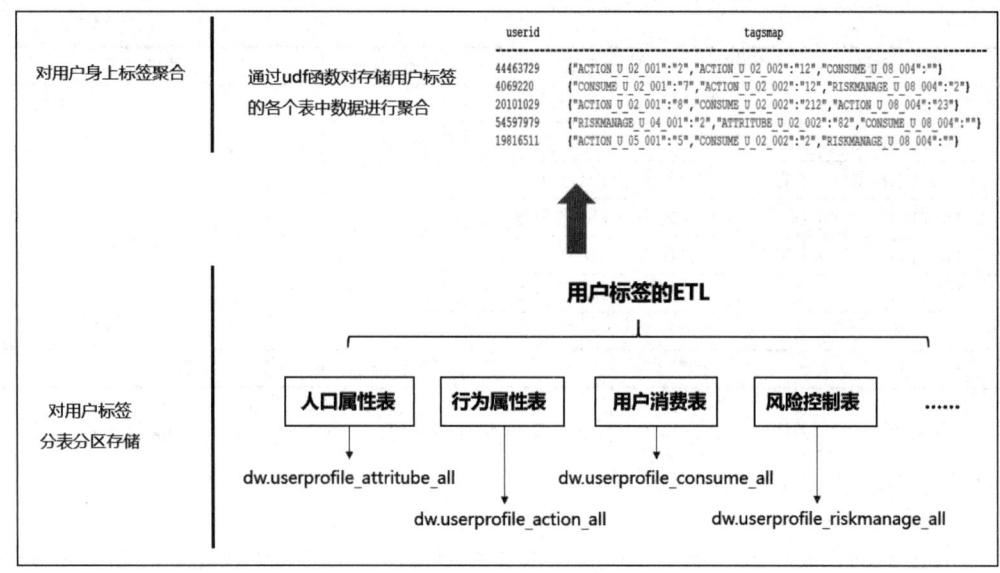

图 3-4 标签汇聚数据

开发 udf 函数 "cast_to_json" 将用户身上的标签汇聚成 json 字符串，执行命令将按分区存储的标签进行汇聚：

```
insert overwrite table dw.userprofile_userlabel_map_all partition(data_date=
"data_date")
  select userid,
         cast_to_json(concat_ws(',',collect_set(concat(labelid,':',labelweig
ht)))) as userlabels
    from "用户各维度的标签表"
     where data_date= " data_date "
group by userid
```

汇聚后用户标签的存储格式如图 3-5 所示

| userid | userlabels | data_date |
|---|---|---|
| 44463729 | {"ACTION_U_02_001":"2","ACTION_U_02_002":"12","CONSUME_U_08_004":""} | 20190101 |
| 4069220 | {"CONSUME_U_02_001":"7","ACTION_U_02_002":"12","RISKMANAGE_U_08_004":"2"} | 20190101 |
| 20101029 | {"ACTION_U_02_001":"8","CONSUME_U_02_002":"212","ACTION_U_08_004":"23"} | 20190101 |
| 54597979 | {"RISKMANAGE_U_04_001":"2","ATTRITUBE_U_02_002":"82","CONSUME_U_08_004":""} | 20190101 |
| 19816511 | {"ACTION_U_05_001":"5","CONSUME_U_02_002":"2","RISKMANAGE_U_08_004":""} | 20190101 |

图 3-5 标签汇聚数据

将用户身上的标签进行聚合便于查询和计算。例如，在画像产品中，输入用户 id

后通过直接查询该表，解析标签 id 和对应的标签权重后，即可在前端展示该用户的相关信息（如图 3-6 所示）。

图 3-6　用户标签查询

### 3.1.4　ID-MAP

开发用户标签的时候，有项非常重要的内容——ID-MApping，即把用户不同来源的身份标识通过数据手段识别为同一个主体。用户的属性、行为相关数据分散在不同的数据来源中，通过 ID-MApping 能够把用户在不同场景下的行为串联起来，消除数据孤岛。图 3-7 展示了用户与设备间的多对多关系。图 3-8 展示了同一用户在不同平台间的行为示意图。

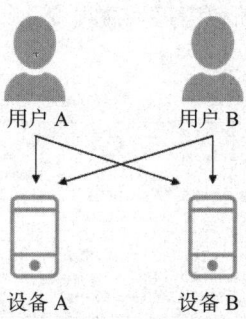

图 3-7　用户和设备间的多对多关系

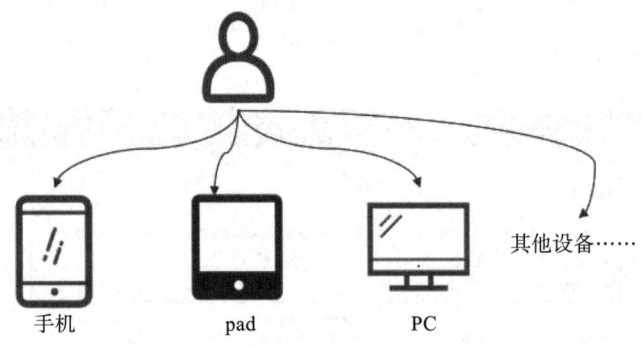

图 3-8　串联同一个用户在不同平台间行为

举例来说，用户在未登录 App 的状态下，在 App 站内访问、搜索相关内容时，记录的是设备 id（即 cookieid）相关的行为数据。而用户在登录 App 后，访问、收藏、下单等相关的行为记录的是账号 id（即 userid）相关行为数据。虽然是同一个用户，但其在登录和未登录设备时记录的行为数据之间是未打通的。通过 ID-MApping 打通 userid 和 cookieid 的对应关系，可以在用户登录、未登录设备时都能捕获其行为轨迹。

下面通过一个案例介绍如何通过 Hive 的 ETL 工作完成 ID-Mapping 的数据清洗工作。

缓慢变化维是在维表设计中常见的一种方式，维度并不是不变的，随时间也会发生缓慢变化。如用户的手机号、邮箱等信息可能会随用户的状态变化而改变，再如商品的价格也会随时间变化而调整上架的价格。因此在设计用户、商品等维表时会考虑用缓慢变化维来开发。同样，在设计 ID-Mapping 表时，由于一个用户可以在多个设备上登录，一个设备也能被多个用户登录，所以考虑用缓慢变化维表来记录这种不同时间点的状态变化（图 3-9）。

```
+----------+--------------------------------------+------------+----------+
| userid   | cookieid                             | start_date | end_date |
+----------+--------------------------------------+------------+----------+
| 44463729 | 07427323-40FB-46B8-8A3D-D67FBC       | 20190101   | 20190105 |
| 44463729 | 73C7C634-E5FE-474C-80C0-5B1581       | 20190106   | 99991231 |
| 54597979 | 07006ca2-a9bf-463a-828a-132f32       | 20190113   | 99991231 |
| 20101029 | 09e40e53-e9b0-424f-837f-c225b2       | 20190101   | 20190102 |
| 20101029 | D0BC25C4-EE11-41AD-94D0-801CA1       | 20190103   | 20190105 |
| 20101029 | e598027d-5412-4e7b-84a2-1d59e5       | 20190106   | 99991231 |
+----------+--------------------------------------+------------+----------+
```

图 3-9　ID-Mapping 拉链表

拉链表是针对缓慢变化维表的一种设计方式，记录一个事物从开始到当前状态的全部状态变化信息。

在上图中，通过拉链表记录了 userid 每一次关联到不同 cookieid 的情况。如 userid 为 44463729 的用户，在 20190101 这天登录某设备，在 6 号那天变换了另一个设备登录。其中 start_date 表示该记录的开始日期，end_date 表示该记录的结束日期，当 end_date 为 99991231 时，表示该条记录当前仍然有效。

首先需要从埋点表和访问日志表里面获取到 cookieid 和 userid 同时出现的访问记录。下面案例中，ods.page_event_log 是埋点日志表，ods.page_view_log 是访问日志表，将获取到的 userid 和 cookieid 信息插入 cookieid-userid 关系表 (ods.cookie_user_signin) 中。代码执行如下：

```sql
INSERT OVERWRITE TABLE ods.cookie_user_signin PARTITION (data_date = '${data_date}')
  SELECT t.*
    FROM (
      SELECT userid,
             cookieid,
             from_unixtime(eventtime,'yyyyMMdd') as signdate
        FROM ods.page_event_log        -- 埋点表
        WHERE data_date = '${data_date}'
      UNION ALL
      SELECT userid,
             cookieid,
             from_unixtime(viewtime,'yyyyMMdd') as signdate
        FROM ods.page_view_log    -- 访问日志表
        WHERE data_date = '${data_date}'
    ) t
```

创建 ID-Map 的拉链表，将每天新增到 ods.cookie_user_signin 表中的数据与拉链表历史数据做比较，如果有变化或新增数据则进行更新。

```sql
CREATE TABLE `dw.cookie_user_zippertable`(
`userid` string COMMENT '账号ID',
`cookieid` string COMMENT '设备ID',
`start_date` string COMMENT 'start_date',
`end_date` string COMMENT 'end_date')
COMMENT 'id-map拉链表'
ROW FORMAT DELIMITED FIELDS TERMINATED BY '\t'
```

创建完成后,每天 ETL 调度将数据更新到 ID-Mapping 拉链表中,任务执行如下。

```
INSERT OVERWRITE TABLE dw.cookie_user_zippertable
SELECT t.*
  FROM (
    SELECT t1.user_num,
           t1.mobile,
           t1.reg_date,
           t1.start_date,
           CASE WHEN t1.end_date = '99991231' AND t2.userid IS NOT NULL
THEN '${data_date}'
                ELSE t1.end_date
           END AS end_date
      FROM dw.cookie_user_zippertable t1
    LEFT JOIN (  SELECT *
                   FROM ods.cookie_user_signin
                  WHERE data_date='${data_date}'
              )t2
          ON t1.userid = t2.userid
UNION
    SELECT userid,
           cookieid,
           '${data_date}' AS start_date,
           '99991231' AS end_date
      FROM ods.cookie_user_signin
     WHERE data_date = '${data_date}'
       ) t
```

数据写入表中,如图 3-9 所示。

对于该拉链表,可查看某日(如 20190801)的快照数据。

```
select   *
from dw.cookie_user_zippertable
where start_date<='20190801' and end_date>='20190801'
```

例如,目前存在一个记录 userid 和 cookieid 关联关系的表,但是为多对多的记录(即一个 userid 对应多条 cookieid 记录,以及一条 cookieid 对应多条 userid 记录)。这里可以通过拉链表的日期来查看某个时间点 userid 对应的 cookieid。查看某个用户(如32101029)在某天(如 20190801)关联到的设备 id(图 3-10)。

```
select cookieid
```

```
from dw.cookie_user_zippertable
where userid='32101029' and start_date<='20190801' and end_date>='20190801'
```

```
+----------+--------------------------------------+------------+------------+
| userid   | cookieid                             | start_date | end_date   |
+----------+--------------------------------------+------------+------------+
| 32101029 | 09e40e53-e9b0-424f-837f-c225b2       | 20190101   | 20190102   |
| 32101029 | D0BC25C4-EE11-41AD-94D0-801CA1       | 20190103   | 20190105   |
| 32101029 | e598027d-5412-4e7b-84a2-1d59e5       | 20190106   | 99991231   |
+----------+--------------------------------------+------------+------------+
```

图 3-10　某用户在拉链表中记录

上图可看出用户'32101029'在历史中曾登录过 3 个设备，通过限定时间段可找到特定时间下用户的登录设备。

在开发中需要注意关于 userid 与 cookieid 的多对多关联，如果不加条件限制就做关联，很可能引起数据膨胀问题。

在实际应用中，会遇到许多需要将 userid 和 cookieid 做关联的情况。例如，需要在 userid 维度开发出该用户近 30 日的购买次数、购买金额、登录时长、登录天数等标签。前两个标签可以很容易地从相应的业务数据表中根据算法加工出来，而登录时长、登录天数的数据存储在相关日志数据中，日志数据表记录的 userid 与 cookieid 为多对多关系。因此在结合业务需求开发标签时，要确定好标签口径定义。

本节中通过案例介绍了将 userid 和 cookieid 打通的一种解决方案，实践中还存在需要将用户在不同平台间（如 Web 端和 App 端）行为打通的应用场景。

## 3.2　MySQL 存储

MySQL 作为关系型数据库，在用户画像中可用于元数据管理、监控预警数据、结果集存储等应用中。下面详细介绍这 3 个应用场景。

### 3.2.1　元数据管理

Hive 适合于大数据量的批处理作业，对于量级较小的数据，MySQL 具有更快的读写速度。Web 端产品读写 MySQL 数据库会有更快的速度，方便标签的定义、管理。

在 7.2 节和 7.3 节中，我们会介绍元数据录入和查询功能，将相应的数据存储在 MySQL 中。用户标签的元数据表结构设计会在 7.3 节进行详细的介绍。这里给出了平台标签视图（如图 3-11 所示）和元数据管理页面（如图 3-12 所示）。

图 3-11　平台标签视图

图 3-12　标签编辑管理

平台标签视图中的标签元数据可以维护在 MySQL 关系数据库中，便于标签的编辑、查询和管理。

### 3.2.2 监控预警数据

MySQL 还可用于存储每天对 ETL 结果的监控信息。从整个画像调度流的关键节点来看，需要监控的环节主要包括对每天标签的产出量、服务层数据同步情况的监控等主要场景。图 3-13 所示是用户画像调度流主要模块，下面详细介绍。

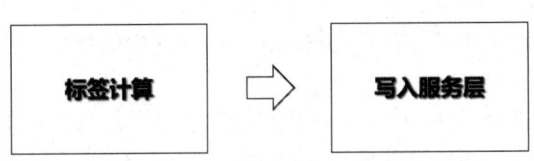

图 3-13　用户画像调度流主要模块

**1. 标签计算数据监控**

主要用于监控每天标签 ETL 的数据量是否出现异常，如果有异常情况则发出告警邮件，同时暂停后面的 ETL 任务。

**2. 服务层同步数据监控**

服务层一般采用 HBase、Elasticsearch 等作为数据库存储标签数据供线上调用，将标签相关数据从 Hive 数仓向服务层同步的过程中，有出现差错的可能，因此需要记录相关数据在 Hive 中的数量及同步到对应服务层后的数量，如果数量不一致则触发告警。

在对画像的数据监控中，调度流每跑完相应的模块，就将该模块的监控数据插入MySQL 中，当校验任务判断达到触发告警阈值时，发送告警邮件，同时中断后续的调度任务。待开发人员解决问题后，可重启后续调度。

### 3.2.3 结果集存储

结果集可以用来存储多维透视分析用的标签、圈人服务用的用户标签、当日记录各标签数量，用于校验标签数据是否出现异常。

有的线上业务系统使用 MySQL、Oracle 等关系型数据库存储数据，如短信系统、消息推送系统等。在打通画像数据与线上业务系统时，需要考虑将存储在 Hive 中的用户标签相关数据同步到各业务系统，此时 MySQL 可用于存储结果集。

Sqoop 是一个用来将 Hadoop 和关系型数据库中的数据相互迁移的工具。它可以将一个关系型数据库（如 MySQL、Oracle、PostgreSQL 等）中的数据导入 Hadoop 的 HDFS 中，也可以将 HDFS 中的数据导入关系型数据库中。

下面通过一个案例来讲解如何使用 Sqoop 将 Hive 中的标签数据迁移到 MySQL 中。

电商、保险、金融等公司的客服部门的日常工作内容之一是对目标用户群（如已流失用户、高价值用户等）进行主动外呼，以此召回用户来平台进行购买或复购。这里可以借助用户画像系统实现该功能。

将 Hive 中存储的与用户身份相关的数据同步到客服系统中，首先在 Hive 中建立一张记录用户身份相关信息的表（dw.userprofile_userservice_all）。设置日期分区以满足按日期选取当前人群的需要。

```
CREATE TABLE `dw.userprofile_userservice_all `(
`user_id` string COMMENT 'userid',
`user_sex` string COMMENT 'user_sex',
`city` string COMMENT 'city',
`payid_money` string COMMENT 'payid_money',
`payid_num` string COMMENT 'payid_num',
`latest_product` string COMMENT 'latest_product',
`date` string COMMENT 'date',
`data_status` string COMMENT 'data_status')
COMMENT 'userid 用户客服数据'
PARTITIONED BY ( `data_date` string COMMENT '数据日期')
```

在 MySQL 中建立一张用于接收同步数据的表（userservice_data）。

```
CREATE TABLE `userservice_data` (
  `user_id` varchar(128) DEFAULT NULL COMMENT '用户id',
  `user_sex` varchar(128) NOT NULL COMMENT '用户性别',
  `city` varchar(128) DEFAULT NULL COMMENT '城市',
```

```
    `payid_money` varchar(128) DEFAULT NULL COMMENT '消费金额',
    `payid_num` varchar(128) DEFAULT NULL COMMENT '消费次数',
    `latest_product` varchar(128) DEFAULT NULL COMMENT '最近购买产品',
    `date` varchar(64) NOT NULL COMMENT '传输日期',
    `data_status` varchar(64) DEFAULT '0' COMMENT '0:未传输,1:传输中,2:成功,3:失败',
    PRIMARY KEY (`user_id`),
) ENGINE=InnoDB AUTO_INCREMENT=2261628 DEFAULT CHARSET=utf8 COMMENT='用户客服数据表';
```

通过 Python 脚本调用 shell 命令，将 Hive 中的数据同步到 MySQL 中。执行如下脚本：

```
# -*- coding: utf-8 -*-
import os
import MySQLdb
import sys
def export_data(hive_tab, data_date):
    sqoop_command = "sqoop export --connect jdbc:mysql://10.xxx.xxx.xxx:3306/mysql_database --username username --password password  --table mysql_table --export-dir hdfs://nameservice1/user/hive/warehouse/dw.db/" + hive_tab + "/data_date=" + data_date + " --input-fields-terminated-by '\001'"
    os.system(sqoop_command)
    print(sqoop_command)

if __name__ == '__main__':
    export_data("dw.userprofile_userservice_all", '20181201')
```

其中用到了 sqoop 从 Hive 导出数据到 MySQL 的命令：

```
sqoop export
--connect   指定JDBC连接字符串,包括IP 端口 数据库名称 \
--username  JDBC连接的用户名\
--passowrd  JDBC连接的密码\
--table     表名\
--export-dir  导出的Hive表,对应的是HDFS地址 \
--input fileds-terminated-by  ','  分隔符号
```

同步后 MySQL 中的数据如图 3-14 所示。

```
+----------+----------+------+-------------+-----------+----------------+----------+-------------+
| user_id  | user_sex | city | payid_money | payid_num | latest_product | date     | data_status |
+----------+----------+------+-------------+-----------+----------------+----------+-------------+
| 44463729 | 男       | 上海 | 1000        | 20        | 婴幼儿奶粉     | 20190101 | 2           |
| 4069220  | 男       | 西安 | 2500        | 15        | 加湿器         | 20190101 | 2           |
| 20101029 | 女       | 杭州 | 800         | 3         | 电磁炉         | 20190101 | 2           |
| 54597979 | 男       | 杭州 | 3200        | 42        | 充电器         | 20190101 | 2           |
| 19816511 | 女       | 北京 | 400         | 8         | 手机充电线     | 20190101 | 2           |
+----------+----------+------+-------------+-----------+----------------+----------+-------------+
```

图 3-14 同步到 MySQL 中的数据

## 3.3 HBase 存储

### 3.3.1 HBase 简介

HBase 是一个高性能、列存储、可伸缩、实时读写的分布式存储系统，同样运行在 HDFS 之上。与 Hive 不同的是，HBase 能够在数据库上实时运行，而不是跑 MapReduce 任务，适合进行大数据的实时查询。

画像系统中每天在 Hive 里跑出的结果集数据可同步到 HBase 数据库，用于线上实时应用的场景。

下面介绍几个基本概念：

- row key：用来表示唯一一行记录的主键，HBase 的数据是按照 row key 的字典顺序进行全局排列的。访问 HBase 中的行只有 3 种方式：
  - 通过单个 row key 访问；
  - 通过 row key 的正则访问；
  - 全表扫描。

由于 HBase 通过 rowkey 对数据进行检索，而 rowkey 由于长度限制的因素不能将很多查询条件拼接在 rowkey 中，因此 HBase 无法像关系数据库那样根据多种条件对数据进行筛选。一般地，HBase 需建立二级索引来满足根据复杂条件查询数据的需求。

Rowkey 设计时需要遵循三大原则：

- 唯一性原则：rowkey 需要保证唯一性，不存在重复的情况。在画像中一般使用用户 id 作为 rowkey。
- 长度原则：rowkey 的长度一般为 10-100bytes。
- 散列原则：rowkey 的散列分布有利于数据均衡分布在每个 RegionServer，可实现负载均衡。

❑ columns family：指列簇，HBase 中的每个列都归属于某个列簇。列簇是表的 schema 的一部分，必须在使用表之前定义。划分 columns family 的原则如下：
- 是否具有相似的数据格式；
- 是否具有相似的访问类型。

常用的增删改查命令如下。

1）创建一个表，指定表名和列簇名：

```
create '<table name>','<column family>'
```

2）扫描表中数据，并显示其中的 10 条记录：

```
scan '<table name>',{LIMIT=>10}
```

3）使用 get 命令读取数据：

```
get '<table name>','row1'
```

4）插入数据：

```
put '<table name>','row1','<colfamily:colname>','<value>'
```

5）更新数据：

```
put '<table name>','row ','Column family:column name','new value'
```

6）在删除表之前先将其禁用，然后删除：

```
disable '<table name>'
drop '<table name>'
```

下面通过一个案例来介绍 HBase 在画像系统中的应用场景和工程化实现方式。

### 3.3.2 应用场景

某渠道运营人员为促进未注册的新安装用户注册、下单，计划通过 App 首页弹窗（如图 3-15 所示）发放红包或优惠券的方式进行引导。在该场景中可通过画像系统实现对应功能。

业务逻辑上，渠道运营人员通过组合用户标签（如"未注册用户"和"安装距今天数"小于××天）筛选出对应的用户群，然后选择将对应人群推送到"广告系统"（产品功能详见 7.4 节），这样每天画像系统的 ETL 调度完成后对应人群数据就被推送到 HBase 数据库进行存储。满足条件的新用户来访 App 时，由在线接口读取 HBase 数据库，在查询到该用户时为其推送该弹窗。

下面通过某工程案例来讲解 HBase 在该触达用户场景中的应用方式。

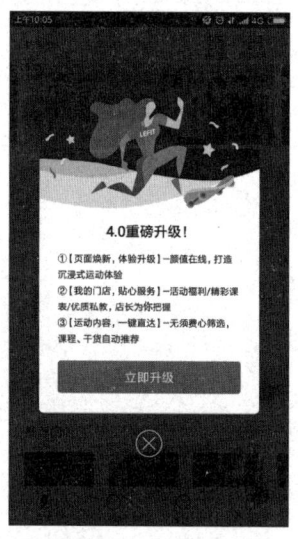

图 3-15　App 弹窗推送内容（截图选自"乐刻"App）

### 3.3.3 工程化案例

运营人员在画像系统（详见第 7 章）中根据业务规则定义组合用户标签筛选出用户群，并将该人群上线到广告系统中（如图 3-16 所示）。

第 3 章 标签数据存储  53

图 3-16 将待运营人群上线到广告系统

在业务人员配置好规则后，下面我们来看在数据调度层面是如何运行的。

用户标签数据经过 ETL 将每个用户身上的标签聚合后插入到目标表中，如 dw.userprofile_userlabel_map_all（详见 3.1.3 节）。聚合后数据存储为每个用户 id，以及他身上对应的标签集合，数据格式如图 3-17 所示。

```
userid                          userlabels                                              data_date
---------  -----------------------------------------------------------------------    ----------
44463729   {"ACTION_U_02_001":"2","ACTION_U_02_002":"12","CONSUME_U_08_004":""}          20190101
4069220    {"CONSUME_U_02_001":"7","ACTION_U_02_002":"12","RISKMANAGE_U_08_004":"2"}     20190101
20101029   {"ACTION_U_02_001":"8","CONSUME_U_02_002":"212","ACTION_U_08_004":"23"}       20190101
54597979   {"RISKMANAGE_U_04_001":"2","ATTRITUBE_U_02_002":"82","CONSUME_U_08_004":""}   20190101
19816511   {"ACTION_U_05_001":"5","CONSUME_U_02_002":"2","RISKMANAGE_U_08_004":""}       20190101
```

图 3-17 userid 用户标签聚合数据

接下来需要将 Hive 中的数据导入 HBase，便于线上接口实时调用库中数据。

HBase 的服务器体系结构遵循主从服务器架构（如图 3-18 所示），同一时刻只有一个 HMaster 处于活跃状态，当活跃的 Master 挂掉后，Backup HMaster 自动接管整个 HBase 集群。在同步数据前，首先需要判断 HBase 的当前活跃节点是哪台机器。

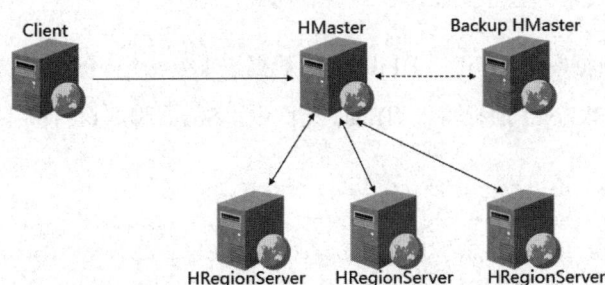

图 3-18 HBase 的主从服务器架构

执行如下脚本：

```python
# 判断活跃节点
global activenode
for node in ("10.xxx.xx.xxx","10.xxx.xx.xxx"):    # 两台机器作为Master，判断哪台HMaster处于活跃状态
    command = "curl http://"+ str(node) + ":9870/jmx?qry=Hadoop:service=NameNode,name=NameNodeStatus"
    status = os.popen(command).read()
    print("HBase Master status: ".format(status))
    if ("active" in status):
        activenode = node
```

执行完毕后，可通过返回的"State"字段判断当前节点状态（活跃为"active"，不活跃为"standby"），如图 3-19 所示。

```
{
  "beans" : [ {
    "name" : "Hadoop:service=NameNode,name=NameNodeStatus",
    "modelerType" : "org.apache.hadoop.hdfs.server.namenode.NameNode",
    "State" : "active",
    "SecurityEnabled" : false,
    "NNRole" : "NameNode",
    "HostAndPort" : "bi-master01-bi.internal:8020",
    "LastHATransitionTime" : 1552996612567,
    "BytesWithFutureGenerationStamps" : 0,
    "SlowPeersReport" : null,
    "SlowDisksReport" : null
  } ]
}
```

图 3-19　HBase 当前节点状态返回值

为避免数据都写入一个 region，造成 HBase 的数据倾斜问题。在当前 HMaster 活跃的节点上，创建预分区表：

```
create 'userprofile_labels', { NAME => "f", BLOCKCACHE => "true" , BLOOMFILTER => "ROWCOL" , COMPRESSION => 'snappy', IN_MEMORY => 'true' }, {NUMREGIONS => 10,SPLITALGO => 'HexStringSplit'}
```

将待同步的数据写入 HFile，HFile 中的数据以 key-value 键值对方式存储，然后将 HFile 数据使用 BulkLoad 批量写入 HBase 集群中。Scala 脚本执行如下：

```scala
import org.apache.hadoop.fs.{FileSystem, Path}
import org.apache.hadoop.HBase.client.ConnectionFactory
import org.apache.hadoop.HBase.{HBaseConfiguration, KeyValue, TableName}
import org.apache.hadoop.HBase.io.ImmutableBytesWritable
import org.apache.hadoop.HBase.mapreduce.{HFileOutputFormat2,
```

```scala
LoadIncrementalHFiles}
import org.apache.hadoop.HBase.util.Bytes
import org.apache.hadoop.mapreduce.Job
import org.apache.spark.sql.SparkSession

object Hive2HBase {
  def main(args: Array[String]): Unit = {
    // 传入日期参数 和 当前活跃的master节点
    val data_date = args(0)
    val node = args(1)    //当前活跃的节点ip

    val spark = SparkSession
      .builder()
      .appName("Hive2HBase")
      .config("spark.serializer","org.apache.spark.serializer.KryoSerializer")
      .config("spark.storage.memoryFraction", "0.1")
      .config("spark.shuffle.memoryFraction", "0.7")
      .config("spark.memory.useLegacyMode", "true")
      .enableHiveSupport()
      .getOrCreate()

    //创建HBase的配置
    val conf = HBaseConfiguration.create()
      conf.set("HBase.zookeeper.quorum", "10.xxx.xxx.xxx,10.xxx.xxx.xxx")
      conf.set("HBase.zookeeper.property.clientPort", "8020")

    //为了预防hfile文件数过多无法进行导入,设置参数值
    conf.setInt("HBase.hregion.max.filesize", 10737418240)
    conf.setInt("HBase.mapreduce.bulkload.max.hfiles.perRegion.perFamily", 3200)

      val Data = spark.sql(s"select userid,userlabels from dw.userprofile_usergroup_labels_all where data_date='${data_date}'")
      val dataRdd = Data.rdd.flatMap(row => {
        val rowkey = row.getAs[String]("userid".toLowerCase)
        val tagsmap = row.getAs[Map[String, Object]]("userlabels".toLowerCase)
        val sbkey = new StringBuffer()    // 对MAP结构转化 a->b   'a':'b'
        val sbvalue = new StringBuffer()
        for ((key, value) <- tagsmap){
          sbkey.append(key + ":")
          val labelght = if (value == ""){
            "-999999"
          } else {
            value
          }
          sbvalue.append(labelght + ":")
```

```scala
      }
      val item = sbkey.substring(0,sbkey.length -1)
      val score = sbvalue.substring(0,sbvalue.length -1)
      Array(
        (rowkey,("f","i",item)),
        (rowkey,("f","s",score))
      )
  })

  // 将rdd转换成HFile需要的格式
  val rdds = dataRdd.filter(x=>x._1 != null).sortBy(x=>(x._1,x._2._1,
x._2._2)).map(x => {
      //KeyValue的实例为value
      val rowKey = Bytes.toBytes(x._1)
      val family = Bytes.toBytes(x._2._1)
      val colum = Bytes.toBytes(x._2._2)
      val value = Bytes.toBytes(x._2._3.toString)
      (new ImmutableBytesWritable(rowKey), new KeyValue(rowKey, family,
colum, value))
  })

  //文件保存在hdfs的位置
  val locatedir = "hdfs://" + node.toString + ":8020/user/bulkload/hfile/
usergroup_HBase_" + data_date

  //在locatedir生成的Hfile文件
  rdds.saveAsNewAPIHadoopFile(locatedir,
    classOf[ImmutableBytesWritable],
    classOf[KeyValue],
    classOf[HFileOutputFormat2],
    conf)
  //HFile导入到HBase
  val load = new LoadIncrementalHFiles(conf)

  //HBase的表名
  val tableName = "userprofile_labels"
  //创建HBase的链接,利用默认的配置文件,读取HBase的master地址
  val conn = ConnectionFactory.createConnection(conf)
  //根据表名获取表
  val table = conn.getTable(TableName.valueOf(tableName))

  try {
    //获取HBase表的region分布
    val regionLocation = conn.getregionLocation(TableName.
valueOf(tableName))
```

```scala
            //创建一个hadoop的mapreduce的job
            val job = Job.getInstance(conf)
            //设置job名称，任意命名
            job.setJobName("Hive2HBase")
            //输出文件的内容KeyValue
            job.setMapOutputValueClass(classOf[KeyValue])
            //设置文件输出key, outkey要用ImmutableBytesWritable
            job.setMapOutputKeyClass(classOf[ImmutableBytesWritable])
            //配置HFileOutputFormat2的信息
            HFileOutputFormat2.configureIncrementalLoad(job, table, regionLocation)
            //开始导入
            load.doBulkLoad(new Path(locatedir), conn.getAdmin, table, regionLocation)
        } finally {
          table.close()
          conn.close()
        }
        spark.close()
    }
}
```

提交 Spark 任务，将 HFile 中数据 bulkload 到 HBase 中。执行完成后，可以在 HBase 中看到该数据已经写入"userprofile_labels"中（图 3-20）。

```
hbase(main):015:0> scan 'userprofile_labels'
ROW              COLUMN+CELL
 44463729        column=cf:userlabels, timestamp=1551768017240,value={"ATTRITUBE_U_06_001":"6","ACTION_U_05_003":"3","CONSUME_U_05_003":"15"}
 46763725        column=cf:userlabels, timestamp=1551768017240,value={"ATTRITUBE_U_01_001":"7","ACTION_U_03_001":"3","CONSUME_U_12_003":"31"}
 54597977        column=cf:userlabels, timestamp=1551768017240,value={"ATTRITUBE_U_03_001":"5","CONSUME_U_05_003":"13","CONSUME_U_24_003":"5"}
 35601021        column=cf:userlabels, timestamp=1551768017240,value={"ATTRITUBE_U_03_002":"3","ACTION_U_05_003":"3","CONSUME_U_31_003":"14"}
 47801349        column=cf:userlabels, timestamp=1551768017240,value={"ATTRITUBE_U_13_001":"","ACTION_U_04_001":"2","CONSUME_U_05_003":"1"}
```

图 3-20　HBase 中存储标签数据

在线接口在查询 HBase 中数据时，由于 HBase 无法像关系数据库那样根据多种条件对数据进行筛选（类似 SQL 语言中的 where 筛选条件）。一般地 HBase 需建立二级索引来满足根据复杂条件查询数据的需求，本案中选用 Elasticsearch 存储 HBase 索引数据（图 3-21）。

在组合标签查询对应的用户人群场景中，首先通过组合标签的条件在 Elasticsearch 中查询对应的索引数据，然后通过索引数据去 HBase 中批量获取 rowkey 对应的数据（Elasticsearch 中的 documentid 和 HBase 中的 rowkey 都设计为用户 id）。

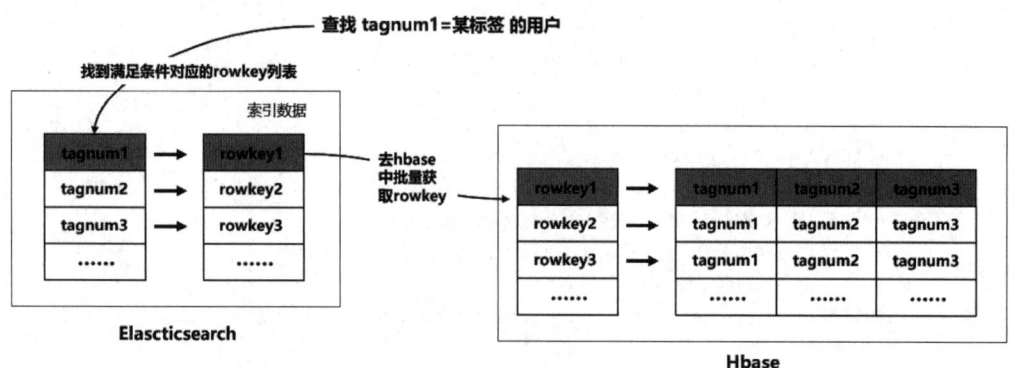

图 3-21 基于 Elasticsearch 存储的 HBase 二级索引方案

为了避免从 Hive 向 HBase 灌入数据时缺失，在向 HBase 数据同步完成后，还需要校验 HBase 和 Hive 中数据量是否一致，如出现较大的波动则发送告警信息。

下面通过 Python 脚本来看该 HBase 状态表数据校验逻辑：

```python
# 查询Hive中数据
def check_Hive_data(data_date):
    r = os.popen("Hive -S -e\"select count(1) from dw.userprofile_usergroup_labels_all where data_date='"+data_date+"'\"")
    Hive_userid_count = r.read()
    r.close()
    Hive_count = str(int(Hive_userid_count))
    print "Hive_result: " + str(Hive_count)
    print "Hive select finished!"

# 查询HBase中数据
def check_HBase_data(data_date):
    r = os.popen("HBase   org.apache.hadoop.HBase.mapreduce.RowCounter 'userprofile_labels'\" 2>&1 |grep ROWS")
    HBase_count = r.read().strip()[5:]
    r.close()
    print "HBase result: " + str(HBase_count)
    print "HBase select finished!"

# 连接 DB,将查询结果插入表
db = MySQLdb.connect(host="xx.xx.xx.xx",port=3306,user="username", passwd="password", db="xxx", charset="utf8")
cursor = db.cursor()
cursor.execute("INSERT INTO service_monitor(date, service_type, Hive_count,
```

```
HBase_count) VALUES('"+datestr_+"', 'advertisement', "+str(Hive_userid_
count)+","+str(HBase_count)+")")
db.commit()
```

本案例中将 userid 作为 rowkey 存入 HBase，一方面在组合标签的场景中可以支持条件查询多用户人群，另一方面可以支持单个用户标签的查询，例如查看某 id 用户身上的标签，以便运营人员决定是否对其进行运营操作。

HBase 在离线数仓环境的服务架构如图 3-22 所示。

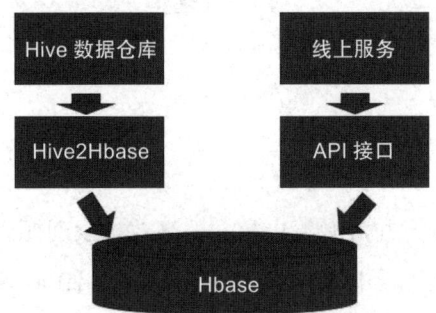

图 3-22　HBase 离线数仓服务架构

## 3.4　Elasticsearch 存储

### 3.4.1　Elasticsearch 简介

Elasticsearch 是一个开源的分布式全文检索引擎，可以近乎实时地存储、检索数据。而且可扩展性很好，可以扩展到上百台服务器，处理 PB 级别的数据。对于用户标签查询、用户人群计算、用户群多维透视分析这类对响应时间要求较高的场景，也可以考虑选用 Elasticsearch 进行存储。

Elasticsearch 是面向文档型数据库，一条数据在这里就是一个文档，用 json 作为文档格式。为了更清晰地理解 Elasticsearch 查询的一些概念，将其和关系数据库的类型进行对照，如图 3-23 所示。

在关系型数据库中查询数据时可通过选中数据库、表、行、列来定位所查找的内容，在 Elasticsearch 中通过索引（index）、类型（type）、文档（document）、字段来定位查找内容。一个 Elasticsearch 集群可以包括多个索引（数据库），也就是说，其中包含了很多类型（表），这些类型中包含了很多的文档（行），然后每个文档中又包含了很多的字段（列）。Elasticsearch 的交互可以使用 Java API，也可以使用 HTTP 的 RESTful API 方式。

| Elasticsearch | MySQL | |
|---|---|---|
| index | database | 数据库 |
| type | table | 表 |
| document | row | 行 |
| mapping | column | 列 |
| GET http://… | SELECT * FROM … | 查询数据 |
| PUT http://… | UPDATE table SET … | 插入数据 |

图 3-23　Elasticsearch 与关系数据库的对比

### 3.4.2　应用场景

基于 HBase 的存储方案并没有解决数据的高效检索问题。在实际应用中，经常有根据特定的几个字段进行组合后检索的应用场景，而 HBase 采用 rowkey 作为一级索引，不支持多条件查询，如果要对库里的非 rowkey 进行数据检索和查询，往往需要通过 MapReduce 等分布式框架进行计算，时间延迟上会比较高，难以同时满足用户对于复杂条件查询和高效率响应这两方面的需求。

为了既能支持对数据的高效查询，同时也能支持通过条件筛选进行复杂查询，需要在 HBase 上构建二级索引，以满足对应的需要。在本案中我们采用 Elasticsearch 存储 HBase 的索引信息，以支持复杂高效的查询功能。

主要查询过程包括：

1）在 Elasticsearch 中存放用于检索条件的数据，并将 rowkey 也存储进去；
2）使用 Elasticsearch 的 API 根据组合标签的条件查询出 rowkey 的集合；
3）使用上一步得到的 rowkey 去 HBase 数据库查询对应的结果（见图 3-24）。

HBase 数据存储数据的索引放在 Elasticsearch 中，实现了数据和索引的分离。在 Elasticsearch 中 documentid 是文档的唯一标识，在 HBase 中 rowkey 是记录的唯一标识。在工程实践中，两者可同时选用用户在平台上的唯一标识（如 userid 或 deviceid

作为 rowkey 或 documentid，进而解决 HBase 和 Elasticsearch 索引关联的问题。

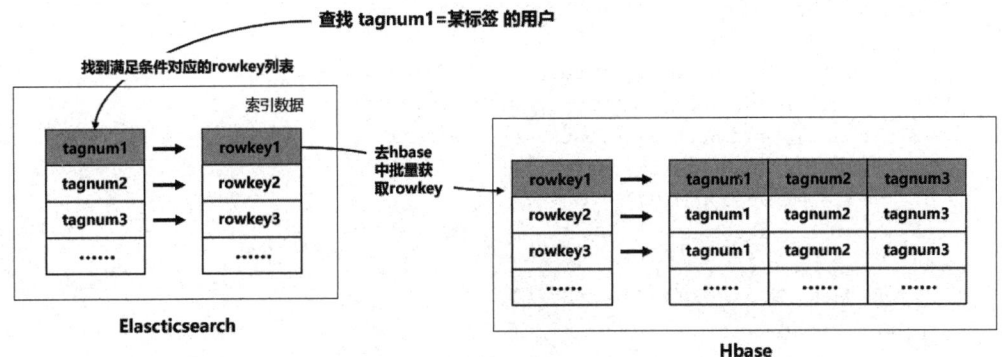

图 3-24　基于 Elasticsearch 存储的 HBase 二级索引方案

下面通过使用 Elasticsearch 解决用户人群计算和分析应用场景的案例来了解这一过程。

对汇聚后的用户标签表 dw.userprofile_userlabel_map_all（3.1.3 节）中的数据进行清洗，过滤掉一些无效字符，达到导入 Elasticsearch 的条件，如图 3-25 所示。

```
userid       userlabels                                                                                  data_date
--------------------------------------------------------------------------------------------------------------------
44463729     {"ACTION_U_02_001":"2","ACTION_U_02_002":"12","CONSUME_U_08_004":""}                        20190101
4069220      {"CONSUME_U_02_001":"7","ACTION_U_02_002":"12","RISKMANAGE_U_08_004":"2"}                   20190101
20101029     {"ACTION_U_02_001":"8","CONSUME_U_02_002":"212","ACTION_U_08_004":"23"}                     20190101
54597979     {"RISKMANAGE_U_04_001":"2","ATTRITUBE_U_02_002":"82","CONSUME_U_08_004":""}                 20190101
19816511     {"ACTION_U_05_001":"5","CONSUME_U_02_002":"2","RISKMANAGE_U_08_004":""}                     20190101
```

图 3-25　标签汇聚数据

然后将 dw.userprofile_userlabel_map_all 数据写入 Elasticsearch 中，Scala 代码如下：

```scala
object HiveDataToEs {

  def main(args: Array[String]): Unit = {

    val spark = SparkSession.builder()
      .AppName("EsData")
      .config("spark.serializer", "org.apache.spark.serializer.KryoSerializer")
      .config("spark.dynamicAllocation.enabled", "false")
      .config("es.index.auto.create", "true")
      .config("es.nodes", "10.xx.xx.xx")
```

```scala
        .config("es.batch.write.retry.count", "3")      // 默认重试3次
        .config("es.batch.write.retry.wait", "5")       // 每次重试等待时间为5秒
        .config("thread_pool.write.queue_size", "1000")
        .config("thread_pool.write.size", "50")
        .config("thread_pool.write.type", "fixed")
        .config("es.batch.size.bytes", "20mb")
        .config("es.batch.size.entries", "2000")
        .config("es.http.timeout","100m")
        .enableHiveSupport()
        .getOrCreate()

    val data_date  = args(0).toString
    import spark.sql
    val hiveDF = sql(
      s"""
         | SELECT userid, tagsmap FROM dw.userprofile_userlabel_map_all where data_date = '${data_date}'
       """.stripMargin)    // dw.userprofile_userlabel_map_all在3.1.3节中讲过,是聚合用户标签的表

    val rdd = hiveDF.rdd.map {
      row => {
        val userid = row.getAs[String]("userid")
        val userlabels = row.getAs[Map[String, Object]]("userlabels")
        Map("userid" -> userid, "userlabels" -> userlabels)
      }
    }
        EsSpark.saveToEs(rdd , "userprofile/tags", Map[String,String]("es.mApping.id"->"userid")) 
        spark.stop()
   }
}
```

工程依赖如下:

```
<dependency>
    <groupId>org.elasticsearch</groupId>
    <artifactId>elasticsearch-hadoop</artifactId>
    <version>6.4.2</version>
</dependency>
```

将该工程打包之后提交任务,传入日期分区参数"20190101"执行。提交命令"spark-submit --class com.example.HiveDataToEs --master yarn --deploy-mode client

--executor-memory 2g --num-executors 50 --driver-memory 3g --executor-cores 2 spark-hive-to-es.jar 20190101"。

任务执行完毕后，当日 userid 维度的用户标签数据全部导入 Elasticsearch 中。使用 RESTfulAPI 查询包含某个标签的用户量，可实时得到返回结果，如图 3-26 所示。

```
# 查询命令
GET userprofile/tags/_search
{
  "size":0,
  "aggs": {
    "tagcounts": {
      "terms": {
        "field": "tags.ACTION_U_01_003"
      }
    }
  }
}
```

```
{
  "took": 744,
  "timed_out": false,
  "_shards": {
    "total": 5,
    "successful": 5,
    "skipped": 0,
    "failed": 0
  },
  "hits": {
    "total": 100000000,
    "max_score": 0,
    "hits": []
  },
  "aggregations": {
    "tagcounts": {
      "doc_count_error_upper_bound": 0,
      "sum_other_doc_count": 0,
      "buckets": [
        {
          "key": -99,
          "doc_count": 2500000
        }
      ]
    }
  }
}
```

图 3-26　Elasticsearch 查询某标签的返回结果

从返回结果中可以看到，用户总量（total）为 100000000 人，包含标签"ACTION_U_01_003"的用户有 2500000 人（doc_count）。

查询人群 index 查看标签总量：

```
# 查询命令
GET userprofile/_search
{
  "query":{
    "match_all": {}
  }
}
```

查询结果如图 3-27 所示。

```
{
  "took": 1,
  "timed_out": false,
  "_shards": {
    "total": 5,
    "successful": 5,
    "skipped": 0,
    "failed": 0
  },
  "hits": {
    "total": 83500000,
    "max_score": 0,
    "hits": []
  }
}
```

图 3-27　Elasticsearch 查询某 index 数据总量

在人群的计算和分析场景中，经过产品的迭代，前期采用 Impala 进行计算，一般耗费几十秒到几分钟的时间，在使用 Elasticsearch 后，实现了对人群计算的秒级响应。

### 3.4.3　工程化案例

下面通过一个工程案例来讲解实现画像产品中"用户人群"和"人群分析"功能对用户群计算秒级响应的一种解决方案。

在每天的 ETL 调度中，需要将 Hive 计算的标签数据导入 Elasticsearch 中。如图 3-28 所示，在标签调度完成且通过校验后（图 3-28 中的"标签监控预警"任务执行完成后），将标签数据同步到 Elasticsearch 中。

在与 Elasticsearch 数据同步完成并通过校验后，向在 MySQL 中维护的状态表中插入一条状态记录，表示当前日期的 Elasticsearch 数据可用，线上计算用户人群的接口则读取最近日期对应的数据。如果某天因为调度延迟等方面的原因，没有及时将当日数据导入 Elasticsearch 中，接口也能读取最近一天对应的数据，是一种可行的灾备方案。

例如，数据同步完成后向 MySQL 状态表“elasticsearch_state”中插入记录（如图 3-29 所示），当日数据产出正常时，state 字段为“0”，产出异常时为“1”。图 3-29 中 1 月 20 日导入的数据出现异常，则“state”状态字段置 1，线上接口扫描该状态记录位后不读取 1 月 20 日数据，而是取用最近的 1 月 19 日数据。

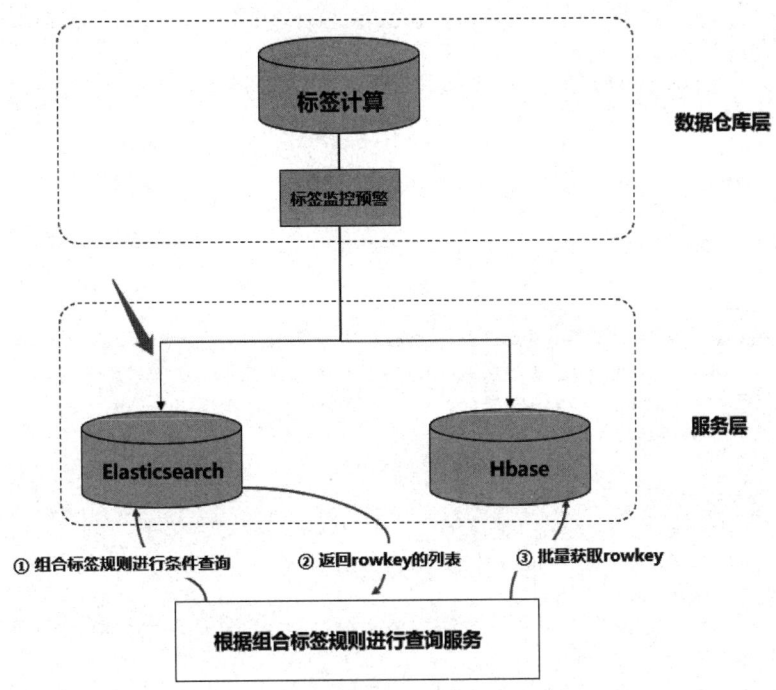

图 3-28　工程化调度中导入 Elasticsearch

| data_date | stage | state | is_online |
|---|---|---|---|
| 2019-01-20 | elasticsearch | 1 | 2 |
| 2019-01-19 | elasticsearch | 0 | 2 |
| 2019-01-18 | elasticsearch | 0 | 2 |
| 2019-01-17 | elasticsearch | 0 | 2 |
| 2019-01-16 | elasticsearch | 0 | 2 |

图 3-29　Elasticsearch 状态记录表

为了避免从 Hive 向 Elasticsearch 中灌入数据时发生数据缺失，在向状态表更新状态位前需要校验 Elasticsearch 和 Hive 中的数据量是否一致。下面通过 Python 脚本来看数据校验逻辑：

```python
# 查询Hive中的数据
def monitor_hive_data(data_date):
    hive_user = " select count(1) from dw.userprofile_userlabel_map_all where data_date='{}' ".format(data_date)
    user_count = os.popen("hive -S -e \"" + hive_user + "\"").read().strip()
    return user_count

# 查询es中的数据
def monitor_es_data(data_date):
    userid_search = "curl http://10.xxx.xxx.xxx:9200/_cat/count/" + data_date + "_userid/"
    userid_num = str(os.popen(userid_search).read()).split(' ')[-1].strip()
    return userid_num

# 比较Hive和es中的数据，如通过校验，更新MySQL状态位
def update_es_data(data_date):
    '''
    data_date: 查询数据日期
    '''
    esdata = monitor_es_data(data_date)      # 查询es中的数据
    hivedata = monitor_hive_data(data_date)  # 查询Hive中的数据
    print("esdata ======>{}".format(esdata))
    print("hivedata ======>{}".format(hivedata))

    # 更新MySQL状态位
    if (esdata[0] == hivedata[0] ):
        db = MySQLdb.connect(host="10.xx.xx.xx", port=3306, user="username", passwd="password",
                             db="userprofile", charset="utf8")
        cursor = db.cursor()
        try:
            select_command = "INSERT INTO `elasticsearch_state` VALUES ('"+ str(data_date) +"', 'elasticsearch', '0', '2');"
            cursor.execute(select_command)
            db.commit()
        except Exception as e:
            db.rollback()
            exit(1)
```

上面介绍了在工程化调度流中何时将 Hive 中的用户标签数据灌入 Elasticsearch 中，之后业务人员在画像产品端计算人群或透视分析人群时（如图 3-30 所示），通过 RESTful API 访问 Elasticsearch 进行计算（如图 3-31 所示）。

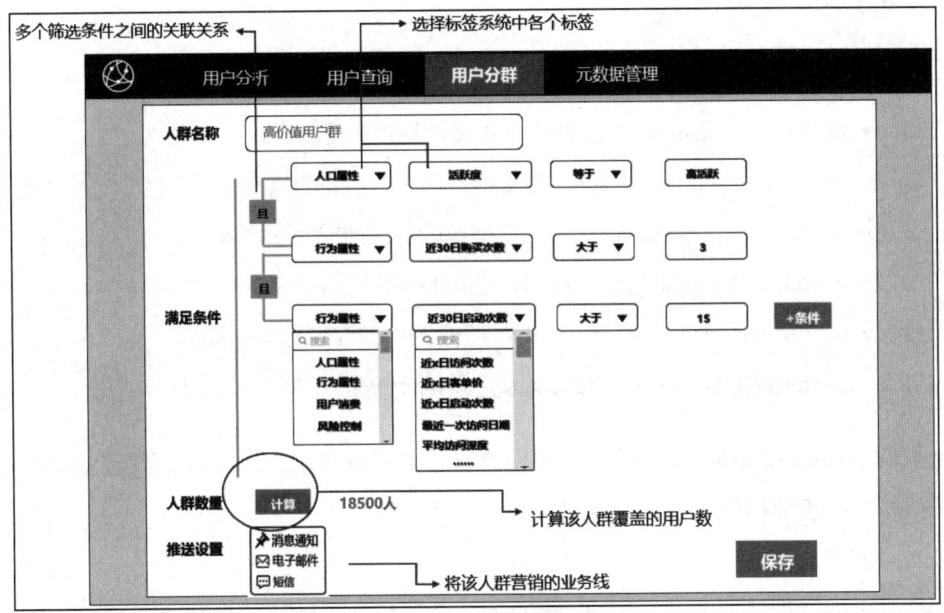

图 3-30　画像产品端计算人群

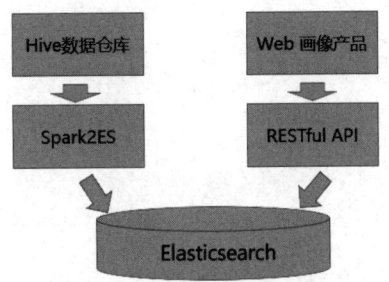

图 3-31　用户人群计算架构

## 3.5　本章小结

本章讲解了使用 Hive、MySQL、HBase 和 Elasticsearch 存储标签数据的解决方案，包括：Hive 存储数据相关标签表、人群计算表的表结构设计以及 ID-Mapping 的一种实现方式；MySQL 存储标签元数据、监控数据及结果集数据；HBase 存储线上接口实时调用的数据；Elasticsearch 存储标签用于人群计算和人群多维透视分析。存储过程中涉及如下相关表。

- dw.userprofile_attritube_all：存储人口属性维度的标签表；
- dw.userprofile_action_all：存储行为属性维度的标签表；
- dw.userprofile_consume_all：存储用户消费维度的标签表；
- dw.userprofile_riskmanage_all：存储风险控制维度的标签表；
- dw.userprofile_social_all：存储社交属性维度的标签表；
- dw.userprofile_userlabel_map_all：汇聚用户各维度标签的表；
- dw.userprofile_usergroup_labels_all：存储计算后人群数据的表。

面向不同的工程场景使用不同的存储方案，本章通过"工程场景＋案例"的形式介绍了一种可实现的用户标签存储解决方案。

第 4 章

# 标签数据开发

标签数据开发是用户画像体系搭建中最主要的环节,主要包括离线标签开发、实时类标签开发、用户特征库开发、人群计算、打通数据服务层等开发内容。

离线标签开发主要围绕第 2 章讲的数据指标体系开发统计类标签、规则类标签、挖掘类标签等展开;实时类标签主要针对给用户展现实时性较强的场景开发相关数据,如首页新人弹窗、新人红包等场景;用户特征库围绕用户的每次行为明细记录相关数据,如用户浏览、搜索、收藏、下单等行为明细,一般该特征库按日做时间分区;人群计算应用在数据服务层之前,业务方需要组合用户的标签来筛选出对应人群,通过人群计算功能组合标签划分出对应的人群;打通数据服务层将业务方根据业务规则圈定出来的用户人群推送到不同的业务系统中去。

下面 10 个小节分别对这些常见的开发内容做详细介绍。

## 4.1 统计类标签开发

统计类标签是指统计用户相关数值、客观描述用户状态的标签,如用户的年龄、体重、累计购买金额、累计购买次数、近 30 日登录次数等。

在 4.1 节 ~ 4.2 节离线标签开发相关的案例中，将用户相关的标签插入到 userid 维度的行为标签表中。这里再回顾一下 3.1.2 节讲的表结构设计。

userid 维度的用户标签表可按日分区，设计为如下结构：

```
CREATE TABLE `dw.userprofile_action_all `(
`userid` string COMMENT 'userid',
`labelweight` string COMMENT '标签权重')
COMMENT 'userid 用户画像数据'
PARTITIONED BY ( `data_date` string COMMENT '数据日期', `labelid` string
COMMENT '标签id')
```

userid 维度的标签数据都插入到该表（dw.userprofile_attribute_all）中。

本节以开发用户近 30 日购买行为相关标签为例，介绍如何将相关数据建模加工到画像表中。

### 4.1.1 近 30 日购买行为标签案例

对近 30 日购买行为这个二级类目进行拆解，可将其拆解为：付款订单量（对应标签"ACTION_U_01_001"）、总付款金额（对应标签"ACTION_U_01_002"）、加入购物车次数（对应标签"ACTION_U_01_003"）这 3 个标签，下面看如何将标签开发插入用户标签表中。

首先将需要计算的标签从目标表中抽取出来。

```
    select 'ACTION_U_01_001' as labelid,              # 付款订单量标签id
            cast(user_id as string) as userid,
            count(distinct order_id) as labelweight   # 付款订单量
       from dw.order_info_fact                        # 商品订单表
      where pay_status = 1       # 订单状态是已支付
            and to_date(add_time) >= "month_day_ago"  # 付款日期大于等于30日前
            and to_date(add_time) <= "yesterday_date" # 付款日期小于等于昨天
union all
    select 'ACTION_U_01_002' as labelid,              #总付款金额标签id
            cast(user_id as string) as userid,
            sum(order_total_amount) as labelweight    #总付款金额
       from dw.order_info_fact
```

```
       where pay_status = 1                              # 订单状态是已支付
         and to_date(add_time) >=  "month_day_ago"
         and to_date(add_time) <=  "yesterday_date"
union all
    select 'ACTION_U_01_003' as labelid,                 # 加入购物车事件次数标签id
           cast(userid as string) as userid,
           count(distinct eventid) as labelweight        # 加入购物车事件次数
      from ods.page_event_log             # 埋点行为事件表
     where data_date >= "month_day_ago"
       and data_date <= "yesterday_date"
       and eventkey = 'add_to_shoppingbag'      # 行为事件名称为"加入购物车"
       and  userid is not null         # 用户id为非空值
```

该段代码中保证每天作业将近 30 日的标签打在每个有相应行为的用户身上，但要做到增量获取用户最新状态，还需要做一层全连接关联。举个常见的例子，某个用户前天购买了 3 单商品，如果昨天又购买了 2 单，则今天最新的状态是 3+2=5 单，替换掉前天 3 单的权重值，如果昨天没有购买行为，则权重值仍为 3。这里通过 full outer join（全连接）的方式，当用户有最新状态时，获取最新状态，如果没有最新状态则仍保留原来状态的标签。做全连接的代码示例如下。

```
user_consume_acts = "insert overwrite table dw.userprofile_action_all
partition(data_date="start_date_str",labelid="${labelid}")
         select nvl(t2.labelid, t1.labelid) as labelid,
                nvl(t2.userid, t1.userid) as userid,
                nvl(t2.labelweight, t1.labelweight) as labelweight
           from (
                select * from  dw.userprofile_userlabel_all
                where data_date=" "old_date_partition"
                and labelid='${labelid}'
                ) t1    # 前日数据分区中存储的用户标签
full outer join (
                #  这里插入的是上一段代码
                 ) t2    # 昨日业务运行产生的新的用户标签
                on (t1.userid = t2.userid and t1.labelid = t2.labelid) "
```

该脚本中"old_date_partition"参数为设置的一个日期变量，每日传入的数值都不同。最后一行的关联使用用户 id 和标签 id 共同作为主键。

```
#!/usr/bin/env python
# encoding: utf-8
```

```python
from pyspark import SparkContext,SparkConf
from pyspark.sql import SparkSession
import sys
import datetime

def main():
    start_date = sys.argv[1]
    start_date_str = str(start_date)
    format = "%Y%m%d"

    strptime, strftime = datetime.datetime.strptime, datetime.datetime.strftime
    old_date_partition = strftime(strptime(start_date_str, format) - datetime.timedelta(1), format)
    month_day_ago = strftime(strptime(start_date_str, format) - datetime.timedelta(30), format)

    # 在python中初始化Spark
    spark = SparkSession.builder.AppName("latest_30_acts").enableHiveSupport().getOrCreate()
    spark.sql(user_consume_acts)    # user_consume_acts 对应第二段代码中执行的语句

if __name__ == '__main__':
    main()
```

该段代码中对第二段代码做了一层 Spark 封装，可将第二段的 HiveSQL 语句提交到 Spark 集群上执行。提交 Spark 任务计算该标签 "spark-submit --master yarn --deploy-mode client --driver-memory 1g --executor-memory 2g --executor-cores 2 --num-executors 50 userprofile_latest_30days_label.py start-date"。其中 spark-submit 的参数说明如下：

- deploy-mode：在本地（Client）启动 Driver 还是在集群上（Cluster）启动 Driver；
- driver-memory：Driver 端内存大小；
- executor-memory：Executor 端内存大小；
- executor-cores：每个 Executor 核数；
- num-executors：启动 Executor 的数量；
- class：如果是 JAR 或 Scala 程序的 jar 包，该参数对应应用程序的主类，对于提交的 Python 脚本，不用提交该参数。

任务执行完成后将数据插入 Hive 数据表中，如图 4-1 所示。

## 第 4 章 标签数据开发

| userid | labelweight | data_date | labelid |
|---|---|---|---|
| 44463729 | 3 | 20190101 | ACTION_U_01_001 |
| 46763725 | 15 | 20190101 | ACTION_U_01_001 |
| 54597977 | 20 | 20190101 | ACTION_U_01_001 |
| 35601021 | 15 | 20190101 | ACTION_U_01_001 |
| 47801349 | 7 | 20190101 | ACTION_U_01_001 |
| 32101029 | 157 | 20190101 | ACTION_U_01_002 |
| 65102349 | 228 | 20190101 | ACTION_U_01_003 |
| 23551034 | 16 | 20190101 | ACTION_U_01_003 |

图 4-1　用户近 30 日购买行为标签

### 4.1.2　最近来访标签案例

本小节再介绍一个最近一次来访距今天数（对应标签"ACTION_C_02_001"）的开发案例。

最近一次来访距今天数从用户的访问日志表（ods.page_view_log）中抽取，脚本执行如下：

```
# 获取cookie最近一次访问日期
user_cookie_relation = 
  " select  t.cookie_id as cookieid,
            t.last_visit_time as last_date
    from ( select cookie_id,
                  last_visit_time,
                  row_number() over(partition by cookie_id order by last_visit_time desc) as rank
            from ods.page_view_log
           where data_date = " start_date_str "
             and cookie_id is not null
         ) t
    where t.rank =1
   having cookie_id is not null "

returned = spark.sql(cookie_last_visit).cache()   # 缓存数据
returned.createTempView("cookie_last_visit")      # 注册视图
```

将上一步注册到视图的数据插入 cookie 的用户标签表中，执行如下脚本：

```
# 将数据插入到cookie标签表中
last_visit = 
"insert overwrite table  dw.userprofile_action_all  partition(data_
```

```
date="data_date",labelid='${labelid}')
    select 'ACTION_C_02_001' as labelid,
           cookieid,
           datediff(to_date("data_date"),concat(substr(last_date,1,4),'-
',substr(last_date,5,2),'-',substr
(last_date,7,2))) as labelweight
      from user_cookie_relation        # 上一步骤注册的视图
  group by 'ACTION_C_02_001',
           cookieid,
           datediff(to_date("data_date"),concat(substr(last_date,1,4),'-',
substr(last_date,5,2),'-',
substr(last_date,7,2)))"

# 开启sparksession
spark = SparkSession.builder.appName("cookieid_latest_visit").
enableHiveSupport().getOrCreate()
spark.sql(last_visit)
```

提交 Spark 任务计算该标签 "spark-submit --master yarn --deploy-mode client --driver-memory 1g --executor-memory 2g --executor-cores 2 --num-executors 50 userprofile_latest_visit.py start-date"。

任务执行完成后将数据插入 Hive 数据表中，如图 4-2 所示。

| userid | labelweight | data_date | labelid |
|---|---|---|---|
| 44463729 | 3 | 20190101 | ACTION_C_02_001 |
| 46763725 | 15 | 20190101 | ACTION_C_02_001 |
| 54597977 | 20 | 20190101 | ACTION_C_02_001 |
| 35601021 | 15 | 20190101 | ACTION_C_02_001 |
| 47801349 | 7 | 20190101 | ACTION_C_02_001 |
| 32101029 | 157 | 20190101 | ACTION_C_02_001 |
| 65102349 | 228 | 20190101 | ACTION_C_02_001 |
| 23551034 | 16 | 20190101 | ACTION_C_02_001 |

图 4-2　用户最近一次来访距今天数标签数据

## 4.2　规则类标签开发

规则类标签一般是指根据业务运营上的需要，在业务层面制定规则的标签。这类标签会带有一些人为主观判断的因素，所以在开发前需要先进行数据调研，摸清本平台上业务数据的情况，然后再根据运营业务规则开发相关标签。

除了由数据开发人员写脚本开发标签外，还可以根据设定的规则，结合用户在平台上的行为进行自动打标签。比如用户触发的 50 个行为记录中，有 40 个记录是 3C 类商品，我们会给用户打上"数码达人"的标签。根据规则，自动化打标签重要的是结合本平台业务数据情况设定好规则，同时也需要建立测试账号来校验自动打标签的准确性。

下面两小节通过相关标签开发的案例来介绍规则类标签的开发。

### 4.2.1 用户价值类标签案例

RFM 模型是衡量用户价值的重要工具和方法，RFM 模型主要由 3 个基础指标组成：（1）最近一次消费（Recency），是指用户上一次购买时间；（2）消费频率（Frequency），是指用户在一定时间段内的消费次数；（3）消费金额（Money），是指用户在一定时间段内累计消费的金额。这 3 个基础指标进行组合可以划分出 8 类人群，如表 4-1 所示。

表 4-1 RFM 用户价值模型

| R | F | M | 用户类型 | 备注 |
|---|---|---|---|---|
| 高 | 高 | 高 | 重要价值用户 | 该类用户与企业交易频繁、交易量大，但长时间没有与企业进行交易，存在流失风险。该类高价值用户是企业利润的潜在来源 |
| 低 | 高 | 高 | 重要保持用户 | 该类用户与企业交易频繁、交易量大，且最近一次交易时间间隔短，实际贡献价值很高，是企业优质客户群 |
| 高 | 低 | 高 | 重要发展用户 | 该类用户购买量较大，但是从购买频率和近期购买时间来看交易不频繁。这类用户有很高的潜在价值，可采取针对性营销手段吸引他们，提高其购买频率 |
| 低 | 低 | 高 | 重要挽留用户 | 该类用户最近一次交易时间短、购买金额大，但是购买频率较低，具有很高的潜在价值 |
| 高 | 高 | 低 | 一般价值用户 | 该类用户购买频率较高，但长时间没有与企业进行交易，而且购买量很低，企业已很难从他们身上获取更多利润 |
| 低 | 高 | 低 | 一般保持用户 | 该类用户最近一次交易时间间隔短、购买频率高，属于活跃用户，但累计购买金额较少，购买能力有限，属于企业一般保持用户 |
| 高 | 低 | 低 | 一般发展用户 | 从购买频率、购买金额及近期购买情况来看，该类用户属于低价值用户，企业应将其作为一般发展用户 |
| 低 | 低 | 低 | 一般挽留用户 | 该类用户最近一次交易时间间隔短，但是购买频率和购买金额相对较低，无法立即给企业带来较大利润 |

在开发对应的标签前需要进行数据调研。根据对数据仓库中拉取的用户消费相关数

据进行分析后得出用户这3个维度的指标在数值上划分的界限。

本案例中根据对这3个维度的数据调研,得到用户最近一次交易时间的分布情况,如图4-3所示。

| 最近一次交易时间分布 | | | | | | |
|---|---|---|---|---|---|---|
| 用户最近一次交易据今天数 | 用户量 | 交易金额 | 用户量占比 | GMV贡献 | 平均客单价 | |
| [0-7) | xxxx | xxxx | xxxx | xxxx | xxxx | 近 |
| [7-15) | xxxx | xxxx | xxxx | xxxx | xxxx | |
| [15-30) | xxxx | xxxx | xxxx | xxxx | xxxx | |
| [30-60) | xxxx | xxxx | xxxx | xxxx | xxxx | |
| [60-90) | xxxx | xxxx | xxxx | xxxx | xxxx | |
| [90-180) | xxxx | xxxx | xxxx | xxxx | xxxx | 远 |
| 180+ | xxxx | xxxx | xxxx | xxxx | xxxx | |

图4-3 某平台用户最近一次交易时间分布(示意数据)

根据累计用户量的占比,可按照二八比例进行划分,将最近一次交易时间距今0到90日的用户划分为"近",将最近一次交易时间距今90日以上的用户划分为"远"。

本案例中用户近一年交易订单量的分布情况如图4-4所示。

| 近一年交易订单量分布 | | | | | | |
|---|---|---|---|---|---|---|
| 用户累计交易量 | 用户量 | 交易金额 | 用户量占比 | GMV贡献 | 平均客单价 | |
| 1 | xxxx | xxxx | xxxx | xxxx | xxxx | |
| 2 | xxxx | xxxx | xxxx | xxxx | xxxx | |
| 3 | xxxx | xxxx | xxxx | xxxx | xxxx | 低频 |
| 4 | xxxx | xxxx | xxxx | xxxx | xxxx | |
| 5 | xxxx | xxxx | xxxx | xxxx | xxxx | |
| 6 | xxxx | xxxx | xxxx | xxxx | xxxx | |
| 7 | xxxx | xxxx | xxxx | xxxx | xxxx | |
| 8 | xxxx | xxxx | xxxx | xxxx | xxxx | 高频 |
| 9 | xxxx | xxxx | xxxx | xxxx | xxxx | |
| 10 | xxxx | xxxx | xxxx | xxxx | xxxx | |
| >10 | xxxx | xxxx | xxxx | xxxx | xxxx | |

图4-4 某平台用户近一年交易订单量分布(示意数据)

根据累计用户量的占比,按二八比例进行划分,将历史交易订单量在3单以下的用户划分为低频,将交易订单量在3单及以上的用户划分为高频。

案例中用户历史交易金额分布情况如图4-5所示。

| 近一年交易金额分布 | | | | | | |
|---|---|---|---|---|---|---|
| 用户累计交易额 | 用户量 | 交易金额 | 用户量占比 | GMV贡献 | 平均客单价 | |
| [0-30) | xxxx | xxxx | xxxx | xxxx | xxxx | |
| [30-50) | xxxx | xxxx | xxxx | xxxx | xxxx | |
| [50-100) | xxxx | xxxx | xxxx | xxxx | xxxx | 低额 |
| [100-200) | xxxx | xxxx | xxxx | xxxx | xxxx | |
| [200-300) | xxxx | xxxx | xxxx | xxxx | xxxx | |
| [300-500) | xxxx | xxxx | xxxx | xxxx | xxxx | 高额 |
| 500+ | xxxx | xxxx | xxxx | xxxx | xxxx | |

图4-5 某平台用户历史交易金额分布(示意数据)

根据用户近一年交易金额情况，将交易金额在 300 元以下的用户划分为"低额"，将交易金额大于 300 元的用户划分为"高额"。

经过上面从 3 个维度对用户的数据调研，对这 3 个维度进行交叉分析（R ≤ 90 为"近"，R>90 为"远"，F ≤ 3 为"低频次"，F>3 为"高频次"，M ≤ 300 为"低额"，M>300 为"高额"），划分出以下 8 类人群，如图 4-6 所示。

| R | F | M | 定义 | 用户量 | 用户量占比 | 平均客单价 | GMV总量 | GMV贡献占比 |
|---|---|---|---|---|---|---|---|---|
| 近 | 高频次 | 高金额 | 重要价值用户 | xxxx | xxxx | xxxx | xxxx | xxxx |
| 远 | 高频次 | 高金额 | 重要保持用户 | xxxx | xxxx | xxxx | xxxx | xxxx |
| 近 | 低频次 | 高金额 | 重要发展用户 | xxxx | xxxx | xxxx | xxxx | xxxx |
| 远 | 低频次 | 高金额 | 重要挽留用户 | xxxx | xxxx | xxxx | xxxx | xxxx |
| 近 | 高频次 | 低金额 | 一般价值用户 | xxxx | xxxx | xxxx | xxxx | xxxx |
| 远 | 高频次 | 低金额 | 一般保持用户 | xxxx | xxxx | xxxx | xxxx | xxxx |
| 近 | 低频次 | 低金额 | 一般发展用户 | xxxx | xxxx | xxxx | xxxx | xxxx |
| 远 | 低频次 | 低金额 | 一般挽留用户 | xxxx | xxxx | xxxx | xxxx | xxxx |

图 4-6　某平台用户在 RFM 维度的划分（示意数据）

在对业务数据进行调研后开发相关标签。首先从用户消费订单表（dw.user_consume_order_info）里面获取用户最近一次消费距今天数、累计消费次数、累计消费金额这 3 个维度的数据，并注册视图"user_rfm_info"。执行如下代码：

```
# 用户RFM维度数据
user_rfm_info =  " select user_id,
         last_1y_orders,
         last_1y_order_amount,
         last_payid_date
    from dw.order_info_fact
   where data_date = "start_date_str "
     and last_order_paid_time is not null
group by  user_id,
         last_1y_orders,
         last_1y_order_amount,
         last_payid_date"
```

根据前面的数据调度得出的结论，按照最近一次购买距今天数 90 天、购买次数 3 次、消费金额 500 元来对用户 3 个维度的价值进行高低层次的划分。将划分的结果注册到视图"user_rfm"中。

```
user_rfm = " select user_id,
           case when datediff("+"'"+date_str+"'"+,latest_payid_date)<90 then '近'
           else '远' end as latestday,
```

```
                case when latest_1y_paid_orders < 3 then '低频'
                    else '高频' end as latest_1y_orders,
                case when latest_1y_paid_order_amount < 500 then '低额'
                    else '高额' end as latest_1y_order_amount
        from user_rfm_info
```

最后将每个用户按 3 个维度的打分情况划分到 8 类人群中去，将结果插入到用户标签表中，执行如下脚本。

```
insert_table = "insert overwrite table dw. userprofile_attritube_all
partition(data_date="start_date_str",labelid='${lableid}')
select case
        when latestday = '近' and latest_1y_orders = '高频' and latest_1y_
order_amount = '高额' then 'ATTRITUBE_U_06_001'
        when latestday = '远' and latest_1y_orders = '高频' and latest_1y_
order_amount = '高额' then 'ATTRITUBE_U_06_002'
        when latestday = '近' and latest_1y_orders = '低频' and latest_1y_
order_amount = '高额' then 'ATTRITUBE_U_06_003'
        when latestday = '远' and latest_1y_orders = '低频' and latest_1y_
order_amount = '高额' then 'ATTRITUBE_U_06_004'
        when latestday = '近' and latest_1y_orders = '高频' and latest_1y_
order_amount = '低额' then 'ATTRITUBE_U_06_005'
        when latestday = '远' and latest_1y_orders = '高频' and latest_1y_
order_amount = '低额' then 'ATTRITUBE_U_06_006'
        when latestday = '近' and latest_1y_orders = '低频' and latest_1y_
order_amount = '低额' then 'ATTRITUBE_U_06_007'
        else 'ATTRITUBE_U_06_008' end as labelid,
        user_id as userid,
        '' as labelweight
    from user_rfm "     # user_rfm 是上一步注册的视图
```

将上面 3 段脚本的执行逻辑在"userprofile_RFM_value.py"中执行：

```
#!/usr/bin/env python
# encoding: utf-8

# ATTRITUBE_U_06_001 重要价值用户    ATTRITUBE_U_06_002 重要保持用户
# ATTRITUBE_U_06_003 重要发展用户    ATTRITUBE_U_06_004 重要挽留用户
# ATTRITUBE_U_06_005 一般价值用户    ATTRITUBE_U_06_006 一般保持用户
# ATTRITUBE_U_06_007 一般发展用户    ATTRITUBE_U_06_008 一般挽留用户
from pyspark import SparkContext,SparkConf
from pyspark.sql import SparkSession
import sys
import datetime
```

```
def main():
    start_date = sys.argv[1]
    start_date_str = str(start_date)
    user_rfm_info = "用户RFM维度数据   视图 "
    user_rfm = "将用户按3个维度打分   视图"
    insert_table  = "插入用户标签到目标表"
    spark = SparkSession.builder.AppName("user_rfm_model").
enableHiveSupport().getOrCreate()
    returned_df1 = spark.sql(user_rfm_info).cache()
    returned_df1.createTempView("user_rfm_info")  #注册视图 用户在RFM各维度上数据
    returned_df2 = spark.sql(user_rfm).cache()
    returned_df2.createTempView("user_rfm")   #注册视图 将用户按RFM划分到8类人群中
    spark.sql(insert_table)

if __name__ == '__main__':
    main()
```

提交 Spark 任务计算该标签"spark-submit --master yarn --deploy-mode client --driver-memory 1g --executor-memory 2g --executor-cores 2 --num-executors 50 userprofile_userid_RFM_value.py start-date"。

执行完任务后，查询"SELECT * FROM dw. userprofile_attritube_all WHERE data_date="20190115" AND labelid in ('ATTRITUBE_U_06_001',' ATTRITUBE_U_06_002',' ATTRITUBE_U_06_003') LIMIT 5"，得到如图 4-7 所示的结果。

| userid | labelweight | data_date | labelid |
|---|---|---|---|
| 44463729 | | 20190101 | ATTRITUBE_U_06_001 |
| 46763725 | | 20190101 | ATTRITUBE_U_06_001 |
| 54597977 | | 20190101 | ATTRITUBE_U_06_002 |
| 35601021 | | 20190101 | ATTRITUBE_U_06_002 |
| 47801349 | | 20190101 | ATTRITUBE_U_06_002 |
| 32101029 | | 20190101 | ATTRITUBE_U_06_003 |
| 65102349 | | 20190101 | ATTRITUBE_U_06_003 |
| 23551034 | | 20190101 | ATTRITUBE_U_06_003 |

图 4-7  查询用户价值标签

## 4.2.2  用户活跃度标签案例

在业务场景中，经常需要根据用户的活跃情况给用户打上高活跃、中活跃、低活跃、流失等标签，如何划定时间范围，如将××天未访问的用户定义为流失用户，将××天内活跃×次的用户定义为高活跃用户，需要结合业务数据调研情况来确定数值。

下面通过一个打用户活跃度标签的案例来进行介绍。

首先需要划分用户的流失周期，在流失周期内，根据用户的活跃情况进一步将其划分为高活跃、中活跃、低活跃。在业务上划分用户的流失周期时有多种方式。例如：

1）根据用户回访率来划分：初始日期圈定的一批首次访问用户，观察后续时间内该批用户仍有访问行为的占初始用户的比例。随着时间的推移，该比例逐渐降低。当曲线出现明显下降时可划分为流失周期（如图4-8所示）。

2）统计用户最后一次访问与倒数第二次访问之间的时间间隔，可认为大于这个时间间隔后用户基本不会再访问，即用户已经流失。然后统计各时间段内用户人数的占比，累计占比达到一定比例时可认为大部分用户在这段时间后已经流失。根据图4-8所示的用户回访率曲线图，可认为30日为用户的流失周期。

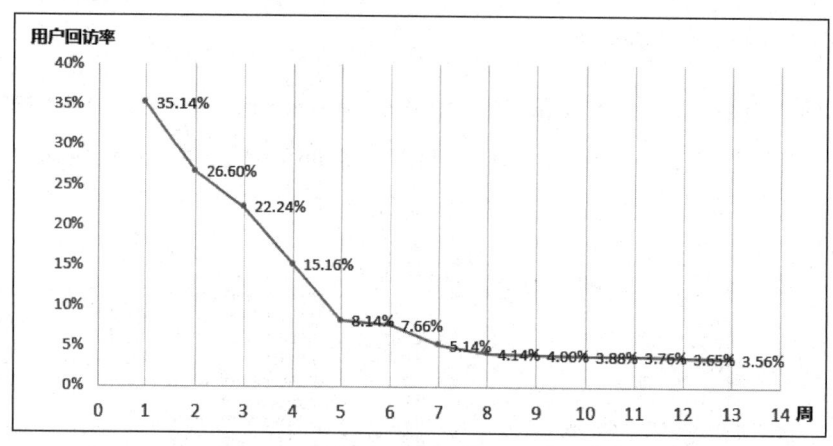

图4-8　用户回访率曲线图（示意数据）

从图4-8可以看出，用户在第5周以后回访率下降速度减慢，回访率已经低于10%且后续趋势保持平稳。第5周作为拐点即为用户流失周期，流失的关键指标是用户没有访问App的行为。

从图4-9还可以看出，用户最后一次访问与倒数第二次访问间隔30日以上的用户占比不足10%，可认为大于这个访问时间间隔的用户已流失，即最后一次访问距今30

日以上的用户可认为已流失。

根据上面介绍的划定用户流失周期的方法，这里假定在该公司的业务场景中 30 日为用户流失周期，近 30 日没有访问行为的用户划定为已流失用户。在 30 日流失周期内，进一步根据用户访问天数来对用户活跃度进行划分。

| 最后一次访问与倒数第二次访问时间间隔 | 用户人数 | 占比 |
|---|---|---|
| [0-5) | xx | xx |
| [5-10) | xx | xx |
| **[10-15)** | xx | xx |
| [15-20) | xx | xx |
| [20-25) | xx | xx |
| [25-30) | xx | xx |
| [30-60) | xx | xx |
| [60-90) | xx | xx |
| [90-180) | xx | xx |
| >=180 | xx | xx |

（[30-60)至>=180 占比<10%）

图 4-9　用户最后一次访问与倒数第二次访问之间的时间间隔（示意数据）

经过对数据的调研分析，从图 4-10 可以看出，活跃 10 日以上的用户占近 30 日访问用户量的 20%，按照二八划分的方法把这批用户划为高活跃用户，进一步把活跃 5~10 日的用户划分为中活跃用户，把活跃 1~5 日的用户划分为低活跃用户。另外，从 GMV 占比和客单价来看，占 20% 的高活跃用户贡献了近 60% 的 GMV，客单价明细高于中活跃、低活跃用户群体。

| 活跃天数 | 用户人数 | 占比 | GMV | 占比 | 客单价 |
|---|---|---|---|---|---|
| 1日 | xx | xx | xx | xx | xx |
| 2日 | xx | xx | xx | xx | xx |
| 3日 | xx | xx | xx | xx | xx |
| 4日 | xx | xx | xx | xx | xx |
| 5日 | xx | xx | xx | xx | xx |
| 5-10日 | xx | xx | xx | xx | xx |
| 10-15日 | xx | xx | xx | xx | xx |
| 15-20日 | xx | xx | xx | xx | xx |
| 20-25日 | xx | xx | xx | xx | xx |
| >25日 | xx | xx | xx | xx | xx |

图 4-10　用户活跃天数（示意数据）

根据数据调研分析的结果，以 30 日为界划分流失周期，将最后一次访问距今大于

30日的用户划定为已流失用户，30日内活跃10~30天的用户划定为高活跃用户，30日内活跃5~10天的用户划定为中活跃用户，30日内活跃少于5天的用户划定为低活跃用户。根据划分的口径开发相应的标签，执行如下脚本：

计算近30日有过访问行为的用户及其访问天数，并注册临时视图"user_active"。

```
# 近30日全量用户
user_active = " select t.user_id,
                   count(*) as visit_num
            from (select user_id,
                         data_date
                    from ods.user_visit_info
                   where data_date >= "month_day_ago"
                     and data_date <= "start_date "
                     and user_id is not null
                group by user_id,
                         data_date
                ) t
          group by t.user_id "
```

将视图中的数据插入到用户标签表 dw.userprofile_attribute_all 中，执行如下代码：

```
user_active_status = "  insert overwrite table userprofile_attritube_all
partition(data_date="data_date",labelid='${labelid}')
       select t.labelid,
              t.user_id as userid,
              t.tagweight as labelweight
         from (
            select user_id,
                 case when visit_num <=5 then 'ACTION_U_05_001'
                      when visit_num >5 and visit_num<=10 then 'ACTION_U_05_002'
                      else 'ACTION_U_05_003' end as tagid,
                 visit_num as labelweight
              from user_active
             ) t
```

将上面的两段脚本的执行逻辑在 userprofile_active_churn_label.py 中执行：

```
#!/usr/bin/env python
# encoding: utf-8

from pyspark import SparkContext,SparkConf
```

```python
from pyspark.sql import SparkSession
import sys
import datetime

# ACTION_U_05_003 高活跃
# ACTION_U_05_002 中活跃
# ACTION_U_05_001 低活跃

def main():
    format = "%Y%m%d"
    start_date = sys.argv[1]
    start_date = str(start_date)
    strptime, strftime = datetime.datetime.strptime, datetime.datetime.strftime
    date_str = datetime.datetime.strftime(datetime.date.today()-datetime.timedelta(days=1),'%Y-%m-%d')
    month_day_ago = strftime(strptime(start_date, format) - datetime.timedelta(30), format)

    user_active  = "近30日全量用户 视图 "
    insert_user_active  = "插入用户标签到目标表"

    spark = SparkSession.builder.AppName("user_active_churn_label").enableHiveSupport().getOrCreate()
    returned_df1 = spark.sql(user_active).cache()
    returned_df1.createTempView("user_active")    # 注册视图
    spark.sql(insert_user_active)

if __name__ == '__main__':
    main()
```

提交 Spark 任务计算该标签"spark-submit --master yarn --deploy-mode client --driver-memory 1g --executor-memory 2g --executor-cores 2 --num-executors 50 userprofile_active_churn_label.py start-date"。

执行完任务后，查询" SELECT * FROM dw.userprofile_attritube_all WHERE data_date="20190101" and labelid in ('ACTION_U_05_001', 'ACTION_U_05_002', 'ACTION_U_05_003') LIMIT 5"，得到如图 4-11 所示的结果。

```
userid      labelweight    data_date    labelid
---------------------------------------------------
44463729                   20190101     ACTION_U_05_001
46763725                   20190101     ACTION_U_05_001
54597977                   20190101     ACTION_U_05_002
35601021                   20190101     ACTION_U_05_002
47801349                   20190101     ACTION_U_05_002
32101029                   20190101     ACTION_U_05_003
65102349                   20190101     ACTION_U_05_003
23551034                   20190101     ACTION_U_05_003
```

图 4-11　查询用户活跃度标签

## 4.3　挖掘类标签开发

挖掘类标签需要应用算法挖掘用户相关特征，一般用户相关的挖掘类标签可以包括预测用户男女性别、预测用户点击下单、判断用户已经流失或将要流失、判断用户购买品类偏好等。

由于挖掘类标签需要进行数据调研，找用户行为特征进行特征工程开发、算法参数调优以及上线工程化调度等多个开发环节，一般开发周期较长。

本节通过一个给平台上文章打标签的案例来讲解挖掘类标签的开发。

### 4.3.1　案例背景

目标网站上积累了大量与疾病主题相关的文章、帖子等文本数据。由于历史原因，这些文章没有做内容归类，也没有打上相应的标签，不便于对内容进行管理。现在为了对文章按主题进行分类，方便后期给阅读相关文章的用户打上对应的标签，需要先对大量历史文章、帖子（图 4-12）做分类整理，同时对每篇文章打上与其主题相关的标签。

对网站内的全部历史文章、帖子数据进行如下操作：

1）根据已经划定的文章内容类型，将这些未做过分类的文章自动划分到相应类型下。

2）为支持文章的集约化管理，根据文章内容自动为每篇文章打上与其主题相关的标签。

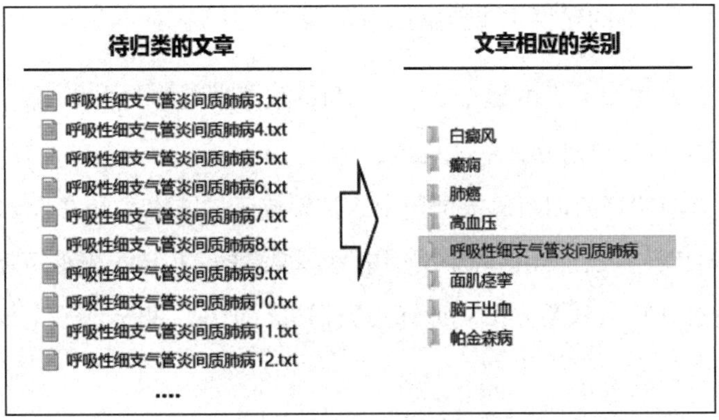

图 4-12 文章类别划分图

### 4.3.2 特征选取及开发

机器学习以统计理论为基础，通过算法对已知的训练数据做统计分析从而获得规律，再运用规律对未知数据做预测。在文本分类问题上的基本思路是：标注——人工对一批文档进行准确分类，作为训练集样本；训练——计算机从标注好的文档集中挖掘出能够有效分类的规则，生成分类器；分类——将生成的分类器应用在待分类的文档集中，从而获得文档的分类结果。

首先对待分类的文章做切词处理，将切好的词语写入指定的路径下。对文本进行分类是需要基于特征的，拿到数据后怎么抽取具有区分度的特征使关键的一步。本案例中使用 Bunch 方法构建文本特征。

本案例的文章自动分类打标签的总体流程如图 4-13 所示。

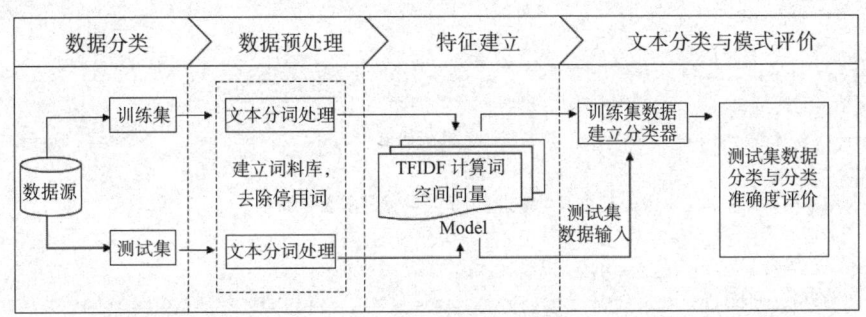

图 4-13 文章分类打标签数据建模总体流程

文章分类并打标签的建模主要包括以下步骤：

1）对以划分好类型的文本集（训练集）和待划分类型的文本集（测试集）进行文本的分词处理，使文本长句划分为单个词组；

2）将步骤 1 中切好的词组放入词包中，扩展成链式结构，形成 bag of word；

3）应用 TF-IDF 算法计算训练集文档中每篇文章的 TF-IDF 权重矩阵；

4）使用朴素贝叶斯分类方法对训练集数据进行训练，得到参数对测试集数据进行分类处理。

模型中用到的算法和数据处理技术包括文本分词、TF-IDF 算法、朴素贝叶斯分类算法。

### 4.3.3　文本分词处理

分词是将连续的字序列按照一定的规范重新组合成词序列的过程，中文分词将一个汉字序列（句子）切分成一个个独立的单词。为了构建词空间向量，首先需要对待分类文本做切词处理，将切好后的词语写入指定的路径下。在这里，我们使用 Python 中的 jieba 工具对文本进行分词，同时使用 jieba.analyse.extract_tags 方法（基于 TF-IDF 算法）抽取文章的主题标签。

在对训练集和测试集数据进行切词处理后，将切词后的文本写入指定文件夹中，代码执行如下（文件 cut_words.py）：

```python
#!/usr/bin/env python
# -*- coding: UTF-8 -*-

import os
import jieba
import jieba.analyse    # 导入提取关键词的库

# 对训练集 测试集文本都进行切词处理,对测试集数据打上主题标签
# 保存至文件
def save_file(save_path, content):
    with open(save_path, "a",encoding= 'utf-8',errors='ignore') as fp:
        fp.write(content)
```

```python
# 读取文件
def read_file(file_path):
    with open(file_path, "r",encoding= 'utf-8',errors='ignore') as fp:
        content = fp.readlines()
        # print(content)
    return str(content)

# 抽取测试集的主题关键词
def extract_theme(content):
    themes = []
    tags = jieba.analyse.extract_tags(content, topK=3, withWeight=True, allowPOS=\
                                      ['n','ns','v','vn'],withFlag=True)
    for i in tags:
        themes.append(i[0].word)
    return str(themes)

def cast_words(origin_path, save_path, theme_tag):
    '''
    train_words_path: 原始文本路径
    train_save_path: 切词后文本路径
    :return:
    '''
    file_lists = os.listdir(origin_path)      #原文档所在路径

    for dir_1 in file_lists:     # 找到文件夹
        file_path = origin_path + dir_1 + "/"      #原始文件路径
        seg_path = save_path + dir_1 + "/"         #切词后文件路径

        if not os.path.exists(seg_path):
            os.makedirs(seg_path)

        detail_paths = os.listdir(file_path)
        for detail_path in detail_paths:    # 找到文件夹下具体文件路径
            full_path = file_path + detail_path       #原始文件下每个文档路径
            file_content = read_file(full_path)
            file_content = file_content.strip()  # replace("\r\n", " ")
                                                 # 删除换行
            file_content = file_content.replace("\'", "")
            file_content = file_content.replace(" \ n ", "")

            content_seg = jieba.cut(file_content)   # 为文件内容分词

            if theme_tag is not None:
                print("文件路径:{} ".format(theme_tag + detail_path))
```

```
            theme = extract_theme(" ".join(content_seg))   #theme为该文章主题关键词
            print("文章主题关键词:{} ".format(theme))
            save_file(theme_tag + detail_path, theme)   # 将训练集文章的主题关键词 保存到标签存储路径

        save_file(seg_path + detail_path, " ".join(content_seg))   # 将处理后的文件保存到分词后语料目录

if __name__ == "__main__":
    # 对训练集进行分词
    train_words_path = './train_words/'
    train_save_path = './train_segments/'
    cast_words(train_words_path,train_save_path,theme_tag=None)

    # 对测试集进行分词 抽取文章主题标签
    train_words_path = './test_words/'
    train_save_path = './test_segments/'
    theme_tag_path = './theme_tag/'       #存放测试集文章主题标签路径
    cast_words(train_words_path, train_save_path, theme_tag=theme_tag_path)
```

执行程序后,训练集和测试集对应文件夹下未经处理的原始文档被切词处理,并将切词后的文本写入新建立的文件夹下(图4-14)。

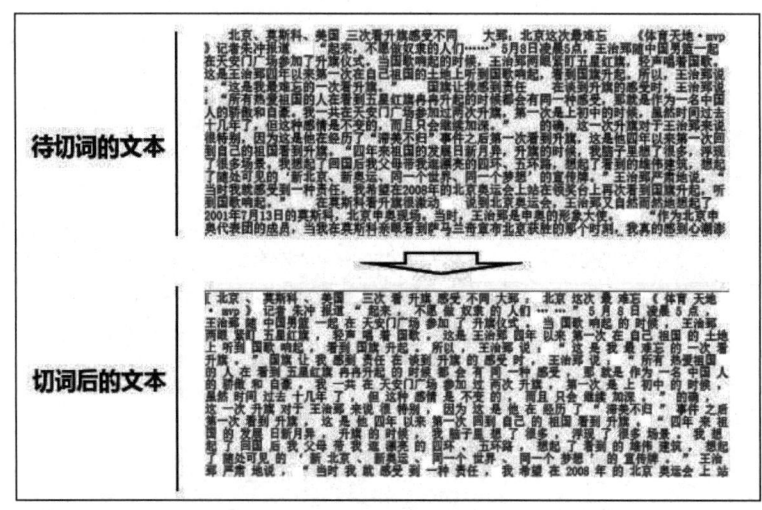

图4-14 切词后的文本文件

## 4.3.4 数据结构处理

为了便于后续生成词向量空间模型,这些分词后的文本信息需要转换成文本向量信息并对象化。这里使用 Scikit-Learn 库中的 Bunch 数据结构,将文本存储成链式结构。Bunch 是一个"字典"类型的数据,在实例化 Bunch 的时候定义 Bunch 中包含的 key 类型,在使用时为 key 参数赋予 value 值。

本案例中定义:Bunch(label=[], filepath=[], contents=[])。其中参数:

- label:标注训练集每份文本归属的类别,如:"糖尿病""肺癌""白癜风"。
- filepath:标注文件的存储路径。
- contents:保存训练集和测试集中每一种类别下的文本内容。

代码执行如下(文件 word_to_bunch.py):

```python
#!/usr/bin/env python
# -*- coding: UTF-8 -*-

import os
import pickle
import time
from sklearn.datasets.base import Bunch

'''
label: 文章类型
filepath: 文章路径
contents:  分词后的文章
'''
def read_file(file_path):
    with open(file_path, "r",encoding= 'utf-8',errors='ignore') as fp:
        content = fp.readlines()
    return str(content)


def word_to_bunch(train_save_path, train_bunch_path):
    bunch = Bunch(label=[], filepath=[], contents=[])
    all_labels = os.listdir(train_save_path)
    for label in all_labels:
        detail_path = train_save_path + label + '/'
        all_details = os.listdir(detail_path)
```

```
        for all_detail in all_details:
            file_detail_path = detail_path + all_detail      # 文件具体路径
            bunch.label.append(label)
            bunch.filepath.append(file_detail_path)
            contents = read_file(file_detail_path)
            bunch.contents.append(contents)
    with open(train_bunch_path, "wb+") as fp:
        pickle.dump(bunch, fp)
    print("创建完成")

if __name__ == "__main__":
    train_save_path = './train_segments/'
    train_bunch_path = "train_bunch_bag.dat"
    word_to_bunch(train_save_path, train_bunch_path)

    test_save_path = './test_segments/'
    test_bunch_path = "test_bunch_bag.dat"
    word_to_bunch(test_save_path, test_bunch_path)
```

该程序中将每篇文档的类型、存储路径、文章内容写入 Bunch 数据结构中，便于后面对训练集、测试集数据的建模、分类。执行完程序后生成 train_bunch_bag.dat 和 test_bunch_bag.dat 数据文件。

### 4.3.5　文本 TF-IDF 权重

该步骤中将上一步存储的结构化数据构建成一个 TF-IDF 词向量空间，空间中的词均来自该训练集，各个词的权重矩阵也都一并保存下来。在建模的过程中需要注意将训练集的词向量空间坐标赋值给测试集，代码执行如下（文件 tfidf_space.py）：

```
#!/usr/bin/env python
# -*- coding: UTF-8 -*-

from sklearn.feature_extraction.text import TfidfVectorizer
from sklearn.feature_extraction.text import TfidfTransformer
import pickle
from sklearn.datasets.base import Bunch

# 读取bunch对象
def read_bunch(path):
    with open(path, "rb") as fp:
```

```python
        bunch = pickle.load(fp)      # joblib 同样可用于存储模型文件
    return bunch

# 读取文件对象
def read_file(path):
    with open(path, "rb") as fp:
        bunch = fp.read()
    return bunch

# 写入bunch对象
def write_bunch(path,bunch):
    with open(path, "wb") as fp:
        pickle.dump(bunch,fp)

# 训练集
def train_tfidf_space(stopword_path, train_bunch_path, train_tfidf_data):
    '''
    stopword_path: 停用词路径
    train_bunch_path: 训练集语料路径
    train_tfidf_data: 训练集tfidf数据路径
    '''
    bunch = read_bunch(train_bunch_path)
    stopwords = read_file(stopword_path).splitlines()   # 读取停用词
    tfidf_space = Bunch(label=bunch.label, filepath=bunch.filepath, contents=bunch.contents, tdm=[], space={})
    vectorizer = TfidfVectorizer(stop_words=stopwords, sublinear_tf=True, max_df=0.5)
    tfidf_space.tdm = vectorizer.fit_transform(bunch.contents)
    tfidf_space.space = vectorizer.vocabulary_
    write_bunch(train_tfidf_data,tfidf_space)

# 测试集
def test_tfidf_space(stopword_path, test_bunch_path, test_tfidf_data, train_tfidf_data):
    '''
    stopword_path: 停用词路径
    test_bunch_path: 测试集语料路径
    test_tfidf_data: 测试集tfidf数据路径
    train_tfidf_data: 训练集tfidf数据路径,将训练集的词向量空间坐标赋值给测试集
    '''
    bunch = read_bunch(test_bunch_path)
    stopwords = read_file(stopword_path).splitlines()   # 读取停用词
    tfidf_space = Bunch(label=bunch.label, filepath=bunch.filepath, contents=bunch.contents, tdm=[], space={})
```

```
        train_bunch = read_bunch(train_tfidf_data)    #训练集tfidf数据
        tfidf_space.space = train_bunch.space  # 将训练集的词向量空间坐标赋值给测试集
        vectorizer = TfidfVectorizer(stop_words=stopwords, sublinear_tf=True,
    max_df=0.5, vocabulary=train_bunch.space)

        tfidf_space.tdm = vectorizer.fit_transform(bunch.contents)
        write_bunch(test_tfidf_data, tfidf_space)

if __name__ == '__main__':
    # 训练集数据处理
    stopword_path = "./chinese_stop_words.txt"  # 停用词表的路径
    train_bunch_path = './train_bunch_bag.dat'
    train_tfidf_data = './train_tfidfspace.dat'
    train_tfidf_space(stopword_path, train_bunch_path,train_tfidf_data)

    # 测试集数据处理
    test_bunch_path = './test_bunch_bag.dat'
    test_tfidf_data = './test_tfidfspace.dat'
    test_tfidf_space(stopword_path, test_bunch_path, test_tfidf_data,train_
tfidf_data)
```

执行该程序会将训练集和测试集数据转换为 TF-IDF 词向量空间中的实例,其中 space 表示词向量空间坐标,tdm 表示训练集和测试集数据的 TF-IDF 权重矩阵。前文提到,在执行程序时需要注意将训练集的词向量空间坐标赋值给测试集数据,该处的逻辑在测试集函数的 test_tfidf_space 中实现。

执行完程序后生成 train_tfidfspace.dat 和 test_tfidfspace.dat 数据文件。

### 4.3.6　朴素贝叶斯分类

一般的模式分类方法都可应用于文本分类中,常用的分类算法包括朴素贝叶斯分类、支持向量机分类。

本案例针对文本分类,从精度、召回率和 F- 测度值三个角度进行评价。假设 a 表示分类器将输入文本正确分类到某个类别的个数;b 表示分类器将输入文本错误分类到某个类别的个数;c 表示分类器将输入文本错误地排除在某个类别之外的个数;d 表示分类器将输入文本正确地排除在某个类别之外的个数;则该分类器的召回率、正确率和 F- 测度值的计算公式如下:

- 精度：p = a / (a+b) ×100%
- 召回率：r = a / (a+c) ×100%
- F- 测度值：F = (2×p×r) / (p+r)

从执行结果来看，精度为 0.941、召回率为 0.933、F- 测度值为 0.933，分类效果还算不错的。

该过程代码执行如下（文件 nbayes.py）：

```python
#!/usr/bin/env python
# -*- coding: UTF-8 -*-

import pickle
from sklearn.naive_bayes import MultinomialNB
import warnings
from sklearn import metrics
warnings.filterwarnings("ignore")

# 读取bunch对象
def read_bunch(path):
    with open(path, "rb") as fp:
        bunch = pickle.load(fp)            # joblib 同样可用于存储模型文件
    return bunch

# 分类结果保存至文件
def save_file(save_path, content):
    with open(save_path, "a",encoding= 'utf-8',errors='ignore') as fp:
        fp.write(content)

# 朴素贝叶斯分类
def nbayes_classify(train_set, test_set):
    '''
    train_set：训练集样本数据
    test_set：测试集样本数据
    :return：测试集样本分类
    '''
    clf = MultinomialNB(alpha=0.5)
    clf.fit(train_set.tdm, train_set.label)   # 训练模型
    predict = clf.predict(test_set.tdm)
    return predict

def classification_result(actual, predict):
```

```python
    print('精度:{0:.3f}'.format(metrics.precision_score(actual,
predict,average='weighted')))
    print('召回:{0:0.3f}'.format(metrics.recall_score(actual,
predict,average='weighted')))
    print('f1-score:{0:.3f}'.format(metrics.f1_score(actual,
predict,average='weighted')))

if __name__ == '__main__':
    # 导入训练集
    train_path = './train_tfdifspace.dat'
    train_set = read_bunch(train_path)

    # 导入测试集
    test_path = "./test_tfidfspace.dat"
    test_set = read_bunch(test_path)

    predict = nbayes_classify(train_set, test_set)   #
    classification_result(test_set.label, predict)
    print('-' * 100)

    # 保存结果路径
    save_path = './classify_file.txt'
    for label, filename, predict in zip(test_set.label, test_set.filepath, 
predict):          #test_set
        print(filename, "\t实际类别:",label,"\t-->预测类别:", predict)
        save_content = filename + "\t实际类别:" + label + "\t-->预测类别:" + 
predict + '\n'
        save_file(save_path, save_content)   # 将分类结果写入txt
```

执行过程后可在 Pycharm 控制台下看到执行效果，如图 4-15 所示。

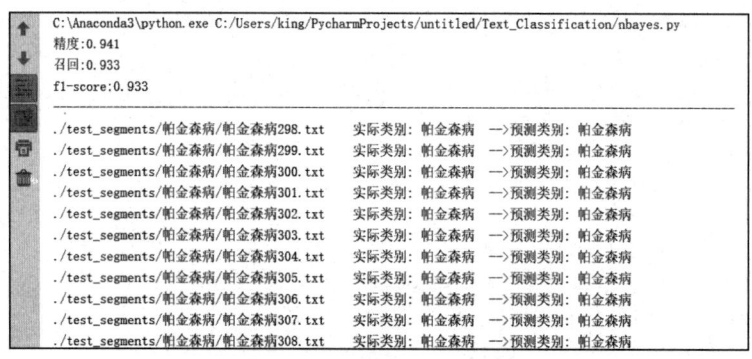

图 4-15  文本分类执行效果

至此，文本分类打标签流程中各模块的数据处理方式就介绍完了，下面通过图 4-16 的文件结构图再简单回顾下各模块。

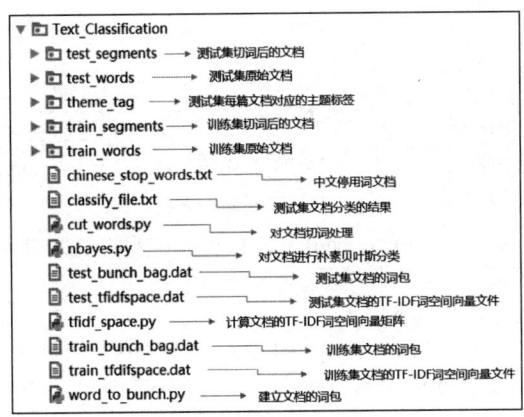

图 4-16　文件结构

## 4.4　流式计算标签开发

前面 3 节介绍的是离线标签的开发，即批次 ETL 任务，一般为 T+1 日的数据。本节内容介绍实时标签数据的开发。在做实时订单分析，或者给首次登录 App 的新人用户弹窗推送、发放红包，实时分析用户所处场景并进行推送中有广泛的应用，这里使用 Spark Streaming 开发相关的实时数据。

### 4.4.1　流式标签建模框架

Spark Streaming 是 Spark Core API 的扩展，支持实时数据流的处理，并且有可扩展、高吞吐量、容错的特点。数据可以从 Kafka、Flume 等多个来源获取，可以使用 map、reduce、window 等多个高级函数对业务逻辑进行处理。最后，处理后的数据被推送到文件系统、数据库等（如图 4-17 所示）。

在内部 Spark Streaming 接收实时数据流并将数据分成多个 batch 批次，然后由 Spark 引擎进行处理，批量生成结果流。Spark Streaming 提供了一个高层抽象，称为

Discretized Stream 或 Dstream，它表示连续的数据流。Dstream 可以通过 Kafka、Flume 等来源的数据流创建，也可以通过在其他 Dstream 上应用高级操作来创建（如图 4-18 所示）。

图 4-17　Spark Streaming 计算框架（截自 Spark 官网）

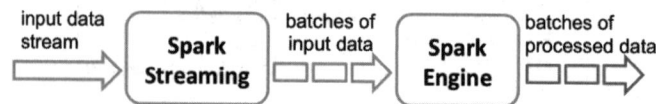

图 4-18　Spark Streaming 批处理数据的特点（截自 Spark 官网）

## 4.4.2　Kafka 简介

Kafka 的核心功能是作为分布式消息中间件。Kafka 集群由多个 Broker server 组成，其中，消息的发送者称为 Producer；消息的消费者称为 Cousumer；Broker 是消息处理的节点，多个 Broker 组成 Kafka 集群；Topic 是数据主题，用来区分不同的业务系统，消费者通过订阅不同的 Topic 来消费不同主题的数据，每个 Topic 又被分为多个 Partition，Partition 是 topic 的分组，每个 Partition 都是一个有序队列；offset 用于定位消费者在每个 Partition 中消费的位置。

Kafka 对外使用 Topic 概念，生产者向 Topic 里写入消息，消费者从 Topic 中读取消息。一个 Topic 由多个 Partition 组成。

生产者向 Brokers 指定的 Topic 中写消息，消费者从 Brokers 里面拉取指定的 Topic 消息，然后进行业务处理。

图 4-19 表示向一个 Topic 中写入数据，写入的数据被追加到 Partition 的尾部。当 Consumer 消费消息时，每个 Partition 下的 Offset 会按从小到大的顺序向前驱动。

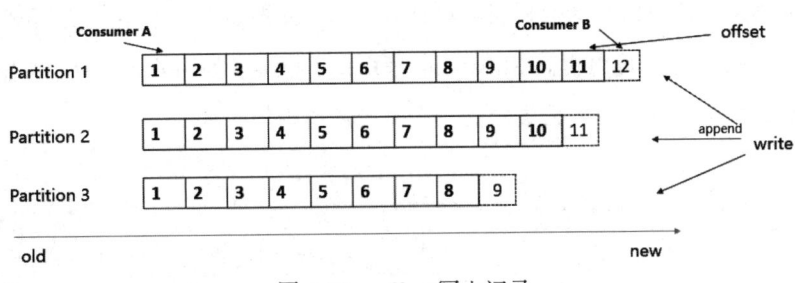

图 4-19　offset 写入记录

在 Consumer 消费消息时，还需要指定这个 Consumer 属于哪个 Consumer Group（如图 4-20 所示），每个 Consumer Group 消费一个 Topic 下的所有 Partition 数据。每个 Consumer 实例都属于一个 Consumer Group，每一条消息只会被同一个 Consumer Group 里的一个 Consumer 实例消费，不同的 Consumer Group 可以同时消费同一条数据。开发时需要在对应的代码中指定 Groupid。

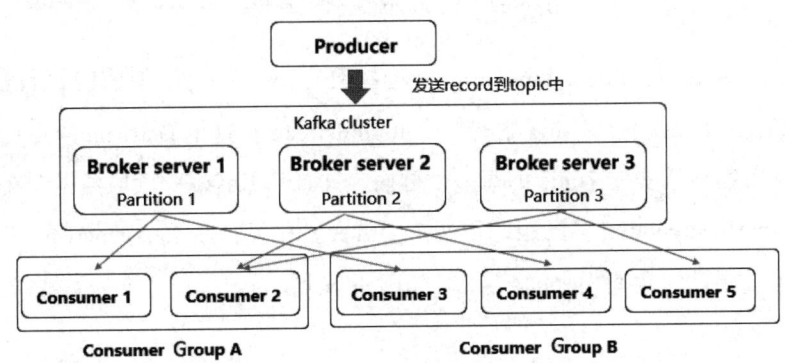

图 4-20　不同的 Consumer Group 消费消息

### 4.4.3　Spark Streaming 集成 Kafka

Spark Streaming 可以通过 Receiver 和 Direct 两种模式来集成 Kafka。

在 Receiver 模式下，Spark Streaming 作为 Consumer 拉取 Kafka 中的数据，将获取的数据存储在 Executor 内存中。但可能会因为数据量大而造成内存溢出，所以启用预写日志机制（Write Ahead Log）将溢出部分写入到 HDFS 上。在接收数据中，当一个

Receiver 不能及时接收所有的数据时,再开启其他 Receiver 接收,它们必须属于同一个 Consumer Group,这样可以提高 Streaming 程序的吞吐量(如图 4-21 所示)。整体来说,Receiver 模式效率较低,容易丢失数据,在生产环境中使用较少。

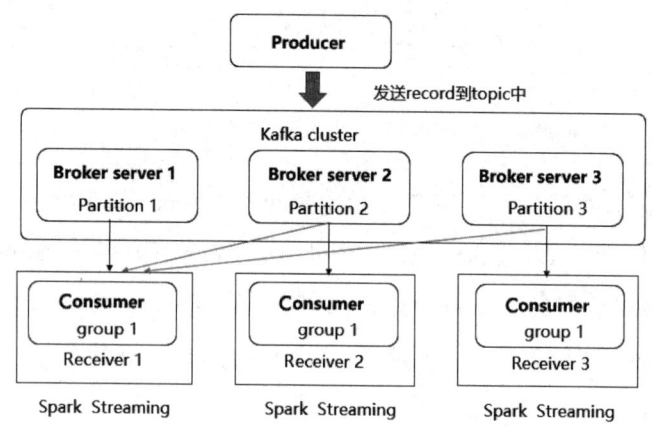

图 4-21 Receiver 模式消费数据

在 Direct 模式下,Spark Streaming 直接读取 Kafka 的 topic 中的所有 Partition,获取 Offset 信息。Spark Streaming 中有一个 Inputdstream,这个 Dstream 的每一个分区对应着 Kafka 中需要消费的 Topic 的每一个分区,并且从 Kafka 中读取数据。在 Direct 模式下,是 Spark Streaming 自己跟踪消费的 Offset,消除了与 Zookeeper 不一致的情况,处理和输出过程符合 Exactly-once 模式(如图 4-22 所示)。

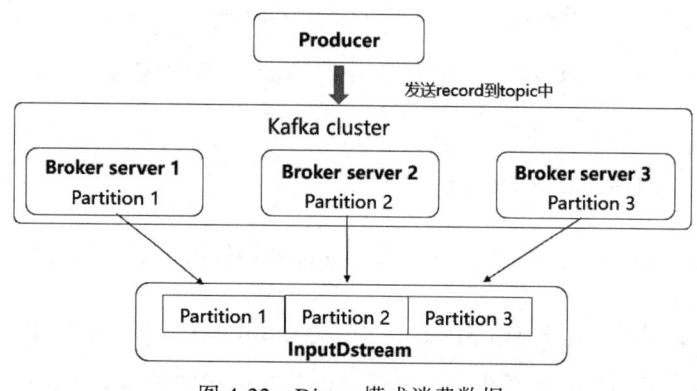

图 4-22 Direct 模式消费数据

对比来看,Receiver 模式是通过 Zookeeper 来连接 Kafka 队列的,Direct 模式则直接连接 Kafka 节点来获取消息。Receiver 模式消费 Topic 中的 offset 是保存在 Zookeeper 中，Direct 模式消除了与 Zookeeper 不一致的情况，基于 Direct 模式可以使 Spark Streaming 应用完全达到 Exactly-once 语义情况。

Spark Streaming 对 Kafka 的集成有两个版本，一个是 0.8 版本，另一个是 0.10 以上的版本，0.10 以后只保留了 Direct 模式。这里介绍的案例是基于 Direct 模式开发 Spark Streaming 程序。

### 4.4.4 标签开发及工程化

实时类标签的处理流程主要包括 4 个部分：

- 读取数据源，这里讲解消费 Kafka 中的数据；
- 解析数据，即解析消费的 Kafka 数据；
- 将解析后的数据存储到指定位置（如 MySQL、HDFS、HBase 等）；
- 存储消费的 Offset，Direct 模式下需要保存消费到的位置。

#### 1. 主函数逻辑

首先导入所需的依赖：

```
import com.alibaba.fastjson.JSON
import com.utils.{KafkaParaUtils, ParamsUtils, SparkUtils}
import org.apache.spark.streaming.kafka.HasOffsetRanges
import org.joda.time.DateTime
```

主函数里，首先创建一个 StreamingContext 对象，这是 Streaming 功能的主要入口。StreamingContext 对象从现有 SparkConf 对象中创建。这里设置 batch 时间间隔为 5 秒。

```
object MainWorkflow {

  def main(args: Array[String]): Unit = {
    val sparkConf = new SparkConf().setAppName("STREAMING-WORKFLOW ")
      .set("spark.testing.memory","2147480000")
      .set("spark.streaming.kafka.maxRatePerPartition","200")
    val sc = new SparkContext(sparkConf)
    val ssc = new StreamingContext(sc, Seconds(5))   // 时间间隔5秒
```

```scala
    // 传入Kafka的Topic，从Kafka中拉取数据
    val message = new SparkUtils(ssc).getDirectStream(ParamsUtils.kafka.KAFKA_TOPIC)
    // 记录offset偏移量
    message.foreachRDD( rdd => {
      println(" ======================> count: " + rdd.map(x => x + "1").count())

      val offsetRanges = rdd.asInstanceOf[HasOffsetRanges].offsetRanges   // 获取偏移量信息
      /**
        * OffsetRange 是对topic name、partition id、fromOffset(当前消费的开始偏移)、untilOffset(当前消费的结束偏移)的封装
        *  * 所以OffsetRange 包含的信息有：topic名字、分区ID、开始偏移、结束偏移
        */
      // 更新偏移量
      KafkaParaUtils.updateOffset(offsetRanges, ParamsUtils.kafka.KAFKA_GROUPID)
      // 打印偏移信息
      println("OffsetRange =====> ")
      for (offset <- offsetRanges) {
        println(offset.topic, offset.partition, offset.fromOffset, offset.untilOffset)
      }
    }

    // 对Message的业务逻辑处理，下段代码详细介绍

    // 开始计算
    ssc.start()
    ssc.awaitTermination()
    }
}
```

在上面的程序中，将从 Kafka 中读取的数据赋给 Message，然后记录 Offset 的偏移信息。这里打印出 Offset 偏移信息包括 Topic 主题、分区 id、开始偏移量和结束偏移量（如图 4-23 所示）。

图 4-23 打印出当前消费的 topic 是 "countly_imp"，partitionid 为 0 ~ 11，第三列记录的是本次消费前的偏移量，第四列记录的是本次消费后的偏移量。

将从 Kafka 中获取的数据进行业务处理，解析后存入指定的库表中。示例代码如下：

```
// 业务处理
val parameter = message.flatMap( line=> {
  // 来源
  val src = try{
    JSON.parseObject(line._2).getJSONObject("c").get("src")
  } catch {
    case ex:Exception => "(unknown)"
  }

  val cookieid = try {
    new DateTime(JSON.parseObject(line._2).getJSONObject("i").
getLong("timestamp")*1000).toDateTime    //将Json字符串转化为相应的对象
.getString("kid")
  } catch {
    case ex: Exception => "(unknown)"
  }
  //组合成一个字符串
  val data = src + "##" + cookieid
  Some(data)        //some是一定有值的，some.get获取值,如果没有值,会报异常
}).map(_.split("##")).map(x => (x(0),x(1)))
```

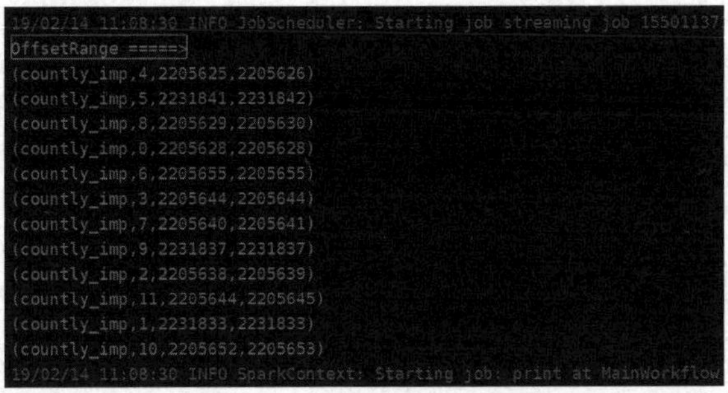

图 4-23  Offset 偏移信息

## 2. 从 Kafka 中读取数据源

在上面的主函数中定义了从 Kafka 中读取数据的方法 getDirectStream：

```
val message = new SparkUtils(ssc).getDirectStream(ParamsUtils.kafka.KAFKA_TOPIC)
```

接下来通过代码介绍 getDirectStream 方法的实现方式。

消费者消费 Kafka 的 Offset 数据记录在 Zookeeper 中，在开启 Streaming 程序消费 Kafka 数据时，先从 Zookeeper 中查找最近一次消费的 Offset 位置，如果有记录当前

Topicid+Groupid 消费者消费 Offset 的位置，则从记录起开始继续消费 Offset。如果没有记录，则从当前 Offset 最大处开始消费。代码逻辑实现如下：

```scala
class SparkUtils(ssc: StreamingContext){
  def getDirectStream(topics: String): InputDStream[(String,String)] ={
    val groupId = ParamsUtils.kafka.KAFKA_GROUPID
    // 获取offset位置
    val fromOffsetMap = KafkaParaUtils.readOffSet(groupId, topics.toString)

println(s"fromOffsetMap------------------==>${fromOffsetMap.size}")
val size = fromOffsetMap.size    // 读取到的Offset大小
// 计算Offset存储记录的大小，如果有记录则从记录处继续消费Offset，如果没有记录则从Offset
当前位置最大处开始消费
    val inputDS : InputDStream[(String, String)] = if (size > 0){
      val messageHandler = (mmd: MessageAndMetadata[String,String]) => (mmd.
key, mmd.message)
      KafkaUtils.createDirectStream[String, String, StringDecoder,
StringDecoder,(String,String)](
        ssc, ParamsUtils.kafka.KAFKA_PARAMS, fromOffsetMap, messageHandler)
    } else {
      KafkaUtils.createDirectStream[String, String, StringDecoder,
StringDecoder](
        ssc, ParamsUtils.kafka.KAFKA_PARAMS, topics.split(",").toSet)
    }
    inputDS
  }
}
```

上段逻辑从 Zookeeper 中获取 Offset 位置的方法 KafkaParaUtils.readOffSet 的实现逻辑如下：

```scala
// 读取Kafka的Offset偏移量
def readOffSet(groupId:String, topic:String): Map[TopicAndPartition, Long] = {
  println("------------> 读取偏移量")
 val zkClient = getZKClient
  // Kafka分区
  val OffsetMap = collection.mutable.Map.empty[TopicAndPartition, Long]
  try {
    val partitionSeq = KafkaFunction.kafkaPartitionByTopic(zkClient, topic)
    partitionSeq.map { p =>
      // 默认路径
//          println(s"zKGroupTopicDirs: ${KafkaFunction.zKGroupTopicDirs(grou
pId,topic)}\t;")   //zKGroupTopicDirs
```

```
            val offsetPath = offsetPathFun(topic, groupId, p)
            println(s"offsetPath: ${offsetPath}")

            // 偏移量查询结果
            val offsetTP = KafkaFunction.offsetStatTuple(zkClient,offsetPath)
            println(s"offsetTP:${offsetTP}")

            if (offsetTP != null) {
                OffsetMap.put(TopicAndPartition(topic, p), offsetTP._1.toLong)
            }
        }
    } finally {
      zkClient.close()
    }
    OffsetMap.toMap
}
```

对应地，将消费后当前的 Offset 偏移量存储到 Zookeeper 中，实现逻辑如下：

```
//更新偏移量
def updateOffset(offset:Seq[OffsetRange], groupId:String): Unit ={
    val zkClient = getZKClient
    try {
      offset.foreach{ off =>
        val offsetPath = offsetPathFun(off.topic, groupId, off.partition)
        println(s"offsetPath: ${offsetPath}")
        KafkaFunction.updatePersistentData(zkClient, offsetPath, off.untilOffset)
      }
    } catch {
      case ex: Exception => ex.printStackTrace()
    } finally {
      zkClient.close()
    }
}
```

开发调试完成后，将 Scala 工程打 jar 包并提交 Spark 任务。可看到 Streaming 实时读取线上数据（如图 4-24 所示）。

从上面的监控图中可以看出，Streaming 程序设定为每 20s 拉取一次 kafka 数据，目前已运行 16 小时，完成了 2996 个批次数据的消费。在图表中，"Input Rate"代表每秒接收数据的数量，目前大致 20～30/ 条每秒；"Scheduling Delay"代表调度延迟时间，目前实时消费数据还没有延迟；"Processing Time"代表处理每个批次数据所用的时间。

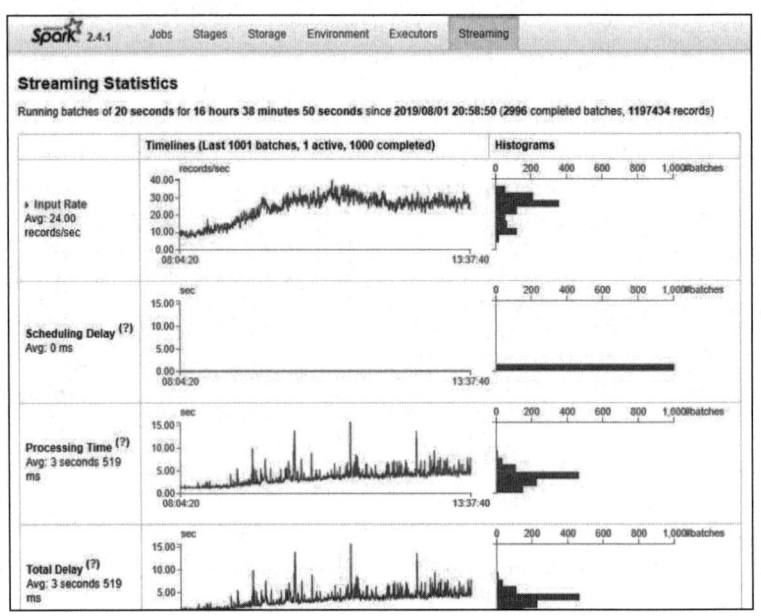

图 4-24　Streaming yarn 监控

## 4.5　用户特征库开发

为进一步从多个维度丰富用户特征，挖掘用户的相关行为，除了开发用户标签体系外，一般还会开发用户的特征库。一方面为个性化推荐、精准营销、商业分析等应用提供中间层数据，另一方面也可以削减不同算法在特征构建时的冗余加工。

简单来说，用户特征库就是对用户每一次的不同行为（如浏览、收藏、搜索、购买等）及该行为对应的标签（或商品品类）进行详细的记录，以便从用户的行为特征中挖掘用户的偏好。与开发用户标签相比，用户特征库可以对数据进行汇总统计，从多个维度分析用户特征，而用户标签则"相对静态"地记录了用户当前的状态。

例如，用户经常浏览或购买奶粉、尿不湿、婴儿车等商品，则她可能是一个孩子的妈妈；用户经常浏览、收藏、点赞搞笑、段子类视频，可用于挖掘用户的内容喜爱偏好；用户对女装、美甲等商品的浏览、购买、收藏等行为数据，在用户性别分类的挖掘中时会很有效。在用户画像建模的过程中，为了高效挖掘用户特征，需要进行用户特征库的规划和开发。

## 4.5.1 特征库规划

用户与商品相关行为的日志数据包含了用户对商品行为的明细。下面通过一个用户特征库的构建案例进行说明。该用户行为特征库规划 ER 图如图 4-25 所示。

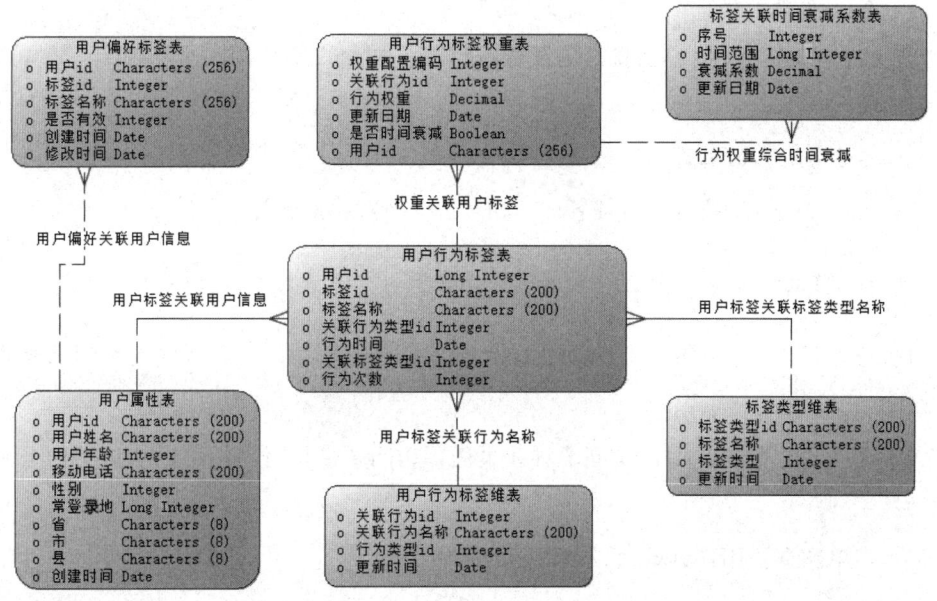

图 4-25　用户行为特征库规划 ER 图

根据应用需要，创建表 dw.cookie_feature_event_append 来构建用户特征，表结构如表 4-2 所示。

表 4-2　构建用户特征表

| 字段名 | 中文名 | 类　　型 | 备　　注 |
| --- | --- | --- | --- |
| cookie_id | cookie_id | String | 非空 |
| tag_id | 标签 id | String | 非空 |
| tag_name | 标签名称 | String | 非空 |
| tag_type_id | 标签类型 | String | 按业务线来划分标签 |
| act_num | 事件统计值 | Bigint | 行为次数 |
| data_date | 日期分区 | String | 非空 |
| act_name | 事件名称 | String | 如点赞/打赏/加购/点击/收藏/浏览等行为 |

- cookie_id：用户访问 id。
- goods_id：商品 id，用户行为对应的商品。
- goods_name：商品名称，用户行为对应的商品。
- tag_type：标签类型，可以按商品归属的三级品类进行划分，如游戏本、轻薄本、机械键盘等表示不同的 3C 品类。
- event_value：用户当日行为次数统计值，如用户某日浏览某品牌笔记本电脑 3 次，该字段记录为 3。
- data_date：数据日期，按日进行分区。
- act_name：用户行为事件名称，如点击、搜索、提交等。

该表中的 act_name 事件名称对应的数据来源可大致分为 3 种类型：

1）打点日志数据：用户访问页面时点击了哪些按钮、搜索了哪些关键词都会通过打点日志上报记录；

2）访问日志数据：用户访问了哪些页面，访问了多长时间都可以从访问日志数据中挖掘；

3）订单数据：用户订单及订单里面的商品。

其中，事件名称可以通过一张维表来记录用户不同的行为事件，行为事件划分得越细，用户在平台的行为捕捉得越全面，如表 4-3 所示。

表 4-3 记录用户不同行为事件的维表

| 事件名称 | 事件说明 | 事件类型 |
| --- | --- | --- |
| $addtobag_click | 加购点击 | 加购 |
| $addtobag_picture_click | 加购图片点击 | |
| $shopping_minus_click | 购物车点击减号 | |
| $shopping_plus_click | 购物车点击加号 | |
| $addtobag_submit_click | 加购物品提交 | |
| …… | …… | |
| $product_click | 商品点击 | 点击 |
| $pageview_brand_click | 详情页品牌点击 | |
| $pageview_brandgoods_click | 详情页品牌推荐商品点击 | |
| $pageview_details_click | 详情页 detail 查看 | |

（续）

| 事件名称 | 事件说明 | 事件类型 |
|---|---|---|
| $pageview_gallery_click | 详情页图片点击 | 点击 |
| …… | …… | |
| $exposed_num | 曝光 | 浏览 |
| $pageview_view | 详情页查看 | |
| $history_pageview | 浏览历史页面 | |
| …… | …… | |
| $exposed_num | 点赞内容 | 点赞 |
| $pageview_view | 点赞评论 | |
| …… | …… | |
| $search_product | 搜索结果点击 | 搜索 |
| $search_result | 搜索关键词点击 | |
| …… | …… | |
| $share_product | 打赏商品 | 打赏 |
| $share_money | 打赏金额 | |
| …… | …… | |

### 4.5.2 数据开发

数据开发过程中，主要从订单表、访问日志表、打点日志表中对用户当日的行为（加购、点击、浏览、点赞等）抽取数据，然后清洗加载到用户特征库对应表（本案例 dw.cookie_feature_event_append）的当日分区下，如图 4-26 所示。

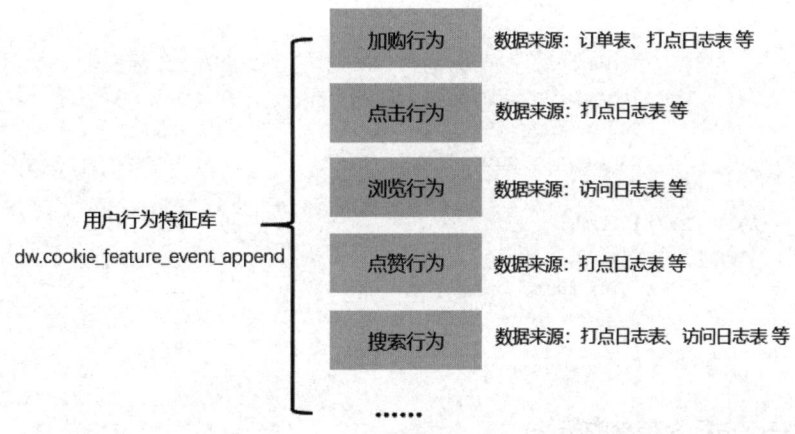

图 4-26 用户行为特征库开发逻辑

本案例中 ods.page_event_log 是打点日志表，从打点日志表中获取用户点击相关行为的事件；从订单表 dw.order_info_fact 中获取 cookieid 当日与相关的订单数据；从 cookie 的访问日志表 ods.page_view_log 中获取 cookieid 当日访问详情页相关数据。

根据用户行为事件进行数据开发，分别插入用户行为特征库中，部分代码示例如下（scala 语言）：

### 1. 用户加购行为带来的标签

```scala
// 用户加购行为带来的标签
val AddToBagBehavior = (dateStr: String) =>
  s"""
     | INSERT INTO dw.cookie_feature_event_append PARTITION(data_date='${dateStr}')
     |     SELECT t1.cookieid AS cookie_id,
     |            t1.product_id AS tag_id,
     |            t1.product_name AS tag_name,
     |            'product' AS tag_type_id,
     |            count(1) AS act_num,
     |            t2.eventkey AS act_name
     |       FROM dw.order_info_fact t1
     | INNER JOIN ods.page_event_log t2
     |         ON (t1.cookieid=t2.cookieid and t1.product_id=t2.product_id)
     |      WHERE t2.data_date='${dateStr}'
     |        AND t1.cookieid <> ''
     |        AND t1.product_id <> ''
     |        AND t2.eventkey IN
     |           ('$addtobag_click',              // 加购点击
     |            '$addtobag_picture_click ',     // 加购图片点击
     |            '$shopping_minus_click ',       // 购物车点击减号
     |            '$shopping_plus_click ',        // 购物车点击加号
     |            '$addtobag_submit_click',       // 加购物品提交
     |            '......')
     |   GROUP BY t1.cookieid,
     |            t1.product_id,
     |            t1.product_name,
     |            t2.eventkey
  """.stripMargin
```

### 2. 用户点击行为带来的标签

```scala
// 点击行为事件
val ClickBehavior = (dateStr: String) =>
  s"""
     | INSERT INTO dw.cookie_feature_event_append PARTITION (data_date='${dateStr}')
     |     SELECT  cookieid AS cookie_id,
     |             product_id AS tag_id,
     |             product_name AS tag_name,
     |             'product' AS tag_type_id,
     |             count(1) AS act_num,
     |             eventkey AS act_name
     |       FROM ods.page_event_log
     |      WHERE data_date='${dateStr}'
     |        AND cookieid <> ''
     |        AND product_id <> ''
     |        AND eventkey IN
     |            ('$product_click',              // 物品点击
     |             '$pageview_brand_click',       // 详情页品牌点击
     |             '$pageview_brandgoods_click', // 详情页品牌推荐商品点击
     |             '$pageview_details_click',    // 详情页detail查看
     |             '$pageview_gallery_click',    // 详情页图片点击
     |             '......')
     |   GROUP BY cookieid,
     |            product_id,
     |            product_name,
     |            eventkey
  """.stripMargin
```

### 3. 用户搜索行为带来的标签

```scala
// 搜索行为事件
val SearchBehavior = (dateStr:String) =>
s"""
   | INSERT INTO dw.cookie_feature_event_append PARTITION(data_date='${dateStr}')
   |     SELECT  cookieid AS cookie_id,
   |             product_id AS tag_id,
   |             product_name AS tag_name,
   |             'product' AS tag_type_id,
   |             count(1) AS act_num,
   |             eventkey AS act_name
   |       FROM ods.page_event_log
   |      WHERE data_date='${dateStr}'
   |        AND cookieid <> ''
```

```
            |            AND product_id <> ''
            |            AND eventkey IN
            |                ('$search_product',    // 搜索结果点击
            |                 '$search_result',     // 搜索关键词点击
            |                 '......')
            |        GROUP BY cookieid,
            |                 product_id,
            |                 product_name,
            |                 eventkey
      """.stripMargin
```

提交 Spark 任务执行后，数据刷到用户特征库对应表（本案例 dw.cookie_feature_event_append）可看到数据格式如图 4-27 所示。

| cookie_id | tag_id | tag_name | tag_type_id | act_num | data_date | act_name |
| --- | --- | --- | --- | --- | --- | --- |
| 07427323-40FB-46B8-8A3D-D67FBCE | 463729 | xxxx | 书桌 | 5 | 20190101 | $goodsdetail_view |
| 5288bd21-a0f1-44a4-ab8f-a4a306e | 406920 | xxxx | 书桌 | 7 | 20190101 | $goods_click |
| 73C7C634-E5FE-474C-80C0-5B158E3 | 201019 | xxxx | 鞋架 | 8 | 20190101 | $goodsdetail_view |
| ae81667b-04ec-428a-a2d1-4d2fdb4 | 54599 | xxxx | 衣帽柜 | 14 | 20190101 | $goodsdetail_shop_click |
| 07006ca2-a9bf-463a-828a-132f37b | 198161 | xxxx | 衣柜 | 23 | 20190101 | $goodsdetail_gallery_click |
| D0BC25C4-EE11-41AD-94D0-801CA4C | 22626 | xxxx | 衣柜 | 2 | 20190101 | $addtobag_qty_minus_click |
| b7387e3d-e96d-4e94-864c-de11b25 | 67903 | xxxx | 笔记本 | 2 | 20190101 | $goodsdetail_share_click |
| b775619a-192b-454e-990f-6c44b07 | 7739135 | xxxx | 台式机 | 14 | 20190101 | $goodsdetail_view |
| e598027d-5412-4e7b-84a2-1d59eeb | 582868 | xxxx | 鼠标 | 1 | 20190101 | $addtobag_click |
| 09e40e53-e9b0-424f-837f-c225b7e | 127161 | xxxx | 游戏本 | 5 | 20190101 | $goodsdetail_view |
| 07427323-40FB-46B8-8A3D-D67FBCE | 560031 | xxxx | 牛仔裤 | 3 | 20190101 | $goodsdetail_share_click |
| 5288bd21-a0f1-44a4-ab8f-a4a306e | 8527607 | xxxx | 牛仔裤 | 12 | 20190101 | $goodsdetail_view |
| 73C7C634-E5FE-474C-80C0-5B158E3 | 197117 | xxxx | 夹克 | 2 | 20190101 | $goodsdetail_view |
| ae81667b-04ec-428a-a2d1-4d2fdb4 | 109749 | xxxx | 卫衣 | 2 | 20190101 | $goodsdetail_shop_click |
| 07006ca2-a9bf-463a-828a-132f37b | 261747 | xxxx | T恤 | 24 | 20190101 | $goodsdetail_gallery_click |
| D0BC25C4-EE11-41AD-94D0-801CA4C | 279357 | xxxx | 衬衫 | 7 | 20190101 | $addtobag_qty_minus_click |
| b7387e3d-e96d-4e94-864c-de11b25 | 754067 | xxxx | 休闲裤 | 8 | 20190101 | $goodsdetail_reviews_click |
| b775619a-192b-454e-990f-6c44b07 | 82875 | xxxx | 牛仔裤 | 15 | 20190101 | $goodsdetail_view |
| e598027d-5412-4e7b-84a2-1d59eeb | 42853 | xxxx | 薄外套 | 3 | 20190101 | $addtobag_click |

图 4-27　用户行为特征库数据

下面举两个查询例子。

例 1：查询近 7 日浏览某商品（id=6926512）详情页超过 10 次的用户，拉取这部分用户对其进行商品营销，查询语句如下：

```
select cookieid
from dw.cookie_feature_event_append
 where data_date >= '20180201'
   and data_date <= '20180208'
   and event_name = '$goodsdetail_view'
   and goodsid = 6926512
 having sum(act_num)>=10
```

例 2：查询近 7 日浏览、收藏、关注过"母婴"品类商品的用户，拉取这部分用户

对其进行消息推送营销，查询命令如下：

```
select cookieid
  from dw.cookie_feature_event_append
 where data_date >= '20180201'
   and data_date <= '20180208'
   and tag_type = '母婴'
   and event_name in ('$goodsdetail_view', '$wishlist_add', '$goods_click', '$addtobag_click')
```

通过用户特征库，数据分析师或数据开发人员可以从多个维度钻取用户行为数据进行挖掘。

在特征库的开发过程中，除了从用户维度开发特征库，同样也会对商品、商家等开发相应的特征库。通过特征库可以更方便地对用户、商品、商家建模，并分析特征及进行算法应用。

### 4.5.3 其他特征库规划

除了要对用户特征库进行开发，也需要围绕本公司的产品进行特征库的规划与开发。

下面提供一种产品特征库的开发维度设计方案，如表4-4所示。商品特征库的开发可以从商品类目、价格、曝光量、点击、加购、销量、销售额、评论、退货等多个维度展开。

表4-4 产品特征库设计方案示例

| 字段名 | 中文名 | 类型 | 备注 |
| --- | --- | --- | --- |
| product_id | 产品id | Bigint | 非空 |
| product_name | 产品名称 | String | 非空 |
| lev1_name | 一级类目 | String | |
| lev2_name | 二级类目 | String | |
| lev3_name | 三级类目 | String | |
| on_sale | 在架状态 | Bigint | |
| supplier_id | 供应商编码 | String | |
| supplier_name | 供应商名称 | String | |

(续)

| 字段名 | 中文名 | 类型 | 备注 |
| --- | --- | --- | --- |
| on_sale_time | 首次上架时间 | String | |
| price | 吊牌价 | Double | |
| discount_price | 折扣价 | Double | |
| cost_price | 成本价 | Double | |
| exposure_30_times | 30天曝光次数 | Bigint | |
| click_30_times | 30天点击次数 | Bigint | |
| add_cart_30_times | 30天加购次数 | Bigint | |
| sales_30 | 30天销量 | Bigint | |
| gmv_30 | 30天销售额 | Double | |
| marks | 评论数 | Bigint | |
| marks_pic | 带图片评论数 | Bigint | |
| good_comments | 好评数（4&5星） | Bigint | |
| good_comment_rate | 好评率（4&5星） | Bigint | |
| bad_comments | 差评数（4&5星） | Bigint | |
| bad_comment_rate | 差评率（4&5星） | Bigint | |
| return_number | 退货数 | Bigint | |
| return_tate | 退货率 | Double | |
| data_date | 日期分区 | String | 非空 |

## 4.6 标签权重计算

用户在平台上的不同行为具体到用户标签层面有着不同的行为权重。在本案例场景中，用户购买某商品的行为权重要比用户添加到购物车、收藏某商品、浏览某商品的行为权重依次要高。具体到某个产品层面，需要用户画像建模人员与运营人员密切沟通，结合业务场景给不同的行为类型定权重（基本思想是复杂程度越高的行为价值越大），同时需要考虑标签本身在全体标签类型中的权重属性。下面介绍主观权重打分结合TF-IDF算法的综合权重计算方法。

### 4.6.1 TF-IDF词空间向量

TF-IDF是一种统计方法，用以评估一个字或词相对于一个文件集或一个语料库中的其他词语的重要程度。字词的重要性随着它在文件集中出现的次数的增加成正比增加，同时随着它在语料库中出现的频率成反比下降。在本章介绍的案例中，对于每个用户来说，其身上同一个标签出现的次数越多，该标签对于这个用户来说越重要，该标签在全部用户的所有标签产生的标签集中出现的次数越多，该标签的重要性越低。

使用 TF-IDF 方法来表示标签（Tag，T）和用户（User，P）之间的关系：其中 $w(P, T)$ 表示一个标签 $T$ 被用于标记某个用户 $P$ 的次数，TF($P$, $T$) 表示这个标记次数在所有标记用户 $P$ 的标签中所占的比例，TF 计算公式如下：

$$\text{TF}(P, T) = \frac{w(P, T)}{\sum_{T_i = \text{tags}} w(P, T_i)}$$

在一定程度上，这个比例反映了用户 $P$ 被认为与标签 $T$ 有关联的度量。这个度量越大说明在更多情况下用户 $P$ 与标签 $T$ 之间的关系越紧密。

IDF($P$, $T$) 表示标签 $T$ 的稀缺程度，即这个标签在全体用户的所有标签中出现的概率。对一个标签 $T$ 来说，如果它本身出现的概率就比较小，却被用来标记用户 $P$，这会使得用户 $P$ 与标签 $T$ 之间的关系更加紧密。IDF 的计算公式如下：

$$\text{IDF}(P, T) = \log \frac{\sum_{P_j = \text{users}} \sum_{T_i = \text{tags}} w(P_j, T_i)}{\sum_{P_j = \text{tags}} w(P_j, T)}$$

这样，用户 $P$ 和标签 $T$ 之间的关系系数为 TF($P$, $T$) 和 IDF($P$, $T$) 的乘积，计算公式为：

$$\text{rel}(P, T) = \text{TF}(P, T) \times \text{IDF}(P, T)$$

举一个简单的例子：如图 4-28 所示，$A \sim C$ 代表用户，$a \sim e$ 代表标签，数字代表 $A \sim C$ 用户身上该标签的个数。以用户 $A$ 为例，$A$ 身上有 $a$、$b$、$d$、$e$ 4 类标签共 4 + 3 + 0 + 5 + 3 = 15 个，$a$ 标签对 $A$ 用户的 TF 值为 4/15。全体用户共有 $a$ 标签 4 + 5 + 0 = 9 个，全体用户的全部标签为 4 + 5 + 3 + 6 + 5 + 5 + 6 + 3 + 4 = 41 个，$a$ 标签的 IDF 值为 41/9。$A$ 用户身上的 $a$ 标签 TF × IDF 值为 4/15 × 41/9 = 1.21。

至此，通过 TF-IDF 算法求出了用户与标签之间的权重关系。但是此时计算用户标签的权重还没有结束，当前的标签权重是未考虑业务场景，仅考虑用户与标签之间的关系求出来的，这显然是不够的。

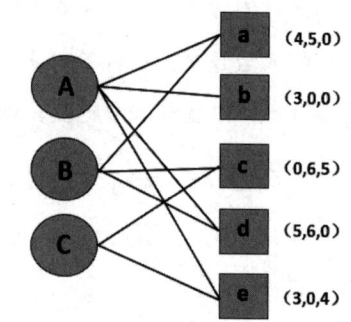

图 4-28　TF-IDF 算法计算标签权重示例

## 4.6.2　时间衰减系数

当用户数据达到足够的密集程度后，用户身上打的标签对应的属性会表现出较高的稳定性，这种稳定性与用户长期行为形成的个人真实特征相匹配。但是也存在灵活变化的适应性较弱的问题。

例如，某用户主要从事软件开发，因此其在某图书类电商网站上的搜索、收藏、购买等行为主要集中在与编程相关的内容上。然而，如果该用户近期内转为运营类岗位，则其近期的浏览与搜索就会突变为与运营相关的内容。但是，将用户画像的属性描述从编程转为运营并不会由此立刻实现，仍需要长时间的用户行为的积累，直至在运营下积累了比编程更多的子分类标签。但是在转换期间，系统仍对用户推送编程相关书籍，这显然脱离了用户的真实关注内容。

为解决这个问题，我们引入了时间衰减这个参数，根据发生时间的先后为用户行为数据分配权重。时间衰减是指随着时间的推移，用户的历史行为和当前行为的相关性不断减弱，在建立与时间衰减相关的函数时，我们可套用牛顿冷却定律数学模型。牛顿冷却定律描述的场景是：一个较热的物体在一个温度比其温度低的环境下，这个较热的物体的温度是要降低的，而周围物体的温度要上升，最后物体的温度和周围的温度达到平衡，在这个平衡的过程中，较热物体的温度 $F(t)$ 随着时间 $t$ 的增长而呈现指数型衰减，其温度衰减公式为：

$$F(t) = 初始温度 \times \exp(-\alpha \times 间隔的时间)$$

其中，α为衰减常数，可通过回归计算得出。例如：指定45分钟后物体温度为初始温度的0.5倍，即 $0.5=1\times\exp(-\alpha\times 45)$，求得 $\alpha=0.1556$。

在用户画像的应用中，用户的某些行为会随时间衰减，而某些行为不会随时间衰减。一般来说，用户操作的复杂程度越高，其行为随时间衰减的影响性越小，我们可视该类行为不随时间衰减（如下单、购买行为）。对于随时间衰减的行为，在计算行为权重时需考虑时间因素，衰减方式可套用牛顿冷却定律；对于不随时间衰减的行为则不必考虑时间的影响，如表4-5所示。

表4-5 用户行为受时间影响的因素

| 行为名称 | 是否受时间影响 | 行为权重值计算 |
| --- | --- | --- |
| 用户搜索图书 | 1 | 行为标签权重 × 时间衰减函数 |
| 用户搜索图书对应作者 | 1 | 行为标签权重 × 时间衰减函数 |
| 用户搜索作者 | 1 | 行为标签权重 × 时间衰减函数 |
| 用户支付成功图书 | 0 | 行为标签权重 |
| 用户收藏图书 | 0 | 行为标签权重 |
| 用户支付成功图书对应作者 | 1 | 行为标签权重 × 时间衰减函数 |
| 用户收藏图书对应作者 | 1 | 行为标签权重 × 时间衰减函数 |

### 4.6.3 标签权重配置

用户标签的权重最终还是需要进一步结合标签所处的业务场景、距离当前时间、用户行为产生该标签的行为次数等因素，最终得到用户标签权重的综合打分公式：

$$用户标签权重 = 行为类型权重 \times 时间衰减 \times 用户行为次数 \times \text{TF-IDF}计算标签权重$$

公式中各参数的释义如下：

- 行为类型权重：用户浏览、搜索、收藏、下单、购买等不同行为对用户而言有着不同的重要性。一般而言，操作复杂度越高的行为权重越大。该权重值一般由运营人员或数据分析人员主观给出。
- 时间衰减：用户某些行为受时间影响不断减弱，行为时间距现在越远，该行为对用户当前行为来说意义越小。
- 行为次数：用户标签权重按天统计，用户某天与该标签产生的行为次数越多，该标签对用户的影响越大。
- TF-IDF 计算标签权重：由每个标签对用户的重要性与该标签在全体标签中的重要性的乘积得出每个标签的客观权重值。

结合标签权重的计算公式，可以对用户特征库（dw.cookie_feature_event_append）的行为数据计算标签权重，筛选出与用户行为相关性最大的标签。

## 4.7 标签相似度计算

根据标签之间的相关关系进行聚类也是画像开发中经常遇到的一类问题。如何结合业务背景对标签进行有效聚类，不同的公司或业务背景有不同的处理方式。本节内容通过一个案例来介绍如何通过对用户身上的标签构建"同现矩阵"的方式对标签进行聚类。

### 4.7.1 案例场景

同现矩阵是指标签和标签之间的关联程度，这种关联程度由用户身上的标签所决定。这里的同现是指标签同时出现，即一个用户被打上 A 标签的同时被打上 B 标签。如果有很多用户同时被打上 A、B 标签，那么 A、B 标签之间可能潜在某种相关性（图 4-29 所示）。

| A类标签 | 打上标签人数(A类) | B类标签 | 打上标签人数(B类) | 同时打上AB标签人数 | AB标签相关性 |
|---|---|---|---|---|---|
| 标签A1 | 20 | 标签B1 | 40 | 5 | 5/sqrt(20×40) |
| 标签A2 | 20 | 标签B2 | 40 | 5 | …… |
| 标签A3 | 30 | 标签B3 | 30 | 6 | …… |
| 标签A4 | 30 | 标签B4 | 30 | 6 | …… |
| 标签A5 | 40 | 标签B5 | 50 | 3 | …… |
| 标签A6 | 40 | 标签B6 | 40 | 8 | …… |

图 4-29　标签相关性计算逻辑（示例）

从图 4-30 中可以看到，当前有四个用户和四个标签，每个用户身上都被打上了一些标签。但标签 B 和标签 C 在多个用户身上同时出现，因此可以初步认为标签 B 和标签 C 存在一定程度上的相关性。举个人们熟知的"啤酒和尿布"的例子，一家超市发现很多用户在消费中同时购买了啤酒和尿布，于是将尿布和啤酒摆在一起出售，发现这两种商品的销量双双增加了。该场景中这两种商品/标签同时出现在很多用户的身上，那么我们可以初步认为这两种商品/标签存在一定程度上的相关性。

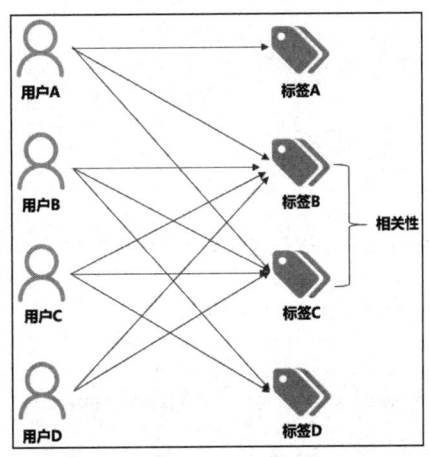

图 4-30　通过用户找到标签相关性（示例）

本案例中，用户在某医疗产品上的行为轨迹给其带来诸多标签，按标签的类型可以划分为医生、医院、科室、疾病、药品等不同种类。现在需要对疾病标签聚类到其对应的科室下面。

根据同现矩阵的方法，对 4.5 节创建的用户行为特征库中数据进行深度挖掘，根据用户行为之间的相关性，对疾病标签进行聚类。

用户行为特征库表结构设计：

```
CREATE TABLE `dw.cookie_feature_event_append`(
`cookie_id` string COMMENT 'cookie_id',
`tag_id` string COMMENT '标签id',
`tag_name` string COMMENT '标签名称',
`tag_type_id` string COMMENT '标签类型 按业务线来划分标签',
`act_num` string COMMENT '行为次数',
`act_name` string COMMENT '事件名称 如点赞/打赏/加购/点击/收藏/浏览等行为')
COMMENT '用户行为特征库'
PARTITIONED BY (`data_date` string COMMENT '数据日期')
```

## 4.7.2 数据开发

首先从用户行为特征库中抽取某一时间段内被打上"疾病"类型标签的用户明细数据，明细数据中包含了用户 id、疾病标签等关系信息。

```sql
create table dw.tag_relation_function_01
as
 select cookie_id,
        tag_id,
        tag_name,
        act_num,
        tag_type_id,
        act_name
   from dw.cookie_feature_event_append   --用户行为特征库
  where data_date >='2019-01-01'
    and data_date <='2019-04-01'
    and tag_type_id ='疾病'      -- A 类标签 疾病
```

继续抽取同一时间段内被打上"科室"类型标签的用户明细数据。

```sql
create table dw.tag_relation_function_02
as
select cookie_id,
       tag_id,
       tag_name,
       act_num,
       tag_type_id,
       act_name
  from dw.cookie_feature_event_append   --用户行为特征库
 where data_date >='2019-01-01'
   and data_date <='2019-04-01'
   and tag_type_id ='科室'      -- B 类标签 科室
```

计算"疾病"类标签下每个疾病标签对应的用户人数。

```sql
create table dw.tag_relation_function_03
 as
  select tag_id,
         tag_name,
         count(distinct cookie_id) user_num
    from dw.tag_relation_function_01
```

计算"科室"类标签下每个科室标签对应的用户人数。

```sql
create table dw.tag_relation_function_04
 as
  select tag_id,
         tag_name,
         count(distinct cookie_id) user_num
    from dw.tag_relation_function_02
```

计算同时被打上疾病类和科室类标签的用户人数的同现矩阵（见图 4-31）。

|  | 科室_1 | 科室_2 | 科室_3 | 科室_4 | …… |
|---|---|---|---|---|---|
| 疾病_1 | 50 | 6 | 24 | 10 |  |
| 疾病_2 | 30 | 6 | 43 | 23 |  |
| 疾病_3 | 23 | 50 | 9 | 34 |  |
| 疾病_4 | 20 | 35 | 12 | 31 |  |
| …… |  |  |  |  |  |

图 4-31　疾病与科室的同现矩阵（示例）

脚本逻辑如下：

```sql
 --计算疾病、科室两类标签共同关注人数的同现矩阵:
create table dw.tag_relation_function_05
 as
select t.tag_id_1,           -- 疾病标签id
       t.tag_name_1,         -- 疾病标签名称
       t.tag_type_id_1,      -- '疾病'类型标签
       t.tag_id_2,
       t.tag_name_2,         -- 科室标签名称
       t.tag_type_id_2,      -- 科室
       t.num                 -- 共有多少人
   from (
       select t1.tag_id as tag_id_1,
              t1.tag_name as tag_name_1,
              t1.tag_type_id as tag_type_id_1,
              t2.tag_id as tag_id_2,
              t2.tag_name as tag_name_2,
              t2.tag_type_id as tag_type_id_2,
              count(distinct t2.user_id) as num
           from dw.tag_relation_function_01 t1
     cross join dw.tag_relation_function_02 t2
```

```
                where t1.tag_id <> t2.tag_id
        group by t1.tag_id,
                 t1.tag_name,
                 t1.tag_type_id,
                 t2.tag_id,
                 t2.tag_name,
                 t2.tag_type_id
        ) t
```

用余弦相似度函数计算两两标签之间的相关性。余弦相似度函数通过空间中两个向量夹角的余弦值来衡量两个个体差异的大小,余弦值越接近1,表明两个向量的相似性越大。在本场景中举一个简单例子:某疾病标签被打在了10000个用户身上,某科室标签被打在了20000个用户身上,有5000个用户的身上同时有该疾病标签和科室标签,则该疾病和科室之间的相似度为5000/sqrt(10000×20000)。脚本逻辑如下:

```
-- 用余弦相似度函数计算两两标签之间的相关性
  create table dw.tag_relation_function_06
as
select t1.tag_id_1,                   --疾病标签id
       t1.tag_name_1,                 --疾病标签名称
       t1.tag_type_id_1,              --疾病标签
       t2.user_num_1,                 --疾病标签人数
       t1.tag_id_2,
       t1.tag_name_2,
       t1.tag_type_id_2 ,
       t3.user_num_2,                 --科室标签人数
       t1.num as num,                 --同时有两个标签的用户数
       (t1.num/sqrt(t2.user_num_1 * t3.user_num_2)) as power,
       row_number() over(order by (t1.num/sqrt(t2.user_num_1 * t3.user_num_2))
desc) rank
from dw.tag_relation_function_05 t1
 left join (select tag_id,
                   user_num as user_num_1
             from dw.tag_relation_function_03     --疾病标签对应的用户人数
           ) t2
     on t1.tag_id_1 = t2.tag_id
 left join (select tag_id,
                   user_num as user_num_2
             from dw.tag_relation_function_04     --科室标签对应的用户人数
           ) t3
  on t1.tag_id_2 = t3.tag_id
```

筛选出与每个疾病标签相关性最大的科室标签，即将该疾病标签归类到相关性最大的科室下面。通过 row_number() 方法筛选出权重最大的科室标签置顶，逻辑执行如下。

```
--通过row_number()方法筛选出权重最大的科室类标签并置顶
  create table dw.tag_relation_function_07
  as
    select tag_id_1,          --疾病标签id
           tag_name_1,        --疾病标签名称
           tag_id_2,          --科室标签id
           tag_name_2,        --科室标签名称
           power
from (select tag_id_1,
             tag_name_1,
             tag_type_id_1,
             tag_id_2,
             tag_name_2,
             tag_type_id_2,
             power,
             row_number() over(partition by tag_id_1 order by power desc) row_id
        from dw.tag_relation_function_06
             ) t1
    where t1.row_id=1
```

最后可以看到，在小批量的测试数据中将疾病标签归类到对应科室下面的效果还是比较准确的（见图4-32）。

| tag_name_1 | tag_name_2 | tag_type_id_2 | power |
|---|---|---|---|
| 拉伤 | 运动医学科 | 7 | 0.4488514218244932 |
| 脑梗死 | 神经内科 | 7 | 0.4468081594611577 |
| 带状疱疹 | 皮肤科 | 7 | 0.4467386053832529 |
| 胃食管反流病 | 中医消化内科 | 7 | 0.4407321951746295 |
| 听力障碍 | 中医呼吸科 | 7 | 0.4393910165315114 |
| 瘙痒症 | 皮肤科 | 7 | 0.4390886713786012 |
| 过敏性紫癜 | 中医消化内科 | 7 | 0.4384064742822171 |
| 糖尿病性视网膜病 | 眼底病科 | 7 | 0.4382569392276393 |
| 气胸 | 胸外科 | 7 | 0.4331421080702593 |
| 手部神经损伤 | 手外科 | 7 | 0.4302480760486255 |
| 月经失调 | 妇科 | 7 | 0.4299632820873934 |
| 肺结节 | 胸外科 | 7 | 0.4298927774732893 |
| 乳腺炎 | 中医呼吸科 | 7 | 0.4278289886393578 |
| 扁平疣 | 皮肤科 | 7 | 0.4276430447021628 |
| 癫痫 | 神经内科 | 7 | 0.4257911663372044 |
| 尺神经损伤 | 手外科 | 7 | 0.4236083098667395 |
| 子宫平滑肌瘤 | 妇科 | 7 | 0.4232092909870306 |
| 子宫内膜异位 | 妇科 | 7 | 0.4231037350256112 |
| 脓胸 | 胸外科 | 7 | 0.4230469505314157 |
| 喉恶性肿瘤 | 耳鼻咽喉科 | 7 | 0.4222233558386568 |
| 鼻中隔偏曲 | 耳鼻咽喉头颈科 | 7 | 0.4220915181007473 |
| 扁桃腺炎 | 耳鼻咽喉科 | 7 | 0.4217621580507386 |
| 颅骨早闭 | 小儿神经外科 | 7 | 0.4214929904538713 |

图 4-32 疾病与科室标签的相似度计算

## 4.8 组合标签计算

组合标签计算是画像开发中的一个重要模块。本章前面几个小节讲的都是如何开发用户身上的一个个标签，当业务方根据业务规则应用标签时，是需要组合多个标签来创建对应的用户群体的，此时需要应用到组合标签计算。

### 4.8.1 应用场景

这里看一个组合标签计算的应用场景，在图 4-33 中用户 A、B、C、D、E 已经被打上了符合自己特征的标签，业务人员想给"高价值用户群组"发放一批优惠券促使他们消费。根据运营经验，定义了"高价值用户群组"的特征为：①女性用户；② 25~35 岁之间；③累计消费 5 次以上；④累计消费 500 元以上；⑤活跃度在中活跃以上的用户。可以看到同时满足这些条件的用户为用户 B、用户 C、用户 E。组合标签计算的任务就是根据业务人员筛选的规则，计算出符合对应条件的用户群。

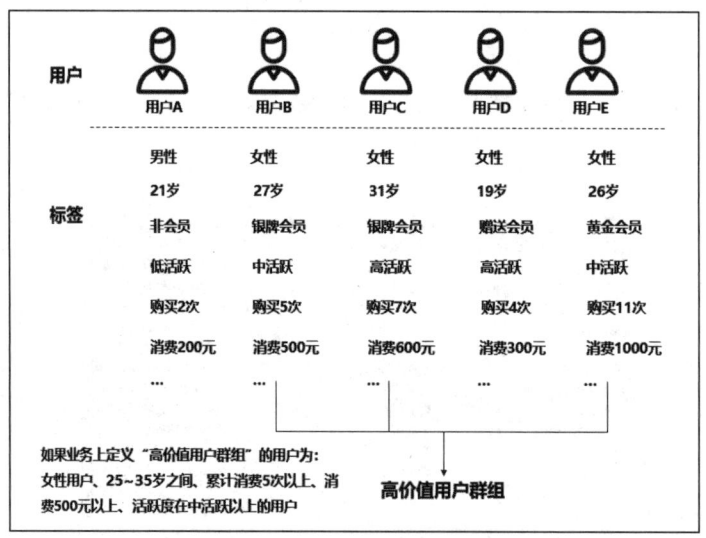

图 4-33 组合标签计算场景

组合标签计算的实现逻辑，总结来说分为 3 个过程：

❑ 读取不同组合标签的计算规则；

- 将人群规则拼接成接口传入参数的查询命令，通过接口方式进行查询；
- 接口查询计算时，通过 Elasticsearch 查询符合这些条件的用户 id，返回用户 id 作为 rowkey 去 HBase 中查询这些用户身上的标签信息。

### 4.8.2 数据计算

业务人员在画像产品端可以组合标签圈定人群（见图 4-34），对应地在关系数据库中将会记录该条人群规则包含的用户标签。

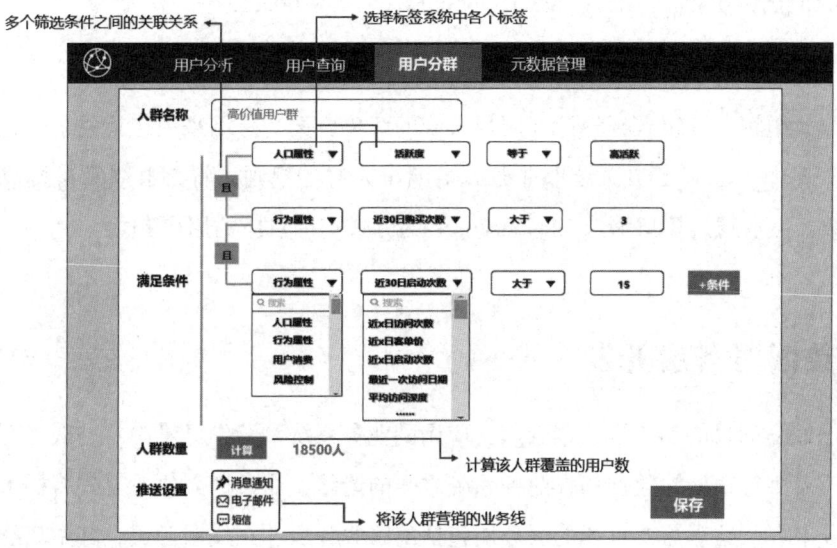

图 4-34　组合标签圈定人群

记录圈定人群规则的表中主要包括以下主要内容（图 4-35）：

- 人群 id：创建该条人群规则对应的唯一 id 标识。
- 人群名称：该条人群规则在业务定义上的名称。
- 人群规则：人群组合标签规则中包含的标签及标签值。
- 人群数量：该人群对应的数量。
- 创建时间：该人群规则的首次创建时间。
- 修改时间：该人群规则的最近一次修改时间。
- 是否应用：该人群是否应用到线上。

```
人群id                                人群规则
────────────────────────────────────────────────────────────────────────
100003       [{"ATTRITUBE_U_06_001":6},{"ACTION_U_05_003":3},{"CONSUME_U_05_003",15}]
100004       [{"ATTRITUBE_U_01_001":7},{"ACTION_U_03_001":3},{"CONSUME_U_12_003",31}]
100005       [{"ATTRITUBE_U_03_001":5},{"CONSUME_U_05_003":13},{"CONSUME_U_24_003",5}]
100006       [{"ATTRITUBE_U_03_002":3},{"ACTION_U_05_003":3},{"CONSUME_U_31_003",14}]
100007       [{"ATTRITUBE_U_12_001"},{"ACTION_U_04_001":2},{"CONSUME_U_11_003",12}]
100008       [{"ATTRITUBE_U_13_001"},{"ACTION_U_04_001":2},{"CONSUME_U_05_003",1}]
```

图 4-35　人群组合标签规则示例

在调用接口查询时，将人群规则拼接成字符串，通过 Elasticsearch 查询符合该规则的用户 id。例如针对上面 id 为 "100003" 的人群，将其规则拼接成 "ATTRITUBE_U_06_001,6||ACTION_U_05_003,3||CONSUME_U_05_003,15"，作为参数传入接口地址。

本节介绍了一种组合标签计算用户人群的解决方案，总结来说包括两个过程：首先从关系库表中（如 MySQL）读取业务人员圈定人群的规则，将人群规则拼接成接口的传入参数，然后通过接口请求 Elasticsearch 的方式查询对应的用户 id。

## 4.9　数据服务层开发

数据最终的目的是走出数据仓库，应用到业务系统和营销场景中。一般在开发完画像后，还需要打通标签数据和各业务系统之间的通路，通过产品化的方式将标签数据应用到业务中去。这里需要打通的服务层包括离线服务层和在线服务层，其中离线服务层将 ETL 后的用户群数据推送到对应业务系统，在线服务层以 RESTful API 方式提供接口服务，可支持个性化推荐、营销推送、在线特征库等场景。

几个典型的应用场景包括：

1）短信营销：可以基于用户画像的自定义圈人服务，进行重点用户的广告/消息消息推送/短信/邮件营销。

2）邮件营销：可以基于不同用户群体，进行个性化有效的会员营销，同时在服务上也可以基于已经打通的用户数据，提供会员差异化的客服/物流/活动等服务。

3）风控系统：可以根据用户级别，作为风控系统规则引擎或模型的输入。

4）数据分析：可以分析不同群体的行为特征，提供分析和决策。

5）BI 数据：可以监控核心用户群体的变化，为上层决策提供数据基础支持。

下面以案例形式介绍四种常见的渠道运营系统，及如何将标签数据与这四种业务系统打通。后文的 7.4 节中会讲述画像产品化的形态，本节内容主要讲解产品背后的工程化实现方式，在阅读本节内容时可结合第 7 章来看。

通过用户画像系统打通数据服务层除了在人力节省、流程优化等方面带来诸多便利外，在多渠道营销（如同时在短信、邮件、消息推送等渠道）联动时，可以通过人群设置排查已经在其他渠道营销过的用户，排除对用户的多次打扰，同时节省渠道的营销费用。

下面将介绍两种常见的打通业务系统的方式。

### 4.9.1 推送至营销系统

如果公司有统一的营销系统，则把需要应用到服务端的数据统一灌入服务层对应的数据库中。一般来说，服务层会使用 HBase、Elasticsearch 等进行数据存储。

案例一：使用站内广告系统对用户进行个性化弹窗、广告位的轮播展示是一个常见的应用场景。例如通过弹窗向用户推送优惠券、满减红包，通过广告位轮播向用户展示近期浏览商品的相关品类产品等，如图 4-36、图 4-37 所示，有效促进用户订单转化。

案例二：手机端 App 有消息推送（push）的功能，消息推送是渠道运营人员唤醒用户的重要方式之一（如图 4-38）。应用的出彩可以很好地帮助产品提高 DAU 和 GMV 的转化，如果应用不得当也会让用户对产品感到反感。因此如何做好消息推送营销的策略，针对目标用户群精准推送消息，对于提升用户体验尤为重要。这里，通过画像系统可实现针对不同用户推送不同的消息。

案例三：短信是常见的客户营销渠道之一，图 4-39 为一个典型的短信营销场景。在大促活动或日常运营中，业务人员将编辑好的文案推送给对应人群，用户收到短信点击链接可跳转到详情页或 App。在精细化运营下可有效促进订单转化。

图 4-36 App 弹窗推送内容形式（截图选自"乐刻 App"）

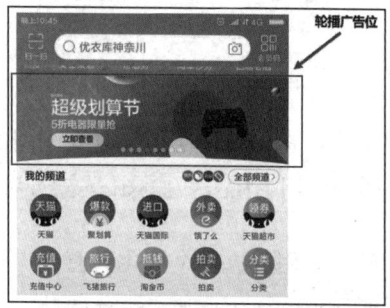

图 4-37 App 轮播广告位推送内容形式（截图选自"淘宝"）

图 4-38 消息推送（push）内容形式

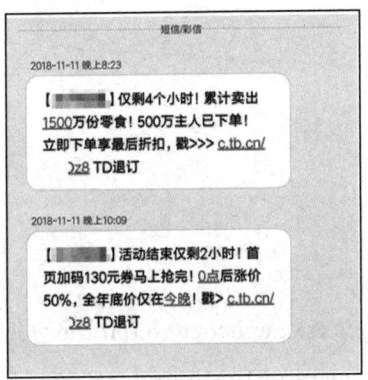

图 4-39　短信营销用户场景

在工程开发上，可将每天 ETL 后的用户标签数据离线同步到 HBase 数据库，通过请求接口的方式提供在线服务。在前文 3.3.3 节中有详细介绍。

### 4.9.2　接口调用服务

服务层数据一般通过接口调用的方式为上层应用提供支持，一般是使用第三方平台提供的服务时用户。例如使用第三方平台提供的发送短信、邮件等服务时，通过接口方式调用或传输数据。

接口调用时需要定义好接口的请求地址、请求参数、返回参数等关键信息。

（1）接口说明

本接口主要用于支持查询用户标签。

（2）请求参数

指用于查询的信息，如果说通过传入用户 id 和数据的时间查询该用户身上的全量标签，则参数为用户 id 和时间。

| 名称 | 类型 | 说明 |
| --- | --- | --- |
| id | String | 传入的参数为用户 id |
| data_date | String | 数据日期 |

请求参数示例

```
{
    "data_date":"20190101",
    "id":"e598027d-5412-4e7b-84a2"
}
```

(3) 接口地址

例如接口地址为 "http://xxxx.api.com/userprofile",上面的请求链接为 "http://xxxx.api.com/userprofile?data_date=20190101&id=e598027d-5412-4e7b-84a2"。

(4) 调用方式

一般以 GET 方式发送请求。

(5) 返回值

| 名称 | 类型 | 说明 |
| --- | --- | --- |
| code | String | 请求返回状态 |
| data | String | 请求返回的数据 |

常见的返回状态 (code):

| 状态码 | 说明 |
| --- | --- |
| 200 | 成功 |
| 201 | 传入参数格式错误 |
| 202 | 无用户画像 |
| 203 | 获取数据失败 |
| 204 | IP 访问无效 |
| …… | …… |

下面我们看一个通过接口请求某用户身上的标签,返回的数据:

```
{"code":"200",
 "data":
  {
    "userprofile":{
        "id": "e598027d-5412-4e7b-84a2",
        "tags": [
            {
```

```
                "tagid": "ATTRITUBE_U_06_001",
                "tagweight": 6
            },
            {
                "tagid": "ATTRITUBE_U_02_001",
                "tagweight": 1
            },
            {
                "tagid": "ACTION_U_05_003",
                "tagweight": 3
            },
            {
                "tagid": "ATTRITUBE_U_01_001"
            },
            {
                "tagid": "ACTION_U_05_003",
                "tagweight": 1
            },
            {
                "tagid": "CONSUME_U_05_003",
                "tagweight": 15
            },
            {
                "tagid": "CONSUME_U_05_003",
                "tagweight": 5
            }
        ]
    }
}
```

上面通过接口传入用户 id 的方式请求用户身上的标签，在组合标签的应用中，同样可以传入需要组合的标签及标签之间的关系，通过接口方式查询同时满足这些标签对应的用户人群。

在实际开发中需要结合本公司业务特点和开发环境来进行。

## 4.10　GraphX 图计算用户

### 4.10.1　图计算理论及应用场景

Spark GraphX 是分布式图计算框架，基于 Spark 平台提供了对图计算的简单且丰富的接口，以满足对分布式图处理的需求。

对 GraphX 视图的所有计算，最终会转化为其关联的 Table 视图的 RDD 操作来完成。在工程实践中，存在需要计算二度关系用户的场景，即用户与用户之间通过其共同的好友找到他们的二度关系熟人，这种对图的挖掘计算可借助 Spark GraphX 完成。

GraphX 提供顶点（Vertex）、边（Edge）、三元组（Triple）三种视图（图 4-40），GraphX 图计算也在这三种视图上完成。顶点包括顶点 id 和顶点属性；边包括源顶点（srcid）、目标顶点（dstid）和属性（property）；三元组是对顶点和边的扩展，将顶点和边的属性保存为一个 RDD[EdgeTriplet[VD, ED]]，可通过下面 SQL 表达：

```
SELECT src.id, dst.id, src.attr, e.attr, dst.attr
FROM edges AS e
LEFT JOIN vertices AS src, vertices AS dst
ON e.srcId = src.Id AND e.dstId = dst.Id
```

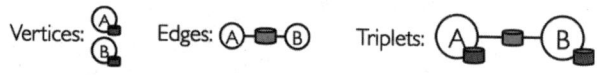

图 4-40　GraphX 边属性（截图自 Spark GraphX 官网）

下面通过 Spark GraphX 官网上的案例来初步了解图的创建过程。假设需要构建一个由不同用户组成的属性图，顶点属性包括用户 id 和用户的身份（Property），边属性包括源顶点（SrcId）、目标顶点（DstId）和边的关系（Property）（图 4-41）。

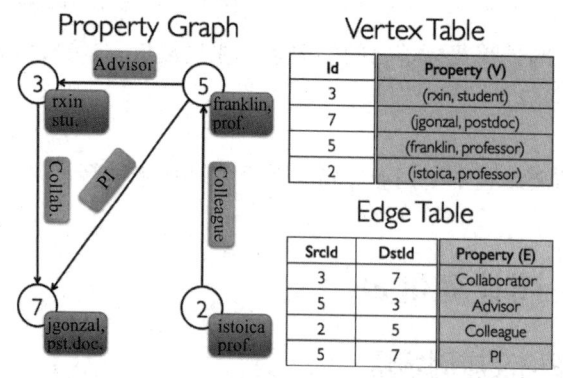

图 4-41　GraphX 示例属性（截图自 Spark GraphX 官网）

根据上图各顶点和边的关系，可创建顶点对应的 RDD：

```
val users: RDD[(VertexId, (String, String))] =
  sc.parallelize(Array((3L, ("rxin", "student")), (7L, ("jgonzal", "postdoc")),
                      (5L, ("franklin", "prof")), (2L, ("istoica", "prof"))))
```

以及边对应的 RDD：

```
val relationships: RDD[Edge[String]] =
  sc.parallelize(Array(Edge(3L, 7L, "collab"),    Edge(5L, 3L, "advisor"),
                      Edge(2L, 5L, "colleague"), Edge(5L, 7L, "pi")))
```

基于顶点和边创建图：

```
val defaultUser = ("John Doe", "Missing")
val graph = Graph(users, relationships, defaultUser)
```

进一步可使用 graph.vertices 和 graph.edges 方法对图进行顶点、边的计算。

```
// 计算有多少个用户的属性为postdocs
println(graph.vertices.filter { case (id, (name, pos)) => pos == "postdoc"
}.count)
// 计算多少条边的 src > dst
println(graph.edges.filter(e => e.srcId > e.dstId).count)
```

执行两条 println 命令可看到打印的计算结果都为 1，即在对所有顶点的查找中只有一个用户的顶点属性为 "postdoc"，只有一条边 (Edge(5L, 7L, "pi")) 的源顶点大于目标顶点。

在 GraphX 中可通过四种方式创建一个图。

- Graph(VertexRDD, EdgeRDD)：通过传入顶点和边的 RDD 创建图，上面介绍的案例即用这种方法创建图。
- Graph.fromEdges：由边的 RDD 创建图，自动将所有顶点的属性设置为默认值。
- Graph.fromEdgeTuples：由边元组中生成图，边赋值为 1，自动创建边中涉及的所有顶点并赋默认值。
- GraphLoader.edgeListFile：通过解析（源顶点、目标顶点）形式的数据得到连接关系。下面一节介绍的案例中将使用此种方法创建图。

下面通过一个实际场景案例介绍如何开发 N 度关系用户的列表。

## 4.10.2 数据开发案例

在实际场景中存在多个用户登录同一个手机上的某 App，也存在同一个用户在多个手机上登录该 App 的情况，这里初步认为在同一个手机上登录的用户之间是熟人关系，基于这种熟人关系需要进一步挖掘用户的二度熟人。即某用户朋友的朋友也有可能是该用户的潜在好友。在图 4-42 中可初步推断：111、222、333 都在 C 手机上登录过，他们之间相互熟悉，333 和 999 都在 F 手机上登录过，他们之间是熟人，依次类推。这样，我们可以根据用户这种相互之间的熟人进行计算他们的二度关系熟人。

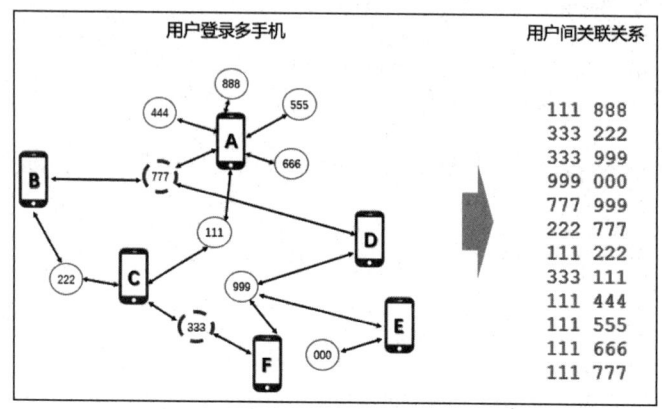

图 4-42 用户登录手机关系分布图

在图计算场景中，需要将图 4-42 中左边用户登录多手机的这种逻辑关系抽象成右边的用户间关联关系，这种关联关系可视为一条边，左边一列数据代表源顶点 (srcid)，右边一列数据代表目标顶点 (dstid)。

在对业务逻辑进行抽象后，需要梳理清楚借助图计算挖掘用户二度好友的实现方式，主要包括对主节点 ( 可视为某个用户 ) 的两次遍历计算 ( 图 4-43 )：

- ❑ 第一次遍历，获取本节点的所有邻居节点，即获取 1 节点的邻居节点 2、3、4；
- ❑ 第二次遍历，获取所有邻居节点的邻居节点，将返回的二度邻居节点进行汇总统计。即获取 2、3、4 的邻居节点，将其返回给 1。

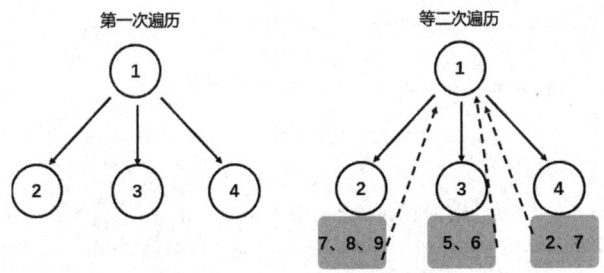

图 4-43　图计算二度好友逻辑

在 GraphX 中核心操作是调用 API：aggregateMessages，它负责向邻边发送消息，以及合并收到的邻边消息。

下面通过 Scala 脚本来看图计算的实现逻辑，首先在主函数中调用图的构造方法，其中传入的数据文件"relations.txt"为图 4-42 右边数据，然后通过 getSecondUserIds 方法计算某用户的二度关系用户列表。脚本执行如下：

```
import org.apache.spark.SparkConf
import org.apache.spark.SparkContext
import org.apache.spark.graphx._

object GraphxUser {
  def main(args: Array[String]) {
    val conf = new SparkConf()
    conf.setAppName("Graphtx-Calculate-Userprofile")
    conf.setMaster("local[*]")
    val sc = new SparkContext(conf)

    // 构造图
    val graph=GraphLoader.edgeListFile(sc,"C:/Users/user/Desktop/relations.txt")
    val graphxNeighborUser=new GraphxNeighborUser

    // 二度关系用户列表
    val neighborIds=graphxNeighborUser.getSecondUserIds(333,graph)
    println("neighborIds: "+ secondIds.mkString(","))
  }
}
```

GraphxNeighborUser 对象中定义了 getSecondNeighborIds 方法用于计算某用户的二度好友，在该方法中嵌套调用 getFristNeighborIds 方法获取用户的一度好友。逻辑执行如下：

```scala
import scala.collection.immutable.HashSet
import scala.collection.mutable.ArrayBuffer
import org.apache.spark.graphx.{Graph, VertexRDD}

object GraphxNeighborUser {
  // 获取二度好友
  def getSecondUserIds(id:Long, graph:Graph[Int,Int]) = {
    getSecondNeighborIds(getFristNeighborIds(id,graph), graph)
  }

  // 根据用户id获取其一级邻居
  def getFristNeighborIds(id:Long, graph:Graph[Int,Int])={
    var fristIds=new HashSet[Long]()        // 存储一级邻居的集合
    //aggregateMessages发送给每条边的每个顶点的消息
    val firstNeighbor = graph.aggregateMessages[Int](triplet=>{
      if(triplet.srcId==id ){
        triplet.sendToDst(1)    //给目标顶点发送标记位
      }
    } ,(a,b)=>b )  //聚合顶点接收到的消息

    firstNeighbor.collect().foreach(
      a=> fristIds+=a._1
    )
    fristIds
  }

  // 根据用户id获取其二级邻居
  def getSecondNeighborIds(firstIds:HashSet[Long] , graph:Graph[Int,Int])={
    val secondryIds = new ArrayBuffer[Long]()   // 存储二级邻居的集合
    firstIds.foreach(id=>{
      val secondNeighbors=getFristNeighborIds(id,graph) // 获取每个一级邻居的二级邻居
      secondNeighbors.foreach(
        secondId=>secondryIds+=secondId)
    })
    secondryIds
  }
}
```

执行任务后根据下面返回的结果可知 333 的一级邻居包括 111、222 和 999，然后将这三个一级邻居进一步迭代获取这三个邻居的一级邻居，然后将二次迭代后的邻居数据返回给 333。二次迭代的邻居中包括 111、222、333 等自身节点和一级邻居，需要对其进行过滤，下面是获得的二次迭代邻居：

```
111 -> 222,333,444,555,666,777,888
222 -> 111,333,777
999 -> 333,777,000
```

最终获得 333 的二度好友列表：

444,555,666,777,888,777,777,000

从二度好友列表可以看出：

333 和 444 的共同熟人个数：1；

333 和 555 的共同熟人个数：1；

333 和 666 的共同熟人个数：1；

333 和 777 的共同熟人个数：3；

333 和 888 的共同熟人个数：1；

333 和 000 的共同熟人个数：1。

按照共同熟人个数排序后，可认为 777 是 333 的潜在熟人。

图计算在找用户的潜在好友，挖掘用户间关系等场景中有较多应用，例如在 3.1.4 节的 ID-MAP 章节中，同样可使用图计算的方式来挖掘不同用户和设备间的关系。

## 4.11 本章小结

本章是全书的重点章节，介绍了画像系统相关数据的开发工作和应用场景等方面的内容，以案例的形式对抽象的地方进行了详细介绍。

其中 4.1 节至 4.4 节讲的是标签数据开发是用户画像的基础性工作，在搭建好标签体系之后才便于进行后续的人群分析和面向应用层的渠道营销。4.5 节介绍了用户特征库的开发，相比用户标签"相对静态"地记录了用户当前的状态，用户特征库可以对明细数据进行汇总统计，从多个维度分析用户特征。4.6 节基于用户特征库，提供了一种标签权重计算的解决方案。4.7 节中基于用户行为特征库深度挖掘了标签之间的相似度关系。4.8 节介绍了组合标签计算的实现路径，基于组合标签圈定的人群可以为业务人员提供精细化运营用户的通路。画像系统除了便于分析人群特征，更重要的是可以将数据打通到服务层，通过多种渠道触达用户。4.9 节介绍了如何打通数据到服务层提供应用服务。4.10 节通过 Spark GraphX 图计算的案例介绍了如何基于用户之间的关系挖掘他们的 N 度潜在熟人。

第 5 章

# 开发性能调优

关于 Spark 开发调优及 Hive SQL 脚本调优的书籍和博客已经有很多了，本章将侧重讲解在开发画像过程中可能遇到的一些共性问题，及对应的解决方案。

## 5.1 数据倾斜调优

数据倾斜是开发画像过程中常遇到的问题，当任务执行一直卡在 map 100%、reduce 99%，最后的 1% 花了几个小时都没执行完时，这时一般是遇到了数据倾斜。

问题出现的原因是当进行分布式计算时，由于某些节点需要计算的数据较多，导致其他节点的 reduce 阶段任务执行完成时，该节点的任务还没有执行完成，造成其他节点等待该节点执行完成的情况。比如两张大表在 join 的时候大部分 key 对应 10 条数据，但是个别几个 key 对应了 100 万条数据，对应 10 条数据的 task 很快执行完成了，但对应了 100 万数据的 key 则要执行几个小时。

图 5-1 所示的是一个典型的例子。

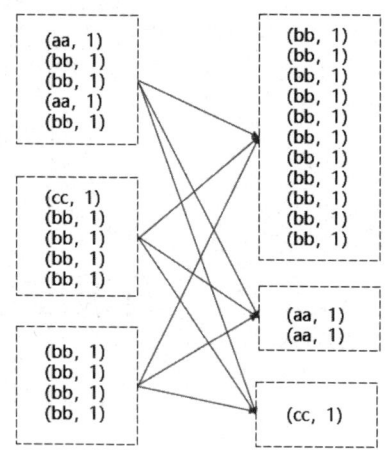

图 5-1 数据倾斜场景

bb 这个 key 在 3 个节点上有 11 条数据，aa 和 cc 在 3 个节点上分别有 2 条和 1 条数据，这些数据都会被拉取到一个 task 上处理。处理 bb 这个 task 的运行时间可能是处理 aa 和 cc 的 task 的运行时间数倍，整体运行速度由最慢的 task 决定。

下面介绍两种解决数据倾斜问题的方案。

**方案一：过滤掉倾斜数据**

当少量 key 重复次数特别多，如果这种 key 不是业务需要的 key，可以直接过滤掉。这里有一张埋点日志表 ods.page_event_log，需要和订单表 dw.order_info_fact 做 join 关联。在执行 Hive 的过程中发现任务卡在 map 100%、reduce 99%，最后的 1% 一直运行不完。考虑应该是在 join 的过程中出现了数据倾斜，下面进行排查。

对于 ods.page_event_log 表查看出现次数最多的 key：

```
  select cookieid,
      count(*) as num
  from ods.page_event_log
  where data_date = "20190101"
group by cookieid
distribute by cookieid
sort by num desc limit 10
```

将 key 按出现次数从多到少排序（如图 5-2 所示）。

```
   cookieid                              num
---------------------------------------------
   0                                     142286
   NULL                                  138817
                                         120987
   J8A5F-5F8F-488B-ADDB-827E43A          13184
   A8948-6ACA-4094-A893-07B5B13          11053
   2EA3B-B25F-45C9-A1E3-6D1E047          9294
   ADA5C-E6BE-4BFD-AFF7-DFA2F3D          8844
   180E7-4578-46BD-B2BB-B52A6CD          8469
   0a927-665c-496e-a7c0-a4207a7          7829
   7AB7B-EA7C-49F2-A9A9-35DA2D3          7529
   FD4C2-90BE-4EED-A198-30E60D2          7467
   D9D0A-2853-4638-9B97-9551302          6849
```

图 5-2　日志表 key 按出现次数倒排序

同样地，对订单表 dw.order_info_fact 查看出现次数最多的 key：

```
select cookieid,
       count(*) as num
from dw.order_info_fact
group by cookieid
distribute by cookieid
sort by num desc limit 10
```

将 key 按出现次数从多到少排序（如图 5-3 所示）。

```
   cookieid                              num
---------------------------------------------
   0                                     142286
   NULL                                  138817
                                         120987
   J8A5F-5F8F-488B-ADDB-827E43A          13184
   A8948-6ACA-4094-A893-07B5B13          11053
   2EA3B-B25F-45C9-A1E3-6D1E047          9294
   ADA5C-E6BE-4BFD-AFF7-DFA2F3D          8844
   180E7-4578-46BD-B2BB-B52A6CD          8469
   0a927-665c-496e-a7c0-a4207a7          7829
   7AB7B-EA7C-49F2-A9A9-35DA2D3          7529
   FD4C2-90BE-4EED-A198-30E60D2          7467
   D9D0A-2853-4638-9B97-9551302          6849
```

图 5-3　订单表 key 按出现次数倒排序

从上面的例子可以看出，日志表和订单表通过 cookieid 进行 join，当 cookieid 为 0 的时候，join 操作将会产生 142286×142286 条数据，数量如此庞大的节点系统无法处理过来。同样当 cookieid 为 NULL 值和空值时也会出现这种情况，而且 cookieid 为这 3 个值时并没有实际的业务意义。因此在对两个表做关联时，排除掉这 3 个值以后，就可以很快计算出结果了。

### 方案二：引入随机数

数据按照类型 group by 时，会将相同的 key 所需的数据拉取到一个节点进行聚合，而当某组数据量过大时，会出现其他组已经计算完成而当前任务未完成的情况。可以考虑加入随机数，将原来的一组 key 强制拆分为多组进行聚合。下面通过一个案例进行介绍。

现需要统计用户的订单量，执行如下代码：

```
select t1.user_id,
    t2.order_num
  from (select user_id
      from dim.user_info_fact      # 用户维度表
    where data_date = "20190101"
      and user_status_id=1
    ) t1
join ( select user_id,
        count(*) as order_num
    from dw.dw_order_fact       # 订单表
    where site_id in (600, 900)
      and order_status_id in(1,2,3)
  group by user_id

    ) t2
  on t1.user_id = t2.user_id
```

用户维度表中有 2000 万条数据，订单表有 10 亿条数据，任务在未优化前执行了 1 个小时也没有跑出结果，判断可能是出现了数据倾斜。

订单表中某些 key 值数量较多，在 group by 的过程中拉取到一个 task 上执行时，会出现其他 task 执行完毕，等待该 task 执行的情况。

这里可以将原本相同的 key 通过添加随机前缀的方式变成多个 key，这样将原本被一个 task 处理的 key 分散到多个 task 上先做一次聚合，然后去掉前缀再进行一次聚合得到最终结果。过程如图 5-4 所示。

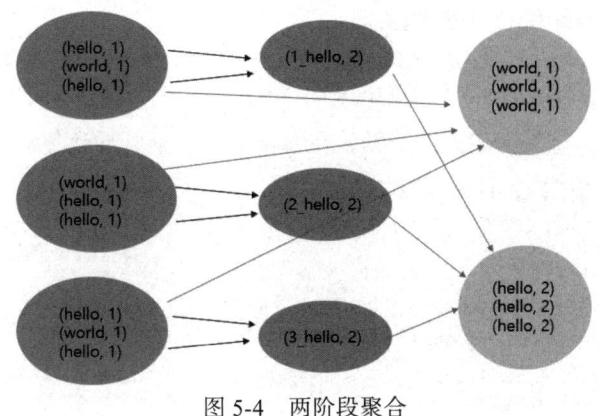

图 5-4　两阶段聚合

修改后代码执行如下：

```
select t1.user_id,
    t2.order_num
  from (select user_id
    from dim_user_info_fact
    where data_date = "20190101"
    ) t1
join (   select t.user_id,
        sum(t.order_num) as order_num
    from (select user_id,
          round(rand()*1000) as rnd,
          count(1) as order_num
      from dw.order_info_fact
      where pay_status in (1,3)
      group by user_id,round(rand()*1000)
        ) t
      group by t.user_id
  ) t2
on t1.user_id = t2.user_id
```

## 5.2　合并小文件

在 Spark 执行 "insert overwrite table 表名" 的语句时，由于多线程并行向 HDFS 写入且 RDD 默认分区为 200 个，因此默认情况下会产生 200 个小文件。

Spark 中可以使用 reparation 或 coalesce 对 RDD 的分区重新进行划分，reparation

是 coalesce 接口中 shuffle 为 true 的实现。

在 Spark 内部会对每一个分区分配一个 task 执行，如果 task 过多，那么每个 task 处理的数据量很小，这就会造成线程频繁在 task 之间切换，导致集群工作效率低下。为解决这个问题，常采用 RDD 重分区函数来减少分区数量，将小分区合并为大分区，从而提高集群工作效率。

```scala
// 合并插入用户宽表数据的分区
val executesqls = spark.sql(
  """
    |    select user_id,
    |           org_id,
    |           org_name,
    |           sum(act_weight) as act_weight,
    |           sum(cnt) as cnt
    |      from dw.peasona_user_tag_relation
    |     where user_id is not null
    |       and user_id <> 'null'
    |  group by user_id,org_id,org_name
  """.stripMargin).rdd.coalesce(1)

val datardd = executesqls.map(row => {
    val user_id = row.getAs[String]("user_id")
    val org_id = row.getAs[String]("org_id")
    val org_name = row.getAs[String]("org_name")
    val act_weight = row.getAs[String]("act_weight")
    val cnt = row.getAs[String]("cnt")
    Row(user_id,org_id,org_name,act_weight,cnt)
})
spark.createDataFrame(datardd, StructType(Seq(
    StructField("user_id", StringType),
    StructField("org_id", StringType),
    StructField("org_name", StringType),
    StructField("act_weight", StringType),
    StructField("cnt", StringType)
))).createOrReplaceTempView("user_act_info")

spark.sql(
  s"""
     | INSERT OVERWRITE TABLE dw.peasona_user_tag_relation partition(data_date="$data_date")
     |    SELECT user_id,org_id,org_name,act_weight,cnt
     |      FROM user_act_info
  """.stripMargin)
```

## 5.3 缓存中间数据

Spark 的一个重要的能力就是将数据持久化缓存，这样在多个操作期间都可以访问这些持久化的数据。当持久化一个 RDD 时，每个节点的其他分区都可以使用 RDD 在内存中进行计算，在该数据上的其他 action 操作将直接使用内存中的数据，这样会使其操作计算速度加快。对 RDD 的复杂操作如果没有持久化，那么一切的操作都会从源头开始，一步步往后计算，不会复用原始数据。

在画像标签每天 ETL 的时候，对于一些中间计算结果可以不落磁盘，只需把数据缓存在内存中。而使用 Hive 进行 ETL 时需要将一些中间计算结果落在临时表中，使用完临时表后再将其删除。

RDD 可以使用 persist 或 cache 方法进行持久化，使用 StorageLevel 对象给 persist 方法设置存储级别时，常用的存储级别如下所示。

- MEMORY_ONLY：只存储在内存中；
- MEMORY_ONLY_2：只存储在内存中，每个分区在集群中两个节点上建立副本；
- DISK_ONLY：只存储在磁盘中；
- MEMORY_AND_DISK：先存储在内存中，内存不够的话存储在磁盘中。

其中 cache 方法等同于调用 persist() 的 MEMORY_ONLY 方法。

在画像标签开发中，一般从 Hive 中读取数据，然后将需要做中间处理的 DataFrame 注册成缓存表。

这里介绍一个开发画像标签时缓存中间数据的案例。

执行如下代码：

```
// 读取原数据 下单用户
val peopleRDD = spark.sparkContext.textFile("C:\\Users\\king\\Desktop\\practice\\cookiesession")
  .map(_.split(","))          // RDD[Array[String]]
  .map( row => Row(row(0),row(1),row(2),row(3),row(4)))     // RDD[Row]
```

```
peopleRDD.persist(StorageLevel.MEMORY_ONLY)
peopleRDD.createOrReplaceTempView("user_base_info")
```

这里将读取的用户数据缓存在内存中并注册为一张视图。后续直接从视图中读取对应用户数据。在该 Spark 任务执行完成后，释放内存，不需要清除该缓存数据。

## 5.4 开发中间表

在用户画像迭代开发的过程中，初期开发完标签后，通过对标签加工作业的血缘图整理，可以找到使用相同数据源的标签，对这部分标签，可以通过加工中间表缩减每日画像调度作业时间。

做中间层设计前需要明确几个重要的点：

1）这个中间层对应的业务场景、业务目标是什么？

2）业务方有了这份中间层数据以后可以进行哪些维度的分析，ETL 时有了这份中间层数据可以减少对哪些数据的重复开发计算？

3）这个业务场景分析中包含哪些分析维度和指标？

4）同时面向很多业务场景的中间层不一定是好的中间层。

在开发中间表前，首先需要梳理目前用户标签计算时依赖的上游数据仓库的表（如图 5-5 所示）和标签的血缘依赖（如图 5-6 所示）。

| DW | ODS | DM | DIM | DWS |
|---|---|---|---|---|
| cookie_dau_behavior | appflyer_install_log_append | cs_process_bonus_send_relation | channel_info_all | dw_user_addr |
| cookie_dau_goods_relation | event_addtobag_log_append | customer_service_category | area_info_all | responsys_hardbounce_data_all |
| cookie_dau_visit | page_event_log_append | goods_site_relation | source_info_all | responsys_sms_delivered |
| cookie_goods_log_d | event_order_log_append | order_compensate | support_ticket_category_all | who_order_user_info |
| cookie_user_relation | flume_apppush_log | order_discount_detail | user_basic_info_all | who_users |
| cookie_user_visit | page_view_log_append | order_shipping_tracking | | |
| consult_order | emailsys_open_append | order_user_info | | |
| order_fact | message_sent_append | order_user_info_history | | |
| order_goods_fact | push_delivered_append | promote_cart_info | | |
| order_shipping_tracking_node | | special_sell_price | | |
| order_sub_order_fact | | user_element | | |
| user_base_info | | user_grade_eliminate_order | | |
| user_consume_info | | returned_goods | | |
| user_visit_info | | returned_order_info | | |
| outbound_user_recall | | sale_returned_order_goods | | |
| cookie_user_device_visit | | sale_returned_order_info | | |

图 5-5 用户标签依赖上游数据仓库的表（示例表名）

| 标签id | 标签名称 | 标签主题 | 一级标签 | 来源表 | 维度 | ETL时间 |
|---|---|---|---|---|---|---|
| ATTRITUBE_U_01_001 | 男 | 人口属性 | 自然性别 | dw.xxxxxxxx<br>dim.xxxxxxx | userid | 5分半 |
| ATTRITUBE_U_01_002 | 女 | 人口属性 | 自然性别 | dwd.xxxxxxx | | |
| ATTRITUBE_U_04_001 | 年龄段 | 人口属性 | 年龄 | dw.xxxxxxxx<br>dim.xxxxxxx | userid | 4分钟 |
| ATTRITUBE_U_05_001 | 邮箱 | 人口属性 | 联系方式 | dw.xxxxx | userid | |
| ATTRITUBE_U_08_001 | 黄金会员 | 人口属性 | 会员类型 | dw.xxxxx | | 5分半 |
| ATTRITUBE_U_08_002 | 钻石会员 | 人口属性 | 会员类型 | | | |
| ACTION_U_01_001 | 购买过 | 行为属性 | 历史购买状态 | dw.xxxxxxxx<br>dim.xxxxxxx | userid | 6分半 |
| ACTION_U_01_002 | 未购买过 | 行为属性 | 历史购买状态 | | | |
| ACTION_U_08_001 | 安装距今天数 | 行为属性 | 安装时间 | dwd.xxxxxxx | userid | 3分半 |
| ACTION_C_02_001 | 近xx日搜索次数 | 行为属性 | 近xx日行为 | | | |
| ACTION_C_02_002 | 近xx日收藏次数 | 行为属性 | 近xx日行为 | ods.xxxxxxxxx<br>dw.xxxxxxxxx | cookieid | 15分钟 |
| ACTION_C_02_003 | 近xx日加购物车次数 | 行为属性 | 近xx日行为 | | | |
| ACTION_C_02_004 | 近xx日加购物车金额 | 用户行为 | 近xx日行为 | | | |
| ACTION_C_02_005 | 近xx日客单价 | 用户行为 | 近xx日行为 | | | |

图 5-6 用户标签血缘图梳理（示例表名）

例如在开发过程中，可以在 dwd 层的日分区存放当天日期对应的订单，而 dws 层作为服务层，其日分区用于存放当天日期对应的全量数据。这样，在日常调度计算的过程中，可避免在 dwd 层重复计算历史数据，只需计算当天的新增数据，既节省了 ETL 时间，也不会影响服务层的数据。

通过对用户标签的血缘图进行梳理，找到共同依赖的上游数据。

## 5.5 本章小结

之前在笔者的项目开发过程中，ETL 调度时间过长是一个较难解决的"瓶颈"，每天的调度在跑完计算标签、标签校验预警、计算人群、人群校验预警、同步到服务层等环节后往往需要几个小时，最后提供到服务层数据时也比较晚了。在这个过程中为了减少调度时间，我们也做了很多尝试，包括对一些 Hive 表设计多个分区，并行跑任务插入数据；对一些执行时间过长的脚本进行调优；梳理数据血缘开发中间层表，对一些常见的公共数据直接从中间层表获取数据，减少数据的重复开发计算等。在经过多次迭代后也取得了不错的效果，将整体调度时间压缩了 1/3，可以满足每天及时将画像数据输出到服务层的需要。

本章介绍了画像系统在数据开发中可能遇到的需要调优的场景。通过对数据倾斜、合并小文件、缓存中间数据、开发中间表几个常见问题的处理，可以优化 ETL 作业流程，减少调度的整体时间。

Chapter 6 第 6 章

# 作业流程调度

在开发完每一个画像标签对应的脚本后,需要将该脚本提上调度流,每天定时作业刷昨天产生的新标签。

在开发迭代的过程中,开发初期会使用 crontab 命令调度开发任务定时执行,但随着调度任务规模的增加,使用 Kettle、Airflow 这样的工具替代 crontab 做定时调度会提高集群工作效率。一方面可以帮助厘清任务之间的依赖关系,另一方面当调度出现异常时可快速定位出现问题的位置。

## 6.1 crontab 命令调度

画像开发的初期阶段,为了数据尽快上线迭代,对于标签调度作业规范化的要求或许会放在次要位置。在这一阶段中,通过 Shell 脚本、Python 脚本和 crontab 调度命令即可完成简单的 ETL 任务。

下面通过一个案例来看这种 ETL 的实现方式,如图 6-1 所示。

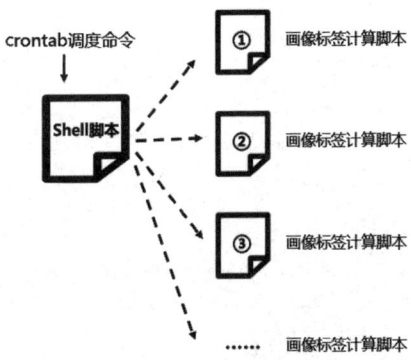

图 6-1　crontab 调度作业流程

通过 crontab 命令每天 7 点定时调起 workflow_work.sh 脚本。

```
00 07 * * * /usr/bin/sh /home/userprofile/userprofile_workflow.sh >> /home/
userprofile/ crontablog/log_`date +\%Y\%m\%d`.log 2>&1 &
```

在 workflow_work.sh 脚本中配置好环境变量后，调起 Python 脚本 main_workflow 执行。代码示例如下：

```
#!/bin/sh
export SPARK_HOME=/usr/local/spark-2.1.1-bin-hadoop2.6
export JAVA_HOME=/usr/local/jdk1.8.0_162/
export PATH=$JAVA_HOME/bin:$PATH
/usr/bin/python /home/userprofile/work/main_workflow.py
```

在 main_workflow 脚本中，分别提交 Spark 任务去执行画像标签的计算脚本。代码示例如下：

```
#!/usr/bin/env python
# -*- coding: utf-8 -*-
import sys
import datetime
import os

if len(sys.argv) < 2:
    today = datetime.datetime.today()
    oneday = datetime.timedelta(days=1)
    yesterday = today - oneday
    datestr = yesterday.strftime("%Y%m%d")
```

```
else:
    datestr= sys.argv[1]
os.system("export PYTHONIOENCODING=utf8")
os.system("export SPARK_HOME=/usr/local/spark-2.1.1-bin-hadoop2.6")
os.system("export JAVA_HOME=/usr/local/jdk1.8.0_162/")
os.system("export PATH=$JAVA_HOME/bin:$PATH")

# 分别提交Spark任务，执行画像标签计算脚本
os.system("spark-submit  --master yarn --deploy-mode client  --driver-memory
1g  --executor-memory 8g --executor-cores 2 --num-executors 50 userprofile_
cookieid_gender.py " + datestr)
os.system("spark-submit  --master yarn --deploy-mode client  --driver-memory
1g  --executor-memory 4g --executor-cores 2 --num-executors 50 userprofile_
cookieid_country.py " + datestr)
……
```

## 6.2　Airflow 工作平台

Airflow 是 Airbnb 内部发起的一个工作流管理平台，如图 6-2 所示。使用 Python 编写实现的任务管理、调度、监控工作流平台。Airflow 的调度依赖于 crontab 命令，与 crontab 相比，Airflow 可以方便地查看任务的执行状况（执行是否成功、执行时间、执行依赖等），可追踪任务历史执行情况，任务执行失败时可以收到邮件通知、查看错误日志。对于管理调度任务有很大的帮助。

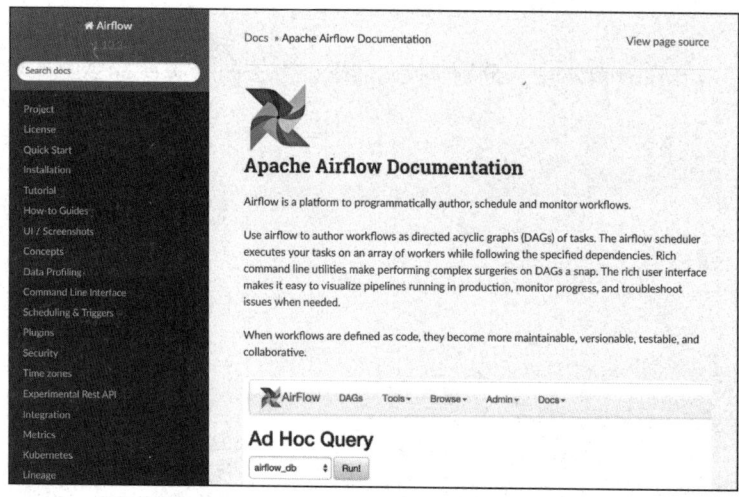

图 6-2　Airflow 官网首页（截图 Airflow 官网）

crontab 命令管理调度的方式总结来看存在以下几个方面的弊端：

1）在多任务调度执行的情况下，难以厘清任务间的依赖关系；

2）不便于查看当前执行到哪一个任务；

3）不便于查看调度流下每个任务执行的起止消耗时间，而这对于优化 task 作业是非常重要的；

4）不便于记录历史调度任务的执行情况，而这对于优化作业和排查错误是非常重要的；

5）执行任务失败时不便于查看执行日志，不方便定位报错的任务和接收错误告警邮件。

Airflow 的官方文档地址是 http://airflow.apache.org/index.html，想使用 Airflow 管理调度任务的读者可反复研读官网文章，深入了解 Airflow。

下面介绍在工程开发中如何去应用 Airflow。

### 6.2.1 基础概念

在介绍 Airflow 这个调度工具前先介绍几个相关的基础概念。

- DAG（Directed Acyclic Graph，有向无环图）：用于描述数据流的计算过程。
- Operators：描述了 DAG 中一个具体的 task 要执行的任务，如 BashOperator 为执行一条 bash 命令，EmailOperator 用于发送邮件，HTTPOperator 用于发送 HTTP 请求，PythonOperator 用于调用任意的 Python 函数。
- Task：是 Operator 的一个实例，也就是 DAG 中的一个节点。
- Task Instance：记录 task 的一次运行。Task Instance 有自己的状态，包括"running""success""failed""skipped""up for retry"等。
- Triggher Rules：指 task 的触发条件。

在图 6-3 中，每一个节点可视为一个 task，每个 task 用于执行一条任务，比如执行某个表的 ETL 加工。这些 task 调度任务按执行顺序的先后连接起来形成一个有向无环图。

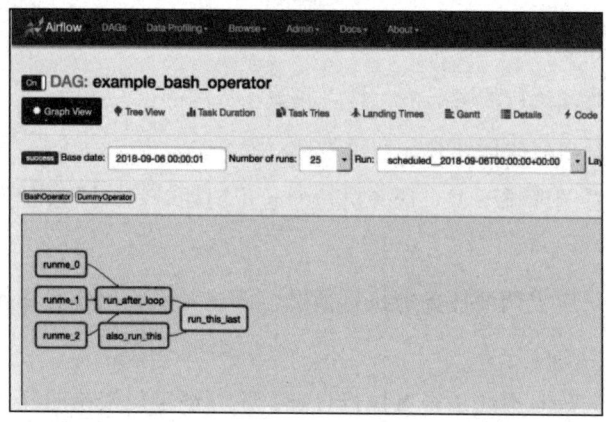

图 6-3　某调度 DAG 中 task 之间的依赖示意图（截图选自 Airflow 官网）

## 6.2.2　Airflow 服务构成

一个正常运行的 Airflow 系统一般由以下几个服务构成。

### 1. WebServer

Airflow 提供了一个可视化的 Web 界面，启动 WebServer 后，可以在 Web 界面上查看定义好的 DAG 并监控及改变其运行状况。也可以在 Web 界面中对一些变量进行配置。

### 2. Worker（Celery 模式）

一般地，我们使用 Celery Worker 来执行具体作业。Worker 可以部署在多台机器上，并可以分别设置接收的队列。当接收的队列中有作业任务时，Worker 就会接收这个作业任务并开始执行。Airflow 会自动在每个部署 Worker 的机器上同时部署一个 Server Logs 服务，这样就可以在 Web 界面上方便地查看分布在不同机器上的日志了。

### 3. Scheduler

整个 Airflow 的调度由 Scheduler 负责发起，每隔一段时间 Scheduler 就会检查所有定义完成的 DAG 和定义在其中的作业，如果有符合运行条件的作业，Scheduler 就会发起相应的作业任务以供 Worker 接收。

**4. Flower（Celery 模式）**

Flower 提供了一个可视化界面用于监控所有 Celery Worker 的运行状况。

### 6.2.3 Airflow 安装

Airflow 的安装很简单，如图 6-4 所示，在命令下输入"pip install airflow"即可完成 Airflow 的下载和安装。

图 6-4　Airflow 安装

安装完成后，输入 airflow webserver 命令启动 Airflow 的 Web 端服务。

### 6.2.4 主要模块功能

通过 Airflow 的管理界面，可以了解其主要覆盖的功能模块。下面介绍 Airflow 主要覆盖的功能模块，这些模块在 Airflow 官网上有详细介绍：http://airflow.incubator.apache.org。

**1. DAG 任务列表**

首页中的 DAG 模块可以查看当前 DAG 的任务列表，包括当前有哪些 DAG 调度任务、哪些任务运行成功、哪些任务运行失败、哪些任务正在运行中。如图 6-5 所示，从图中可看到当前有 3 个 DAG 调度任务，任务所有者（Owner）为 airflow，在 Task by

State 中可查看当前各任务的调度状态。

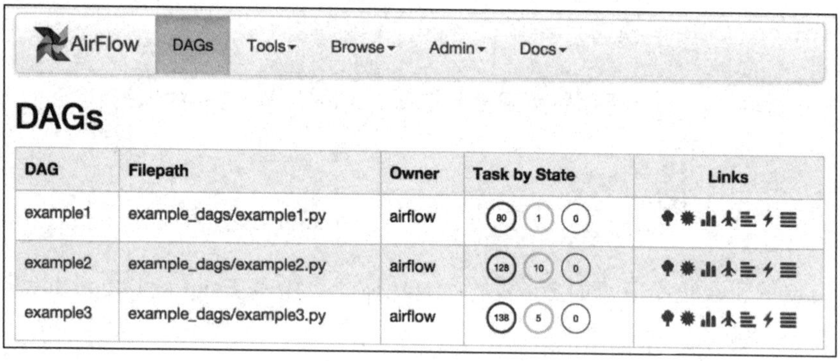

图 6-5　DAG 任务列表（截自 Airflow 官网）

## 2. DAG 调度状态图

在 Tree View 模块（如图 6-6 所示）可以查看当前 DAG 每个 task 任务的调度状态，是执行成功、正在执行、执行失败还是等待执行等，便于快速定位到执行失败的任务，重新调启执行。

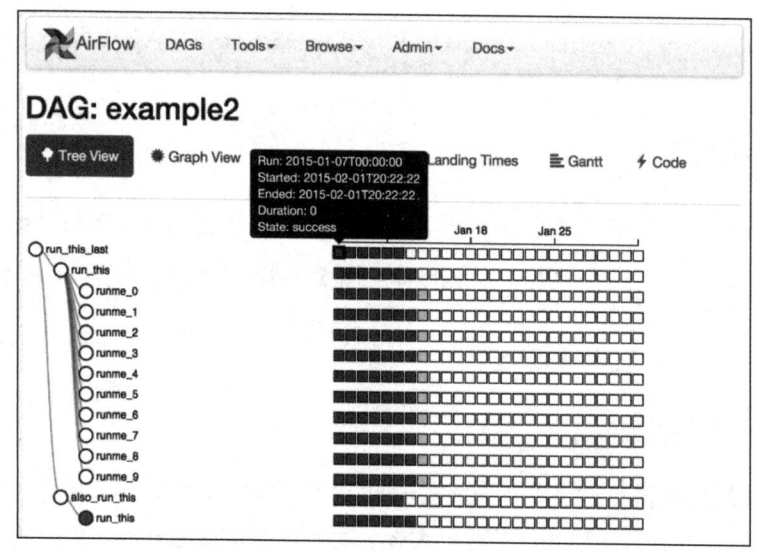

图 6-6　DAG 调度状态图（截自 Airflow 官网）

## 3. DAG 有向无环图

在 Graph View 模块（如图 6-7 所示）可以看到当前 DAG 中各 task 任务之间的依赖关系，以及各任务的执行状态。

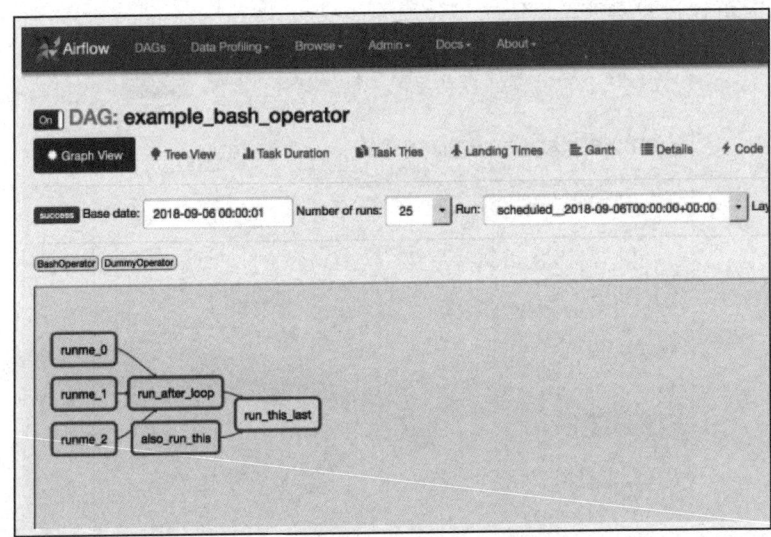

图 6-7　DAG 调度有向无环图（截自 Airflow 官网）

## 4. 甘特图

在 Gantt 模块（如图 6-8 所示）中可以查看 DAG 调度的甘特图，通过甘特图可以查看每个 task 调度任务的起止时间、持续时长。方便查找到调度时间长的 task 任务，以便后续进行优化。

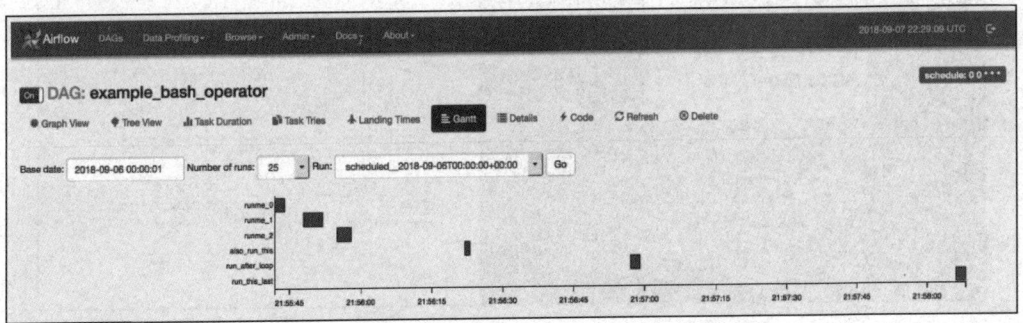

图 6-8　DAG 调度甘特图（截自 Airflow 官网）

### 5. DAG 执行脚本

在 Code 模块（如图 6-9 所示）中可以查看当前 DAG 任务的执行脚本，包括任务的起始调度时间、调度失败后重试机制、各 task 任务之间的依赖关系等。当某个 task 执行出现问题时可通过查看该调度脚本定位原因。

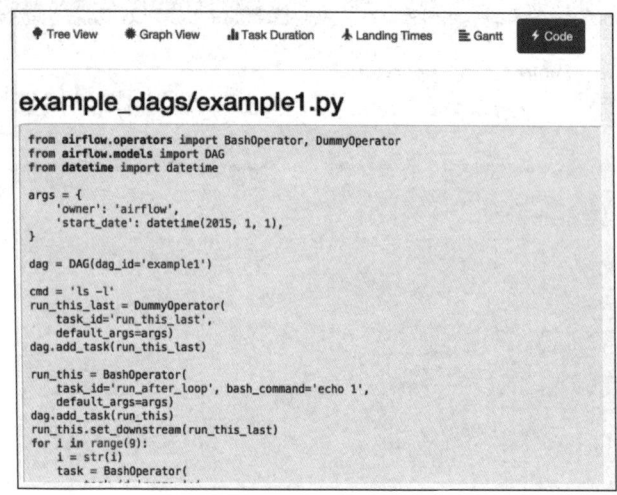

图 6-9　DAG 调度执行脚本（截自 Airflow 官网）

### 6. 执行日志

当某个 task 执行失败时，点击该 task 任务，在弹出的选择框中选中 "View Log" 可查看该任务的执行日志，如图 6-10 所示。

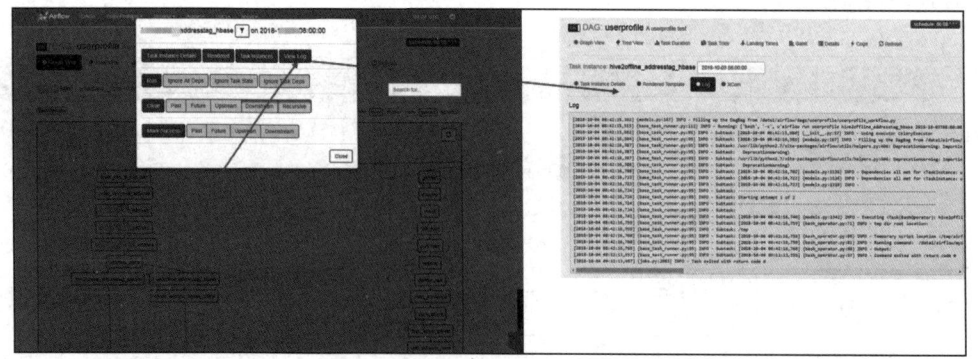

图 6-10　查看 task 执行日志

## 6.2.5 工作流调度

Airflow 的工作流设计是有向无环图（DAG），如图 6-11 所示，在编写工作流时，需要考虑如何将任务划分为多个可独立执行的任务，然后将这些任务合并为一个逻辑整体，从而实现任务调度的结果。

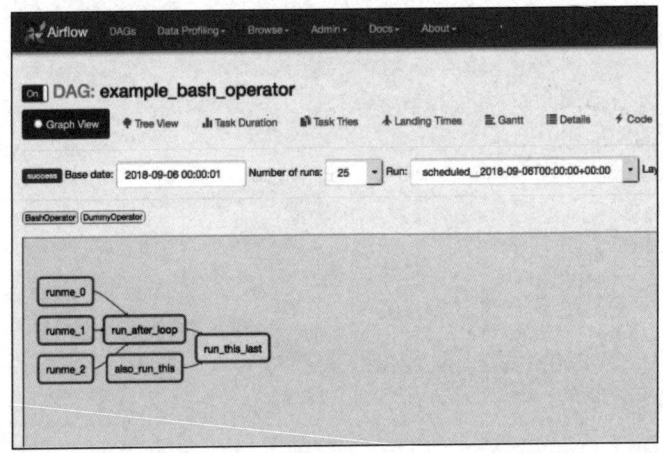

图 6-11　DAG 有向无环图示例（截自 Airflow 官网）

Airflow 中 DAG 文件的功能类似于定时任务开启的 Shell 脚本，负责管理定时任务中每一个子任务（task）的调度依赖。

画像系统中的调度流是先执行标签计算任务，跑完后校验标签数据，如果数据校验无误则发送邮件，向后继续执行人群计算任务，否则发送失败邮件，任务暂停。在人群计算完成并通过校验后将数据同步到业务系统中。过程中任一环节没有通过监控校验都会暂停任务，待开发人员处理并保证数据通过校验后开启后面的调度环节。过程中详细的调度环节见 6.2.8 节所述内容。

## 6.2.6　脚本实例

在 Airflow 中，简单地说，task 脚本是需要被一个个调起执行的脚本，DAG 脚本是管理 task 脚本执行顺序、执行触发条件的。在 Airflow 调度开发中主要需要维护的是 DAG 脚本。下面通过一个具体的例子来了解。

```python
from airflow.operators.bash_operator import BashOperator
import airflow
from airflow.models import DAG
from airflow import operators
from airflow.contrib.hooks import SSHHook
from airflow.models import BaseOperator
from airflow.contrib.operators import SSHExecuteOperator
from airflow.operators.latest_only_operator import LatestOnlyOperator
import os
import sys
from datetime import timedelta,date,datetime
import pendulum
from airflow.utils.trigger_rule import TriggerRule

default_args = {
    'owner': 'userprofile',
    'depends_on_past': False,
    'start_date': datetime(2018, 12, 01),
    'email': ['administer@testemail.com'],
    'email_on_failure': True ,
    'email_on_retry': True,
    'retries': 1,
    'retry_delay': timedelta(minutes=1),
}
os.environ['SPARK_HOME'] = '/usr/local/spark-2.1.1-bin-hadoop2.6'
sys.path.Append(os.path.join(os.environ['SPARK_HOME'], 'bin'))

dag = DAG(
    'userprofile_dag',
    default_args=default_args,
    description='A userprofile test',
    schedule_interval='00 07  * * *')
```

在该脚本中，首先定义了需要引入的依赖包，定义了默认的参数配置及 DAG 参数和调度时间。其中 default_args 的默认配置中主要定义了如下参数。

- ❏ depends_on_past：是否依赖上游任务，即上一个调度任务执行失败时，是否执行该任务。可选项包括 True 和 False，False 表示当前执行脚本不依赖上游执行任务是否成功；
- ❏ start_date：表示首次任务的执行日期；
- ❏ email：设定当任务执行失败时，用于接收失败报警邮件的邮箱地址；

- email_on_failure：当任务执行失败时，是否发送邮件。可选项包括 True 和 False，True 表示失败时将发送邮件；
- retries：表示执行失败时是否重新调起任务执行，1 表示会重新调起；
- retry_delay：表示重新调起执行任务的时间间隔。

在 DAG 的定义中，除了引入上述的默认配置（default_args=default_args）外，还定义了该 DAG 脚本的 dag_id 为 userprofile_dag，定时调度时间为每天早上 7 点。

中间两行参数为配置脚本运行的环境变量。

```
userlabel_task1= BashOperator(
    task_id='userlabel_task1',
    bash_command='spark-submit  --master yarn --deploy-mode client --driver-memory 4g  --executor-memory 8g --executor-cores 2 --num-executors 100 userlabel_execute1.py  {{ ds_nodash }} ',
    dag=dag,
    trigger_rule=TriggerRule.ALL_DONE)

userlabel_task2 = BashOperator(
    task_id='userlabel_task2',
    bash_command='spark-submit   --master yarn --deploy-mode client --driver-memory 4g   --executor-memory 8g --executor-cores 2 --num-executors 100 userlabel_execute2.py  {{ ds_nodash }} ',
    dag=dag,
trigger_rule=TriggerRule.ALL_DONE)

…  # 配置相应用户画像标签脚本的task，这里省略

airflow_run >> userlabel_task1 >> userlabel_task2 >> userlabel_task3
airflow_run >> userlabel_task4 >> userlabel_task5 >> userlabel_task6
```

上面这段脚本中引入了需要执行的 task_id，并对 DAG 进行了实例化。其中对 userlabel_task1 这个 task_id 来说，里面的 bash_command 参数对应具体执行这个 task 任务的脚本，可理解为 Linux 下提交的 shell 命令。userlabel_execute1.py 文件为执行加工用户订单量对应的脚本。Trigger_rule 参数为该 task 任务执行的触发条件，官方文档里面该触发条件有 5 种状态，一般常用的为"ALL_DONE"和"ALL_SUCCESS"两种。其中 ALL_DONE 为当上一个 task 执行完成时，该 task 即可执行，而 ALL_SUCCESS 为只有当上一个 task 执行成功时，该 task 才能调起执行，执行失败时，本

task 不执行任务。

"airflow_run>>userlabel_task1"命令为 task 脚本的调度顺序，在该命令中先执行"airflow_run"任务后执行"userlabel_task1"任务。

配置完成后，可以在 Airflow 的 Web 端管理界面的"Graph View"选项下看到上文配置的调度依赖流程图，如图 6-12 所示。

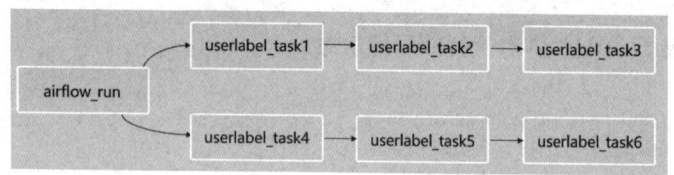

图 6-12　Airflow 下用户画像调度流图

### 6.2.7　常用命令行

Airflow 通过可视化界面的方式实现了调度管理的界面操作，但在测试脚本或界面操作失败的时候，可通过命令行的方式调起任务。下面介绍几个常用的命令。

- airflow list_tasks userprofile：该命令用于查看当前 DAG 任务下的所有 task 列表，其中 userprofile 是 DAG 名称。
- airflow test userprofile age_task 20180701：该命令用于测试 DAG 下面某个 task 是否能正常执行，其中 userprofile 是 DAG 名称，age_task 是其中一个 task 的名称。
- airflow backfill -s 2018-07-01 -e 2018-07-02 userprofile：该命令用于调起整个 DAG 脚本执行任务，其中 userprofile 是 DAG 名称，2018-07-01 是脚本执行的开始日期。

### 6.2.8　工程化调度方案

在工程实践中，对于用户画像每天的 ETL 调度工作，除了标签的调度，还包括同步数据到服务层、数据的监控预警（标签预警、同步到服务层的预警等）。下面详细介绍工程化调度中覆盖的模块，通过该调度方案可以把前面介绍的标签开发、同步数据到服务层、服务层调用数据等开发内容的知识点全部串联起来，使读者对用户画像整体方案有一个宏观上的认知。

从图 6-13 可以看出，用户画像工程的调度主要可划分为 2 个模块，包括在数据仓库进行的标签计算，以及数据写入服务层，下面详细进行介绍。

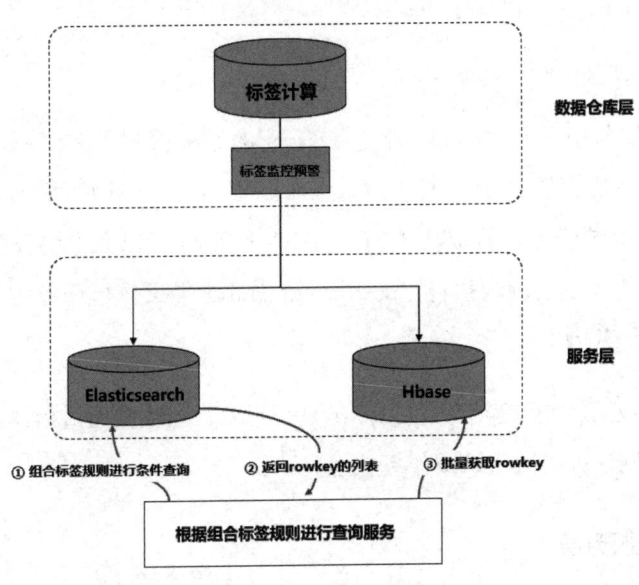

图 6-13　主要调度模块

### 1. 标签计算

标签计算主要用于每天通过 ETL 将标签打在用户身上，包括统计类标签、规则类标签、机器学习标签等。对应的 ETL 脚本执行作业过程中如果失败，Airflow 支持失败后重试。

脚本示例如下：

```
# 检查上游任务的task
airflow_start_run = BashOperator(
    task_id='airflow_start_run',
    retry_delay=timedelta(minutes=5),
```

```
    retries=10*12,
    bash_command='python /airflow/myscripts/userprofile/airflow_start_run.py',
dag=dag)

# 标签计算的task
userlabel_task1 = BashOperator(
    task_id='userlabel_task1',
    bash_command=' spark-submit --master yarn --deploy-mode client --driver-memory 1g  --executor-memory 2g --executor-cores 2 --num-executors 20  userlabel_task1.py   {{ ds_nodash }} ',
    dag=dag,
    trigger_rule=TriggerRule.ALL_SUCCESS)
```

从上面的脚本中可以看到检查上游任务的 task 失败后会每隔 5 分钟重试一次（retry_delay），最多重试 10×12 次（retries）。下面标签计算的 task 执行触发条件（trigger_rule）是上游任务执行成功（ALL_SUCCESS），所以在上游任务执行失败重试时，标签计算的任务不会调起执行。bash_command 是提交执行任务的命令，该命令中提交执行对应的任务脚本。

标签计算完成后，校验当天标签的产出是否正常，当校验通过后继续进行输出到服务层的任务，否则任务失败重试或任务挂起。

### 2. 数据写入服务层

在 ETL 任务执行到服务层时，将对应的标签数据写入服务层对应的数据库中。如对接本公司的营销平台，则将数据写入到 HBase、Elasticsearch 等数据库，或对接第三方营销平台，通过接口的方式将数据输出到第三方营销平台去。

### 3. 服务层调用

服务层通过接口方式调用符合业务需求的用户数据。下面举两个应用场景。

场景一：通过对存储在 HBase 中的用户数据在 Elasticsearch 中创建二级索引的方式，支持到组合标签筛选对应的用户，进而对其进行特定的营销动作。

场景二：通过传入用户 id 来查询该用户身上带有的标签信息，进而对其进行个性化的营销、服务等行为。

## 6.3 数据监控预警

相比 Hive，由于 MySQL 等关系型数据库对小量的数据读写速度较快，所以开发时考虑将数据的监控相关表维护在 MySQL 中。

数据监控预警整体来看涵盖下面几个主要模块。

- 标签监控预警：用于监控每个标签当日的 ETL 是否产生问题，当数据量超出正常范围时，发出报警邮件。
- 服务层数据监控预警：数据从数据仓库走出提供到服务层时，该过程中是否正常进行，一般通过对比数据仓库（Hive）中各业务线的数量和各业务系统（如 MySQL、Hbase、csv 文件等）中对应的业务线的数量进行监控。

下面详细介绍这两类监控预警的表结构设计和应用场景。

### 6.3.1 标签监控预警

标签监控预警主要用于保证每日用户标签加工的正常进行，当标签的数量或覆盖用户情况出现波动时会触发邮件报警，开发人员收到报警邮件后定位问题标签的原因并进行处理。

报警邮件的脚本扫描这张标签监控表当日数据，当标签当日的产出量与历史相比出现较大程度波动时，可触发告警提示。例如男性标签历史每天产出覆盖用户数量是 100 万，今天产出覆盖的用户是 120 万，可视为出现较大波动。

可设计如下监控表，监控每天的标签产出情况。

```
CREATE TABLE `userlabel_monitordata` (
  `id` int(11) NOT NULL AUTO_INCREMENT,
  `labelid` varchar(45) NOT NULL,
  `data_date` date NOT NULL,
  `label_num` int(11) NOT NULL,
  `label_wave` float DEFAULT NULL
  PRIMARY KEY (`id`)
) ENGINE=InnoDB
```

该监控表主要记录以下字段：

- labelid：标签 id。
- data_date：数据日期。
- lable_num：该标签覆盖的用户量。
- label_wave：该标签今日产出量与历史相比的波动情况。

图 6-14 是标签监控表示例数据。

```
+----+----------------+-----------+-----------+------------+
| id | labelid        | data_date | label_num | label_wave |
+----+----------------+-----------+-----------+------------+
| 1  | ACTION_U_02_001| 20190101  | 1000000   | 0.017      |
| 2  | ACTION_U_02_002| 20190101  | 1320000   | 0.015      |
| 3  | CONSUME_U_01_001| 20190101 | 15500000  | 0.02       |
| 4  | CONSUME_U_01_002| 20190101 | 16000000  | 0.034      |
| 5  | CONSUME_U_08_001| 20190101 | 250000    | 0.13       |
| 6  | ACTION_U_04_001| 20190101  | 1750000   | 0.06       |
| 7  | CONSUME_U_11_001| 20190101 | 1640000   | 0.24       |
| 8  | CONSUME_U_11_002| 20190101 | 238000    | 0.023      |
| 9  | ACTION_U_17_001| 20190101  | 1890000   | 0.035      |
+----+----------------+-----------+-----------+------------+
```

图 6-14　标签监控表示例数据

### 6.3.2　服务层预警

该监控主要用于保证服务层数据的稳定性和准确性，在数据从数据仓库走向服务层时需要对其进行监控，否则应用到各业务系统中会影响用户的感知或体验。如：当推送到服务层的数据存在问题时，App 推送给用户的弹窗或发送给用户的短信邮件等都会受到影响。所以在将数据推送到服务层前需要对其监控，当发现问题时，暂停推送到服务层，排查问题后再重新推送。

在设计服务层预警逻辑时，可开发一张监控表存储当日同步到服务层的数据量（service_count）与存储在 Hive 中的数据量（Hive_count），报警邮件的脚本扫描这张业务系统监控表当日数据，当数据存在较大的波动时，表明数据的同步可能出现了问题，此时触发邮件告警。

例如在广告业务系统的场景中，该系统通过 RESTful API 方式读取 HBase 中存储的数据，因此在做监控预警校验时，需要比对数据同步前 Hive 中该人群数据量及数据同步后 HBase 中存储的数据量。首先需要查询 Hive 和 HBase 中对应人群的数据量，示例代码如下（Python 代码）：

```
# 查询 Hive 数据量
r = os.popen("hive --hiveconf mapreduce.map.memory.mb=8192 --hiveconf mapreduce.reduce.memory.mb=16384 -S -e\"select count(1) from dw.userprofile_userlabel_map_all where data_date='"+datestr+"'\"")
Hive_count = r.read()
r.close()
print "Hive_result: " + str(Hive_count)

# HBase 查询 导入HBase 数据量
r = os.popen("source /etc/profile; HBase org.apache.hadoop.HBase.mapreduce.RowCounter 'userprofile_"+datestr+"' 2>&1 |grep ROWS")
HBase_count = r.read().strip()[5:]
r.close()
print "HBase result: " + str(HBase_count)
```

将上述查询到的数量结果写入"service_monitor"这张服务层的监控表中，示例脚本如下：

```
# 连接 DB,将查询结果插入表
db = MySQLdb.connect(host="xx.xx.xx.xx",port=3306,user="username", passwd="password", db="xxx", charset="utf8")
cursor = db.cursor()
cursor.execute("INSERT INTO service_monitor(date_date, service_type, Hive_count, HBase_count) VALUES('"+datestr_+"', 'advertisement', "+str(Hive_count)+","+str(HBase_count)+")")
db.commit()
```

图 6-15 是业务系统监控表示例数据。

```
+-----------+--------------+-------------+---------------+
| data_date | service_type | hive_count  | service_count |
+-----------+--------------+-------------+---------------+
| 20190101  | email_sys    | 500000      | 5000022       |
| 20190106  | sem_sys      | 1200000     | 1200008       |
| 20190106  | sem_sys      | 1100000     | 1100013       |
| 20190112  | advertise_sys| 48000       | 48000         |
| 20190113  | message_sys  | 49000       | 49020         |
| 20190113  | advertise_sys| 321000      | 321000        |
+-----------+--------------+-------------+---------------+
```

图 6-15 业务系统监控表示例数据

数据插入完成后通过检查这张服务层监控表的 Hive 数据量和同步后服务层的数据

量来判断同步数据是否正常，是否需要发送告警邮件。

## 6.4 ETL 异常排查

在画像标签每天 ETL 调度的过程中，难免会遇到调度失败的情况。作业失败时，短时间（小时级别）来看对于圈人服务、BI 透视分析来说暂停服务的影响还不算很大，但是对于线上实时推荐的业务来说就会带来用户体验较差、推荐准确性不足等关系到营收的重大影响。因此在调度失败时，快速定位作业失败的原因很关键。

关于调度失败的原因，总结下来，按照排查错误方向的优先级来说，主要包括以下几个方面。

### 1. 资源池内存不足导致作业失败

这是最常见的失败原因。当集群资源竞争严重时，画像标签的 ETL 调度很有可能受到影响，关于该种原因的排查，只需查看调度失败任务对应的执行日志文件即可。在日志文件中搜索"error"关键词可快速定位到报错原因的位置。

通常因内存不足而引起的作业失败，日志中会报出"java.lang.OutOfMemoryError"等错误类型。

### 2. 上游数据 ETL 延迟导致标签加工失败

出现该错误的原因可通过标签数据监控预警邮件发现。标签数据监控预警会报出当日哪些标签的数据量下降幅度超过合理范围。针对数据量下降异常的标签，查看该标签加工脚本依赖的上游表包括哪些，进一步查看上游表的 ETL 完成时间是否在标签脚本 ETL 时间之前。

例如：计算用户历史购买总金额的标签，是从上游的订单信息表中加工得来的。平时上游订单信息表的 ETL 完成时间在早上 8:00，计算用户历史购买总金额的标签的 ETL 时间在 8:30，某日订单信息表在 8:30 还未完成 ETL 作业，按照设定此时该标签已经开始了 ETL 任务，标签加工当然会失败。

如何定位是否为因上游数据 ETL 延迟而引起的失败，只需要判断画像标签的调度时间是否在上游数据当日 ETL 完成时间之后进行。例如，对于判断上游订单信息表 dw.order_fact 数据的当日 ETL 完成时间，可通过命令"hadoop fs -ls hdfs://data/user/hive/warehouse/dw/order_fact/data=20180701"查看，其中"hdfs://data/user/hive/warehouse/dw/order_fact"是订单信息表对应的 HDFS 文件位置，可通过 HiveQL 语句："show create table dw.order_fact"查看。

### 3. 上游数据 ETL 异常或失败导致标签加工失败

这种失败原因比第 2 条失败原因更难发现。当上游数据已经加工完毕，写表落仓后，即使在 HDFS 上查找上游文件的写入时间也不会发现问题。此时可通过横向对比该上游表近期每日的数据量来发现是否存在问题。

例如：对于按日期分区的订单信息表 dw.order_fact，可通过命令"select data_date, count(*) from dw.order_fact where data_date>='20180701' and data_date<='20180707' group by data_date"来看近几日的标签量是否存在较大的波动。当发现昨日数据量下降较多时，即很有可能是中上游数据加工异常导致的标签问题。

### 4. 标签脚本逻辑导致数据加工失败

这种情况也是可能引起错误的原因之一。标签上线前期 ETL 作业正常，但随着时间的推移，积攒的问题最终会爆发出来。这里举一个开发过程中遇到的问题来进行详解。

我们知道一个用户（userid）可能在多个设备上登录，同一个设备（cookieid）上可能登录过多个用户，即 userid 和 cookieid 为多对多关系。在某次开发需要从 cookieid 关联到 userid，获取 userid 的状态标签时，忽略了这两个维度之间的多对多关系，未加条件限制。初始化标签数据时，脚本执行后跑出"看似合乎逻辑"的数据。但 ETL 作业调度两天后，这种直接多对多关联的错误逻辑，引起了数据膨胀，造成作业执行失败。

因此，在排查问题时同样要检查开发标签的逻辑是否存在 BUG。

### 5. 线上业务变动导致原有标签加工逻辑失效

这种问题虽然不常见，但发生时也会引起标签数据的波动。

例如：通过正则表达式解析网页链接来获取用户访问页面对应的商品品类，在这种场景中，当线上业务变动时会导致原有的链接改变，而正则表达式是固定的，从而导致不能解析变动后的链接。

对于这种情况应尽量避免，需要运营方在上线新的链接前通知标签开发人员。

## 6.5 本章小结

如果说在数据开发日常工作中什么最重要，那一定就是维护调度流的稳定性了。数据稳定性有了保障，提供到服务层的数据的质量才有保障。本章介绍了如何使用开源 ETL 工具 Airflow 进行画像相关任务的调度工作及出现问题时的排查方法，通过数据预警机制保障每天的数据产出、提供的服务的可靠性。

第 7 章 Chapter 7

# 用户画像产品化

开发画像后的标签数据,如果只是"躺在"数据仓库中,并不能发挥更大的业务价值。只有将画像数据产品化后才能更便于业务方使用。在本章中,Web 端展示的数据都读取自 MySQL 这类的关系型数据库,MySQL 中存储的数据源自 Hive 加工后,通过 Sqoop 同步的结果集。

本章主要介绍用户画像产品化后主要可能涵盖到的功能模块,以及这些功能模块的应用场景。

## 7.1 即时查询

即时查询功能主要面向数据分析师。将用户画像相关的标签表、用户特征库相关的表开放出来供数据分析师查询。

回顾下 3.1 节的 Hive 存储的相关标签表,包括 userid 和 cookieid 两个维度。

- dw.userprofile_attritube_all:存储用户人口属性维度的标签。
- dw.userprofile_action_all:存储用户行为属性维度的标签。
- dw.userprofile_consume_all:存储用户消费商品维度的标签。

- dw.userprofile_riskmanage_all：存储风控维度的标签。
- dw.userprofile_social_all：存储社交维度的标签。
- dw.userprofile_cookielabel_map_all：对每个 cookieid 身上的标签做汇聚后输出。
- dw.userprofile_usergroup_labels_all：用户人群分组表。查询应用到业务系统下面，对应人群 id 里面的用户数据，在营销效果测试中有广泛应用。例如业务人员针对圈定的某人群进行短信营销，数据分析师在分析营销效果时，可以查询这张表中该人群 id 下面的用户 id 数据，进一步分析这批用户在后续的活跃和订单方面的表现。
- dw.cookie_feature_event_append：用户特征库表，存储用户每一天每一次行为带来的标签数据，可用于挖掘用户行为特征及偏好。

数据分析师在日常分析与用户相关维度的数据时，可查询相应表中的数据，这里通过两个案例来介绍。

对于存储 cookieid 维度数据的标签表 dw.userprofile_cookielabel_all，如果提取带有男性标签（id=ATTRITUBE_C_01_001）的用户群体以备后续应用，可使用如下查询语句：

```
select cookieid
from dw.userprofile_attribube_all
where data_date = '20190101'
  and labelid = 'ATTRITUBE_C_01_001'    # 分区的标签主题是性别
limit 10
```

在该查询中，限制查询的日期分区为当前日期前一天，查询标签 id 为男性用户。

查询结果如下：

```
cookieid
-------------------------------
07427323-40FB-46B8-8A3D-D67FBCE
5288bd21-a0f1-44a4-ab8f-a4a306e
73C7C634-E5FE-474C-80C0-5B158E3
ae81667b-04ec-428a-a2d1-4d2fdb4
07006ca2-a9bf-463a-828a-132f37b
D0BC25C4-EE11-41AD-94D0-801CA4C
b7387e3d-e96d-4e94-864c-de11b25
b775619a-192b-454e-990f-6c44b07
e598027d-5412-4e7b-84a2-1d59eeb
09e40e53-e9b0-424f-837f-c225b7e
```

对于存储 userid 维度的聚合标签的表 dw.userprofile_userlabel_map_all，如果已知一批用户的 id，可查询出该批用户身上带有的全量标签。

```
select userid,userlabels
  from dw.userprofile_userlabel_map_all
  where data_date = '20181201'
    and userid in ('44463729','4069220','20101029','54597979','19816511')
```

查询结果如下：

| userid | tagsmap | data_date | reserve |
| --- | --- | --- | --- |
| 30000591 | {"B220U102_001":"153","C120U033_6_006":"1","B220U025_001":"163","C120U033_6_003":"2"} | 20181220 | '' |
| 30000723 | {"D220U004_001":"0.6666666666666666","A221U024_004":"","B121U101_002":""} | 20181220 | '' |
| 30000761 | {"A121U013_006":"","A220U088_001":"","A220U091_001":"753"} | 20181220 | '' |
| 40000835 | {"A121U013_006":"","B121U031_002":"","A220U091_001":"753"} | 20181220 | '' |
| 50000989 | {"D220U004_001":"0.0","B220U072_001":"0.0","A221U024_004":"","B121U101_002":""} | 20181220 | '' |

关于用户特征库相关数据的查询和应用方式在 4.5 节中有详细介绍。面向数据分析师查询时，只需要开放出表结构及详细字段说明即可。

## 7.2 标签视图与标签查询

标签视图与标签查询功能主要是面向业务人员使用，如图 7-1 所示。

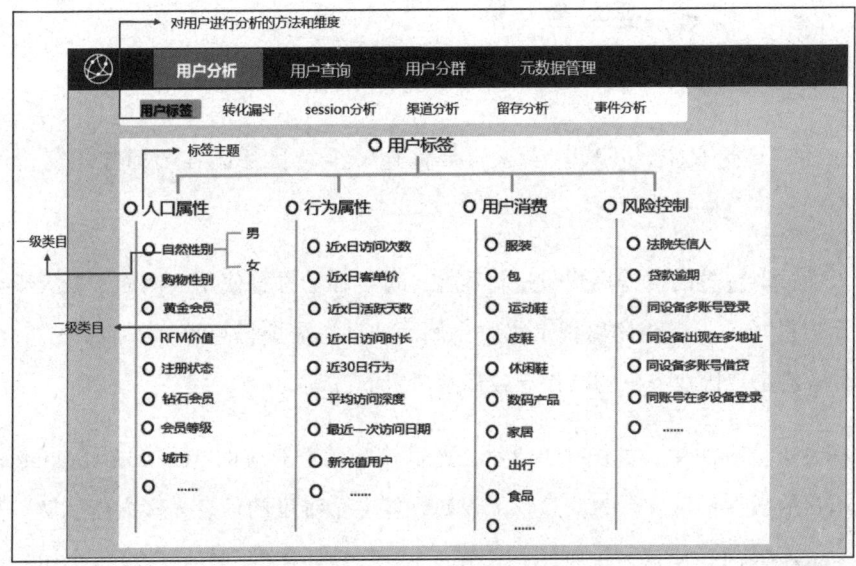

图 7-1 平台标签视图

在标签视图板块中，层级化地展示了目前已经上线使用的全部用户标签。用户可以层级化地通过点击标签，查看每个标签的详细介绍。

在图 7-1 中，当点击"用户属性"这个一级类目时，可进入到"自然性别""购物性别""用户价值"等二级类目，点击"自然性别"二级类目，可看到展开的"男性""女性"三级标签，进一步点击三级标签"男性"或是"女性"，可以查看该标签的详细介绍，如图 7-2 所示。

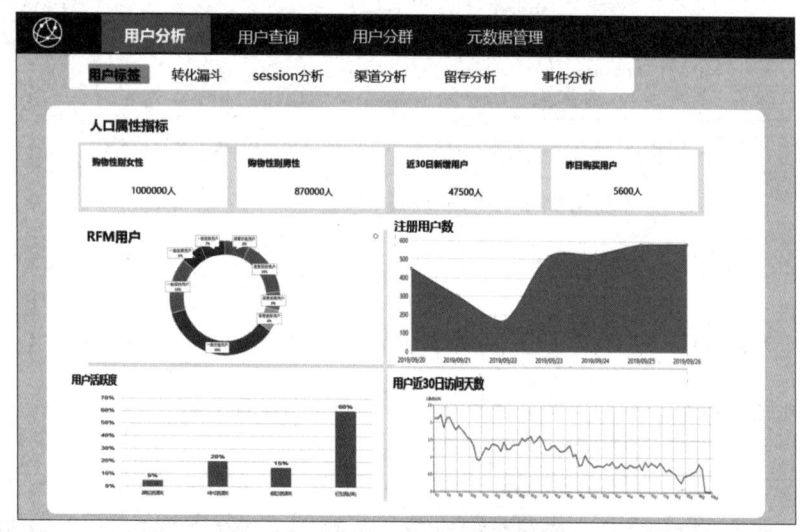

图 7-2　标签元数据视图

在该标签详情页中，可以查看人口属性这一个类目下面各个标签的覆盖用户量情况。

每天通过对标签的覆盖用户量进行监控，可以作为预警使用。例如：某天某个标签的覆盖用户量与前一天相比出现了很大比例的波动，需要排查该标签当日 ETL 作业是否出现异常或是否因业务上的操作导致标签量级的波动。

在标签查询模块中，如图 7-3 所示，通过输入用户对应的 userid 或 cookieid，可以查看该用户的属性信息、行为信息、风控属性等多个维度的信息，多方位了解一个用户的特征。关于如何存储这种数据结构，在 3.1.3 节中有介绍，即通过将每个用户对应的标签聚合成 map 字段格式，如｛'key1'：'value1'，'key2'：'value2'｝，进行存储。

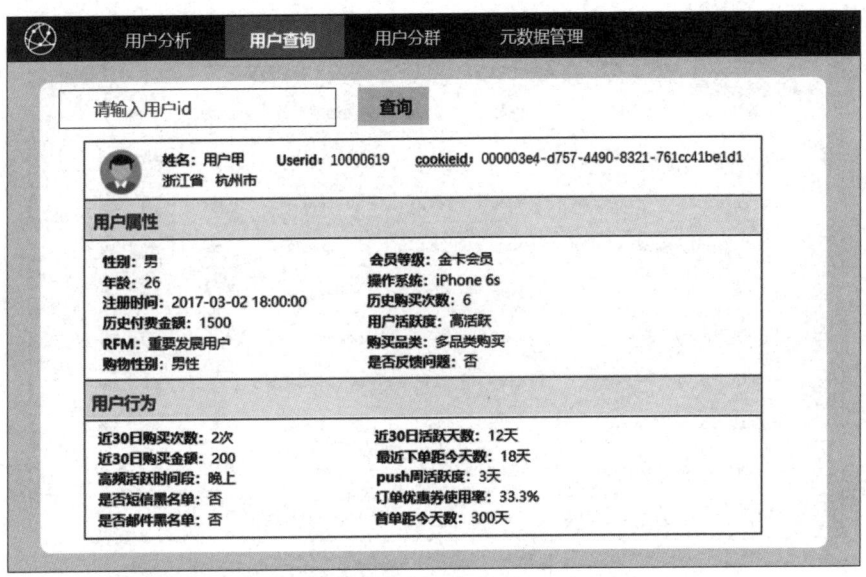

图 7-3　用户标签查询

## 7.3　元数据管理

标签编辑管理功能主要是面向数据开发人员。数据开发人员在开发完标签后，需要将标签录入元数据进行管理，如图 7-4 所示。

标签的编辑管理也即对标签做元数据管理，将在 Web 端编辑表单中填写的数据存储到 MySQL 等关系型数据库中。用户在该板块中点击"添加标签"按钮或对已添加的标签进行编辑操作，可设置该标签的元数据相关信息（如图 7-5 所示）。

可在该页面中编辑标签相关的元数据，包括标签 id、名称、开发人员、标签类型、标签描述、数据源等，方便业务人员在应用时理解该标签的业务意义以及其负责人员。对应的元数据信息维护在关系型数据库中，需要创建一些关键字段，如图 7-6 所示。通过 Navicat 等图形化操作界面可查看录入的元数据信息，如图 7-7 所示。

图 7-4　标签编辑管理 – 添加标签

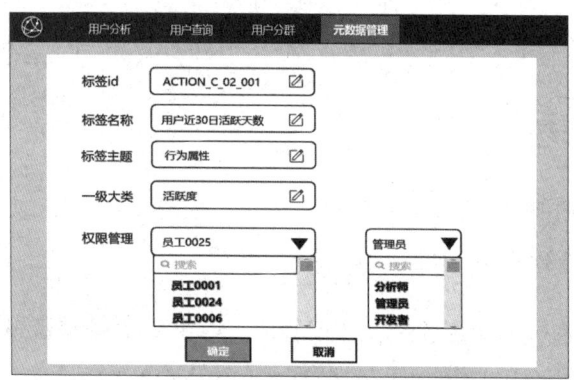

图 7-5　标签编辑管理 – 编辑元数据

```
CREATE TABLE `label_meta_data` (
  `labelid` varchar(45) NOT NULL,              标签id
  `labelname` varchar(45) DEFAULT NULL,        标签名称
  `label_theme` varchar(45) DEFAULT NULL,      标签主题
  `level_id` varchar(45) DEFAULT NULL,         一级主题id
  `level_name` varchar(45) DEFAULT NULL,       一级主题名称
  `develop_user` varchar(45) DEFAULT NULL,     开发人员
  `update_type` varchar(45) DEFAULT NULL,      更新周期
  `idtype` varchar(45) DEFAULT NULL,           标签分类
  `tagdesc` text                               标签口径
) ENGINE=InnoDB DEFAULT CHARSET=utf8;
```

图 7-6　标签元数据字段

| labelid | labelname | label_theme | level_id | level_name | develop_user | update_type | idtype | tagdesc |
|---|---|---|---|---|---|---|---|---|
| ATTRITUBE_U_01_001 | 男 | 人口属性 | 1 | 购物性别 | developerA | 日 | userid | |
| ATTRITUBE_U_01_002 | 女 | 人口属性 | 1 | 购物性别 | developerA | 日 | userid | |
| ATTRITUBE_U_08_001 | 重要价值用户 | 人口属性 | 8 | RFM分类 | developerA | 日 | userid | |
| ATTRITUBE_U_08_002 | 重要保持用户 | 人口属性 | 8 | RFM分类 | developerA | 日 | userid | |
| ATTRITUBE_U_08_003 | 重要发展用户 | 人口属性 | 8 | RFM分类 | developerA | 日 | userid | |
| ATTRITUBE_U_08_004 | 重要挽留用户 | 人口属性 | 8 | RFM分类 | developerA | 日 | userid | |
| ATTRITUBE_U_08_005 | 一般价值用户 | 人口属性 | 8 | RFM分类 | developerA | 日 | userid | |
| ATTRITUBE_U_08_006 | 一般保持用户 | 人口属性 | 8 | RFM分类 | developerA | 日 | userid | |
| ATTRITUBE_U_08_007 | 一般发展用户 | 人口属性 | 8 | RFM分类 | developerA | 日 | userid | |
| ATTRITUBE_U_08_008 | 一般挽留用户 | 人口属性 | 8 | RFM分类 | developerA | 日 | userid | |
| ACTION_U_02_006 | 近30天客单价 | 行为属性 | 2 | 近30天行为 | developerA | 日 | userid | |
| ACTION_U_02_001 | 近30天购买次数 | 行为属性 | 2 | 近30天行为 | developerB | 日 | userid | |
| ACTION_U_02_002 | 近30天购买金额 | 行为属性 | 2 | 近30天行为 | developerB | 日 | userid | |
| ACTION_U_02_003 | 近30天购物车次数 | 行为属性 | 2 | 近30天行为 | developerB | 日 | userid | |
| ACTION_U_02_004 | 近30天购物车放弃数 | 行为属性 | 2 | 近30天行为 | developerB | 日 | userid | |
| ACTION_U_02_005 | 近30天购物车提交商品数 | 行为属性 | 2 | 近30天行为 | developerB | 日 | userid | |
| ACTION_U_02_006 | 近30天客单价 | 行为属性 | 2 | 近30天行为 | developerB | 日 | userid | |

图 7-7　通过 Navicat 查看录入的标签元数据

## 7.4　用户分群功能

用户分群功能主要是面向业务人员使用。产品经理、运营、客服等业务人员在应用标签时，可能不仅仅只查看某一个标签对应的人群情况，更多地可能需要组合多个标签来满足其在业务上对人群的定义。例如：组合"近30日购买次数"大于3次和"高活跃""女性"用户这3个标签定义目标人群，查看该类人群覆盖的用户量，以及该部分人群的各维度特征。下面介绍产品上的实现方式。

在"用户分群"板块下，点击"新建人群"按钮或编辑之前已添加的分组（见图7-8），进入详情页可自定义涵盖某些标签的人群（如图7-9所示）。

图 7-8　用户自定义分群板块

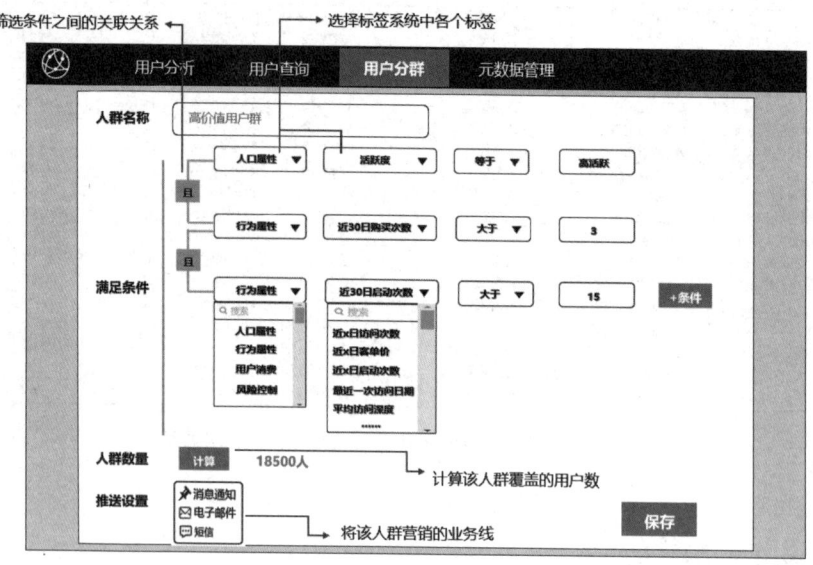

图 7-9 用户自定义分群编辑

在自定义编辑用户分群时,对于有统计类标签,可以自定义筛选该标签的取值范围,如图 7-9 中"近 30 日购买次数"标签,业务人员可筛选该标签的数值。对于分类型标签,如图 7-9 中的"活跃度"标签,业务人员选中该标签即可圈出包含该标签的用户。"人群名称"和"人群描述"表单用于业务人员描述该人群在业务上的定义,方便后续查看、应用该人群。下面详细介绍一下"人群减法"功能的应用点。

在 Web 产品端,业务方通过组合多个标签来透视分析人群、圈定人群,并选择推送到的业务系统;在跑 ETL 任务时,即图 7-9 中"数据计算层逻辑",首先需要从 MySQL 等关系数据库中读取业务方圈定的人群规则,即标签和标签的权重值,然后将标签规则组合成 SQL 语句,跑 Spark 任务将对应的人群计算出来,写入 Hive 中;在服务层应用时,即图 7-9 中"输出到服务端",根据不同的业务系统,分别执行对应的数据同步脚本,将上个过程中计算出来存储到 Hive 中的各人群数据同步到对应的业务系统中。

数据计算层面,实现用户人群功能的详细开发过程可见 4.8 节。

## 7.5 人群分析功能

人群分析功能主要是面向业务人员、数据分析师、产品经理等人群使用。

人群分析提供根据现有用户标签圈定用户群的功能，同时业务方可以从多个维度（如地域、性别、年龄、消费水平等）进一步分析该批用户群的特征，从而为精细化运营提供支持。和上一小节讲的用户人群功能相似，人群分析功能首先也需要组合标签圈定用户群体，不同之处在于多维透视分析功能支持从多个维度去分析圈定用户群体的特征，而用户分群功能侧重的是将筛选出来的用户群推送到各业务系统中，提供服务支持。

下面介绍人群分析功能和产品形态。首先和用户分群功能一样，需要组合标签筛选出目标用户群体（如图 7-10 所示）。

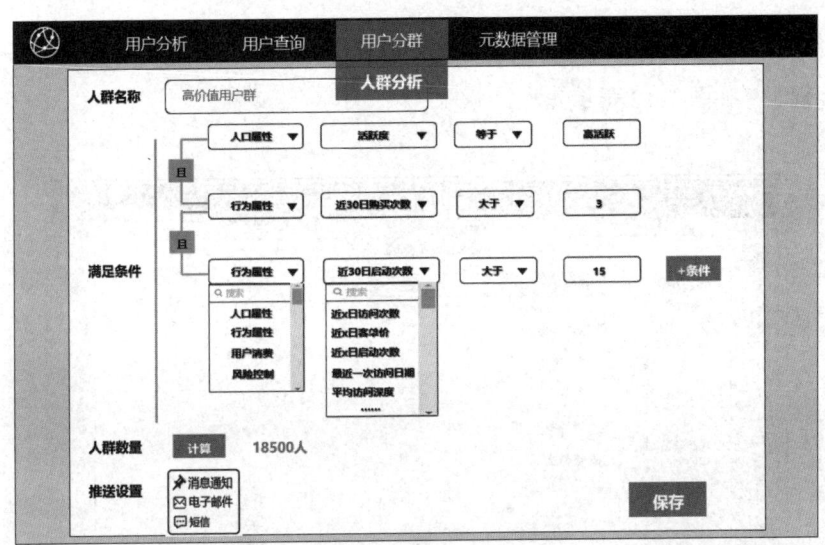

图 7-10　创建需要分析的人群

创建好目标用户群体后，在"对比维度"选择菜单中选择需要分析该批用户的维度（如图 7-11 所示），例如这里选择的是下单次数和活跃度。"对比维度"列表中的可选标签也是用户属性、用户行为栏目中已经构建的标签。

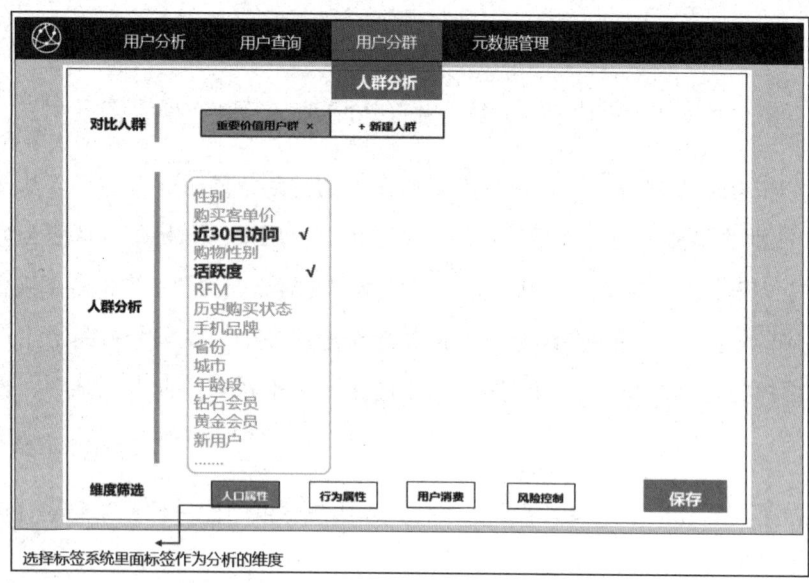

图 7-11　对目标人群选择需要分析的维度

选择好透视分析的维度，下面就可以看到刚才筛选出来的用户群在活跃度和下单次数上的表现了（如图 7-12 所示）。

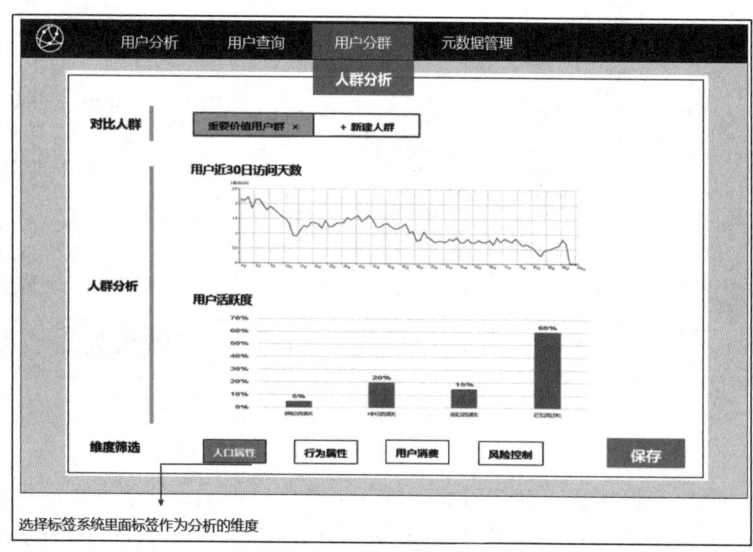

图 7-12　从多维度分析目标人群特征

除了能透视分析单个人群在多个维度上的特征，多维透视分析功能还可以支持同时分析多个人群在不同维度上的表现。业务人员根据不同业务规则同时创建两个人群，然后筛选对比维度，可以从多个维度上对比分析这两个人群的特征（如图 7-13 所示）。

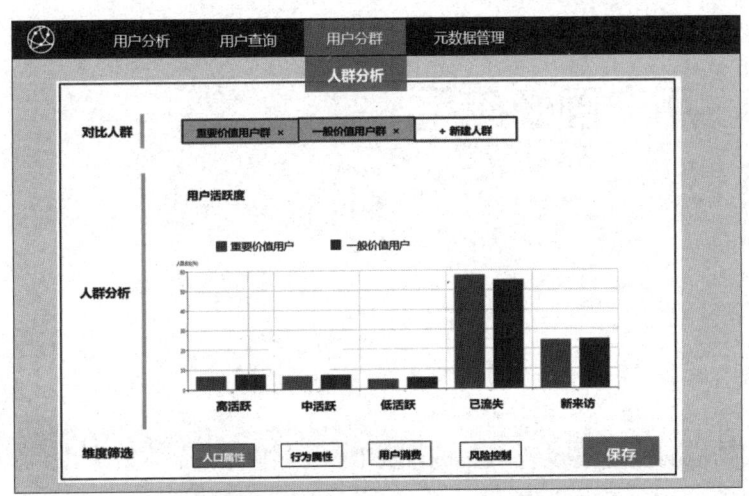

图 7-13　对比分析两个人群特征

## 7.6　本章小结

本章介绍了用户画像产品化主要涵盖的功能模块以及这些模块的应用场景。用户画像产品化是把数据应用到业务服务中的一个重要出口，业务人员熟知业务，但对数据不了解。通过这种产品可视化的方式，方便业务人员分析用户群特征，将分析后的用户群推送到对应业务系统中触达用户，更方便、快捷地将数据赋能到业务场景中去。本章通过对产品功能和形态的详细剖析，为数据产品、运营、客服等业务人员提供一种产品规划和标签应用于服务的解决方案。

# 第 8 章

# 用户画像应用

用户画像产品化后就成为业务人员分析用户、触达用户的有效工具，本章从经营分析、精准营销、个性化推荐等方面介绍用户画像的应用场景。

## 8.1 经营分析

画像系统可帮助业务人员从多个方面进行经营分析。

### 8.1.1 商品分析

借助用户画像，可以对商品的销量进行分析，比如说可以快速定位到爆款品类，进一步分析购买爆款品类的用户在各个维度上的特征。

如图 8-1 所示，运营人员可以直观地看出男装三级品类的销量情况，如本例中牛仔裤和夏季新款销量最高。当然，运营人员想进一步分析购买这两种三级品类的用户在其他维度上的特征（如年龄、职业、地域等）以便精准营销时，可以使用透视分析功能（详见 7.5 节）来分析该用户群在各个维度上的特征。

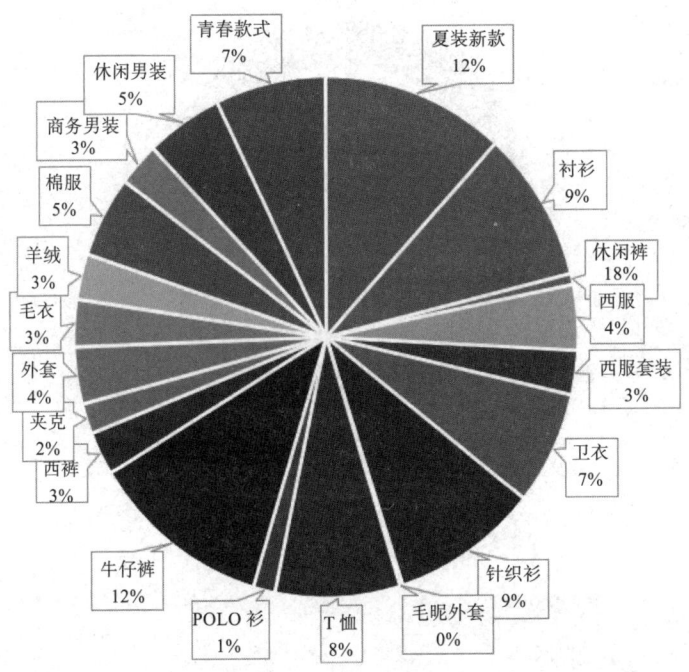

图 8-1 某男装三级品类日销量（示例数据）

## 8.1.2 用户分析

借助画像产品可以了解平台用户的性别、年龄、职业等各维度特征的用户量分布特征，如图 8-2、图 8-3、图 8-4 所示。

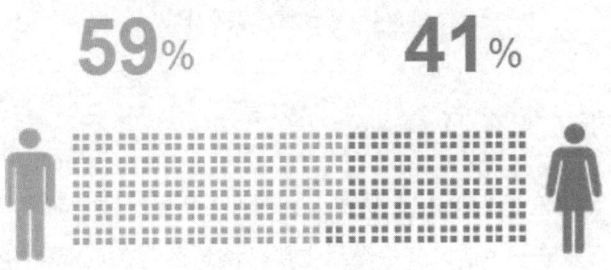

图 8-2 平台用户性别分布

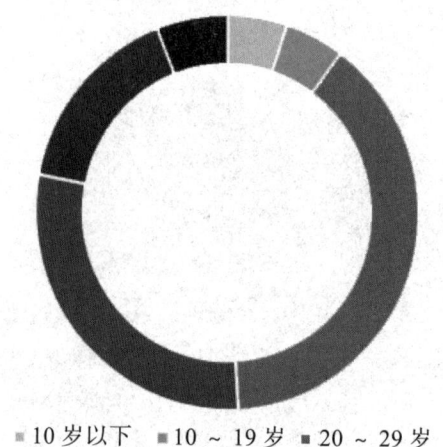

图 8-3 平台用户年龄分布

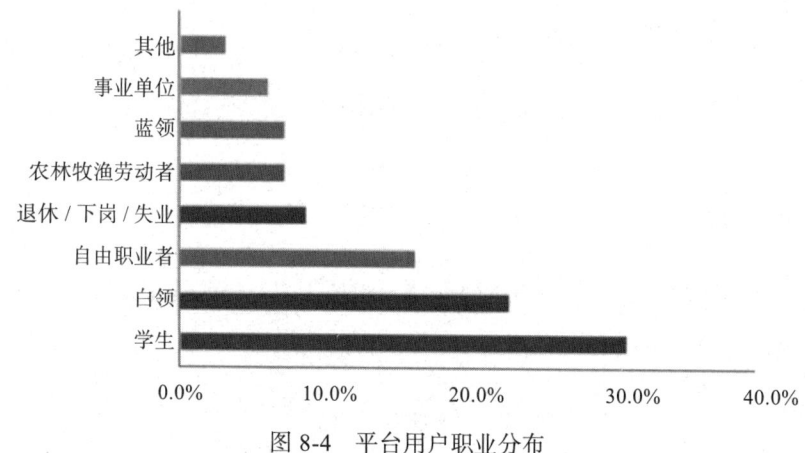

图 8-4 平台用户职业分布

## 8.1.3 渠道分析

根据增长黑客理论（AARRR）模型，如图 8-5 所示，将产品的营收路径拆分为激活—注册—留存—下单—传播，其中激活主要是流量运营在负责；用户运营会贯穿接下来的流程；内容运营主要负责生产优质的内容来提高用户的黏性，从而提高留存；主线运营主要负责主营业务的产品路径，优化转化节点，提高转化率。

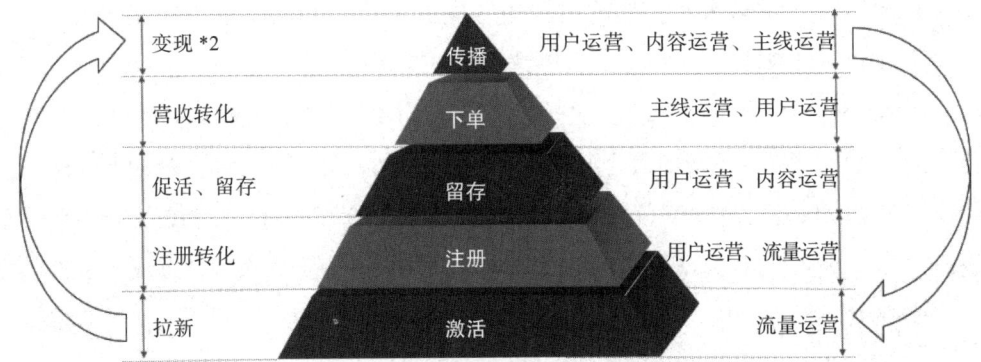

图 8-5　AARRR 模型及运营重点

下面对 AARRR 模型中各渠道的定义及运营方式进行详细讲解：

1）激活：这是流量来源的必经动作，只有有足够多的用户进入平台，才能对这些用户进行转化。而我们都知道，互联网新客的获客成本是比较高的，如果不清楚渠道的流量质量，很有可能既花了钱又没有获取到质量较好的用户。对于这一块，用户触达的基本分析就是对用户来源渠道进行分析，即本节要介绍的内容。在不依靠自然流量的情况下，哪些合作、投放渠道对我们的 App、Web 产品更合适。

2）注册：流量激活之后，如果用户只是点进来就走了，这个流量对产品并没有什么作用。只有通过高质量的内容、合适的产品功能契合用户的需求，用户才会有进一步了解产品的欲望，才会有转化的下一步操作——注册。因此通过渠道将用户引入平台还是远远不够的，需要进一步关注用户是否进一步注册转化，从注册流程上看是否存在需要优化的细节点。

3）留存：前面我们提过，新用户的获客成本是比较高的，因此不可能一味地花钱去获取新的流量，同时也需要维系老用户，让进来的用户能对产品形成依赖，产品能契合用户需求，让用户持续不断地来用我们的产品。因此提升留存一方面需要满足用户需求，另一方面需要优化用户体验。在优化过程中可通过用户分群、精细化运营、将精准内容推送给有特定需求的用户等手段来提高用户对产品的满意度。数据可以通过追踪用户行为来分析哪些行为可以促使用户持续访问产品、如何激发这些行为发生。并通过用户生命周期的研究，对沉默用户进行识别，让运营通过运营手段对这批用户进行唤醒；对流失用户进行标记，让运营通过推送、发放优惠等方式进行用户召回。

4）营收：用户是收入的前提。只有产品完全满足用户的需求，用户认同产品的价值，才会促使用户向付费转化。而要让产品持续稳定地运营下去，就需要通过一系列运营手段让新用户持续地向付费转化，让老用户持续付费。而用户运营的基础是对用户足够了解、足够熟悉，数据能做的是帮助运营了解用户的所有属性，让用户不断向营收进行转化。

5）传播：只有用户对产品高度认可及对产品功能高度依赖，才会愿意将产品分享或推荐给其他人。而在分享或推荐的过程中，又扩大了流量的来源，形成了良性的循环，最终源源不断的将用户往营收用户进行转化，达到价值翻倍的目的。

对于目标用户的渠道来源的分析尤为重要。

在画像应用中，可以分析目标人群的渠道来源，使得渠道投放的策略更有针对性。例如，业务人员使用画像系统组合标签圈定对某女装款式感兴趣的人群，在渠道维度进行透视，分析该批用户主要来自哪个渠道，然后有针对性地在该渠道投放该女装款式的广告。

图 8-6 所示为目标用户群在各渠道的占比示例。

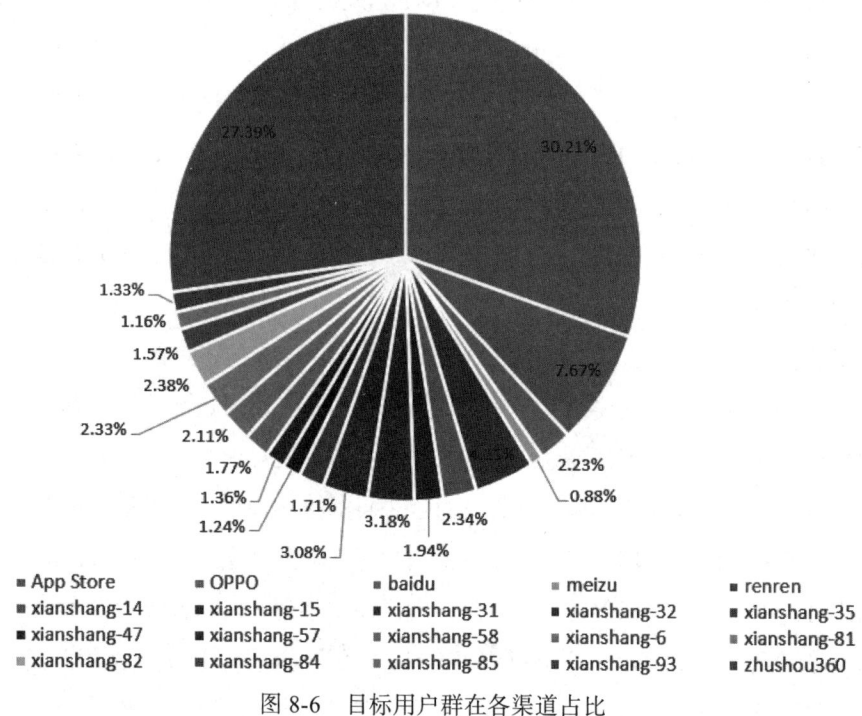

图 8-6　目标用户群在各渠道占比

一般地，在画像产品端可以通过搭建 BI 报表的方式进一步细化分析渠道的各维度表现。整合各渠道来源用户在平台上的访问、注册、订单量、GMV、留存率以及渠道投放费用等维度数据，评估不同渠道的质量好坏，以便业务人员对渠道的投放和策略有的放矢。

下面以表 8-1 所示的渠道分析维度为例进行分析。

1）用户活跃用于衡量渠道获取用户的能力和用户活跃水平，一般来说某几个主要的渠道即为该产品带来大量用户，其他渠道为该产品带来的用户量相对较小，呈长尾分布，在日报数据监控方面需要重点关注前几个主要的渠道。该类指标中主要关注 UV、日均 UV、日用户注册量、日均注册量等指标。其中日均的统计口径用于评价该渠道的整体水平，一般计算该指标的近 30 日均值。

2）对渠道用户质量的评价一般通过留存率来进行，主要指标包括次日留存率、7 日留存率、月留存率等。这几个指标的计算口径如下：

- 次日留存率 = 第一天新增的用户中第二天还登录的用户数 / 第一天新增用户总数；
- 七日留存率 = 第一天新增的用户中在往后的 7 天还有登录的用户数 / 第一天新增总用户数；
- 月留存率 = 第一天新增的用户中在往后的 30 天还有登录的用户数 / 第一天新增总用户数。

从我们关心的渠道用户留存率来看，一定是那些在平台上有过消费行为的用户才能算作留存用户，而这些留下来的用户的行为就变得很重要。我们需要了解留下来的这批用户做了什么，在哪些方面可以拉升留存率。在这方面可以使用运营手段，譬如活动运营和精准营销推送信息就是有针对性提高留存率的方式。

3）渠道收入用于评价从该渠道的盈利能力，主要从引入订单量、营收、下单的用户量、ARPU、用户复购率等角度衡量。其中复购率是指一定周期内购买 2 次或 2 次以上的用户比例。复购根据时间区间的不同可分为周、月、季、年复购率。某渠道用户的复购率越高，该渠道带来的用户的黏性越强。

表 8-1 渠道质量分析维度（示例数据）

| 渠道类型 | 渠道名称 | 结算情况 | | | | 整体效果（注册后 30 天） | | | | | | | | |
|---|---|---|---|---|---|---|---|---|---|---|---|---|---|---|
| | | 供应商名字 | 总激活中包含的付费激活 | 推广费用（元） | 激活数量 | 激活单价 | 注册数量 | 注册单价 | 付费用户数 | 付费用户单价 | 付费订单总数 | 付费订单金额 | 产出 VS 投入 | 7 日留存 | 访问深度 |
| iOS 市场 | A | XXXXXX | 62 701 | ¥144 212.30 | 253 259 | 0.57 | 39 946 | 3.61 | 3 847 | 37.49 | 6 269 | 208 814.69 | 144.797% | 39.739% | 88.53 |
| 安卓应用市场 | B | XXXXXX | 74 400（下载） | ¥99 904.58 | 64 324 | 1.55 | 10 326 | 9.68 | 609 | 164.05 | 907 | 22 828.01 | 22.850% | 17.182% | 43.83 |
| 安卓应用市场 | C | XXXXXX | 52 496（下载） | ¥23 062.79 | 18 725 | 1.23 | 3 866 | 5.97 | 317 | 72.75 | 504 | 16 730.16 | 72.542% | 24.951% | 64.85 |
| 安卓应用市场 | D | XXXXXX | 2 099（下载） | ¥6 186.64 | 7 379 | 0.84 | 1 858 | 3.33 | 117 | 52.88 | 189 | 4 336.35 | 70.092% | 31.224% | 100.95 |
| 安卓应用市场 | E | XXXXXX | 18 972 | ¥53 103.00 | 34 464 | 1.54 | 11 386 | 4.66 | 648 | 81.95 | 1 009 | 21 218.08 | 39.956% | 27.945% | 80.36 |
| 其他 | F | XXXXXX | 2 164（下载） | ¥3 345.90 | 1 242 | 2.69 | 451 | 7.42 | 36 | 92.94 | 61 | 2 808.2 | 83.930% | 46.055% | 125.23 |
| 其他 | G | XXXXXX | 83 | ¥166.00 | 78 | 2.13 | 7 | 23.71 | 0 | #DIV/0! | 0 | 0 | 0.000% | 23.077% | 32.16 |
| 线上小市场 | H | XXXXXX | 6 894（下载） | ¥5 515.20 | 4 494 | 1.23 | 1 317 | 4.19 | 111 | 49.69 | 204 | 7 486.73 | 135.747% | 36.716% | 108.57 |
| 线上小市场 | I | XXXXXX | 3 937 | ¥5 118.10 | 6 756 | 0.76 | 917 | 5.58 | 2 | 2 559.05 | 15 | 613.8 | 11.993% | 8.837% | 24.31 |
| 线上小市场 | G | XXXXXX | 18 442 | ¥23 974.60 | 19 586 | 1.22 | 2 290 | 10.47 | 2 | 11 987.30 | 2 | 22.4 | 0.093% | 52.395% | 38.64 |
| 线上小市场 | K | XXXXXX | 16 025 | ¥20 832.50 | 16 235 | 1.28 | 1 911 | 10.90 | 0 | #DIV/0! | 0 | 0 | 0.000% | 58.417% | 41.09 |
| 安卓应用市场 | L | XXXXXX | 3 507 | ¥4 559.10 | 3 914 | 1.16 | 1 518 | 3.00 | 1 | 4 559.10 | 2 | 6 | 0.132% | 2.299% | 22.60 |
| 安卓应用市场 | M | XXXXXX | 5 487 | ¥7 133.10 | 5 967 | 1.20 | 2 350 | 3.04 | 1 | 7 133.10 | 2 | 6 | 0.084% | 1.793% | 22.22 |
| 线上小市场 | N | XXXXXX | 5 156 | ¥6 702.80 | 5 787 | 1.16 | 2 177 | 3.08 | 4 | 1 675.70 | 4 | 24 | 0.358% | 2.022% | 22.51 |
| 线上小市场 | O | XXXXXX | 25 884 | ¥33 649.20 | 26 676 | 1.26 | 3 235 | 10.40 | 8 | 4 206.15 | 11 | 532 | 1.581% | 58.045% | 42.71 |
| 线上小市场 | P | XXXXXX | 25 097 | ¥32 626.10 | 25 842 | 1.26 | 4 222 | 7.73 | 4 | 8 156.53 | 5 | 36 | 0.110% | 49.756% | 37.22 |
| 安卓应用市场 | Q | XXXXXX | 12 955 | ¥16 841.50 | 14 376 | 1.17 | 5 529 | 3.05 | 11 | 1 531.05 | 19 | 77 | 0.457% | 1.976% | 21.25 |
| 安卓应用市场 | R | XXXXXX | 9 382 | ¥12 196.60 | 10 401 | 1.17 | 3 884 | 3.14 | 7 | 1 742.37 | 20 | 70 | 0.574% | 1.961% | 21.86 |
| 线上小市场 | S | XXXXXX | 1 524 | ¥1 981.20 | 3 140 | 0.63 | 251 | 7.89 | 0 | #DIV/0! | 0 | 0 | 0.000% | 4.108% | 19.94 |
| 线上小市场 | T | XXXXXX | 3 531 | ¥4 590.30 | 4 825 | 0.95 | 1 189 | 3.86 | 0 | #DIV/0! | 1 | 0 | 0.000% | 2.798% | 22.39 |
| 线上小市场 | U | XXXXXX | 10 817 | ¥14 062.10 | 11 399 | 1.23 | 7 565 | 1.86 | 5 | 2 812.42 | 6 | 8 257 | 0.587% | 6.922% | 31.09 |

## 8.1.4 漏斗分析

漏斗分析用于分析产品流程或关键节点的转化效果，常借助漏斗图展现转化效果。漏斗图是一种外形类似漏斗的可视化图表，使用该方法可以直观地追踪产品的整体流程、追踪业务的转化路径、追踪不同生命周期阶段下的用户群体表现。通过一系列转化率的分析，可以迅速定位问题，方便运营人员及时调整运营策略。

漏斗图的主要运用场景有以下几个：

- 产品流程的关键路径转化追踪，比如电商常用的购买流程；
- 业务价值路径的转化流程追踪，比如常用的 AARRR 模型的价值转化追踪；
- 虚拟流程类指标追踪，比如按生命周期区分的处于不同生命周期阶段的用户流转形态追踪。

转化漏斗帮助业务人员分析每天来访用户中在详情页访问、加购点击、下单点击、支付结算等各关键环节的转化情况，从而帮助业务人员不断优化产品路径，如图 8-7 所示。

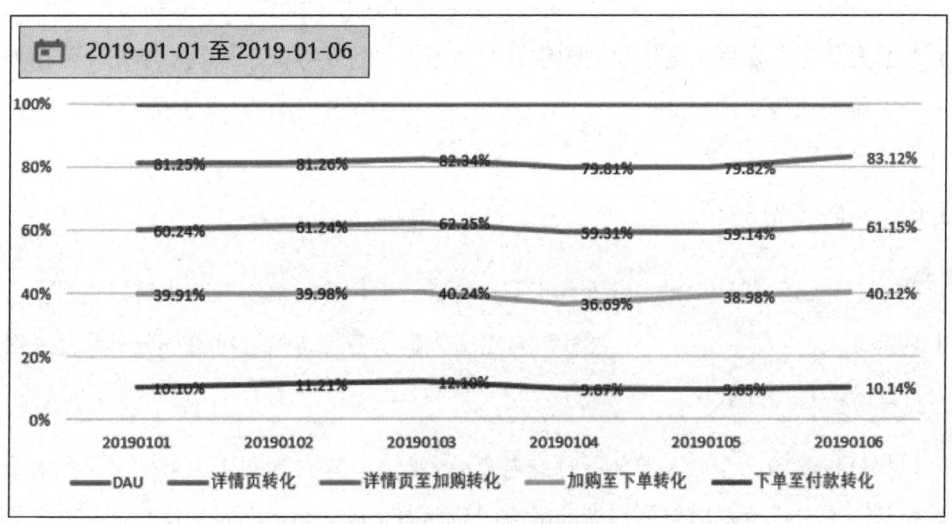

图 8-7　用户转化漏斗（示意图）

### 8.1.5 客服话术

用户标签在客服系统中也有广泛的应用。生活中经常遇到这样的场景：当我们在向某平台的客服部门投诉、咨询或反馈意见时，客服人员可以准确地说出我们在该平台的历史购买情况、上一次咨询的问题和处理结果等信息，这也是画像标签应用的场景之一（如图 8-8 所示）。

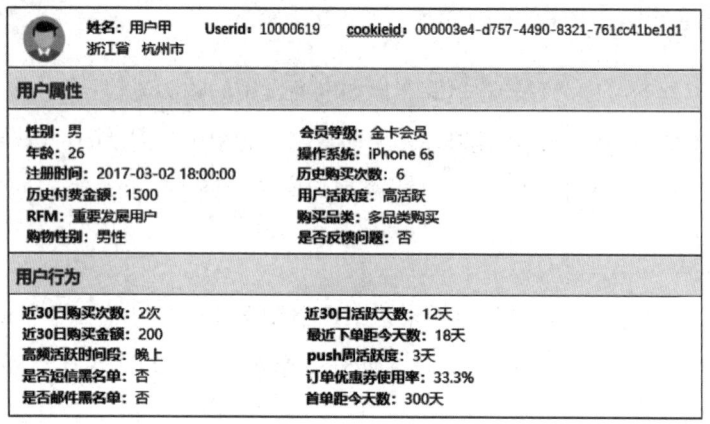

图 8-8 用户信息展示

客服人员可以根据来电用户的画像针对性地提出解决办法，以及对于高价值用户提供 VIP 客服通道等专项服务。

### 8.1.6 人群特征分析

前 4 节介绍的都是从单一维度分析用户特征，而用户人群特征分析可以通过组合标签来自定义人群（详见 7.5 节），然后对自定义人群从各个维度进行透视分析或建立对照组人群做人群对比分析。

根据分析经验，在做人群分析时一定要去做对比，单纯看单个人群的分布没有太多信息含量，不对比看不出差异。借助画像产品形态，可以分析圈定的用户群在各个维度上的特征情况，如图 8-9 所示。

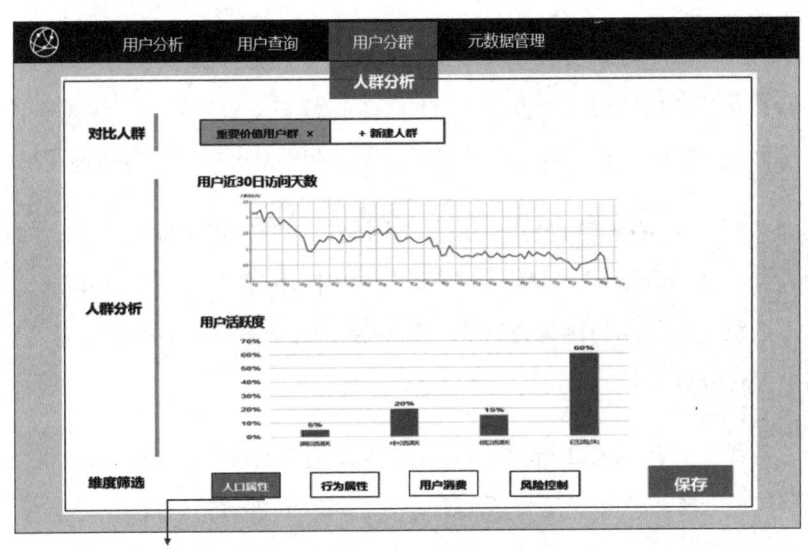

图 8-9 人群特征分析

## 8.2 精准营销

### 8.2.1 短信/邮件营销

日常生活中我们经常会从许多渠道接收到营销来的信息。一条关于红包到账的短信消息推送可能会促使用户打开已经很久没访问的 App，一条关于心愿单里面图书降价的邮件消息推送可能会刺激用户打开推送链接直接下单购买。

这些营销信息是如何借助画像系统实现的呢？

当画像系统做成产品形态后，业务人员可以根据业务规则组合标签圈定相应人群，将该批人群推送到对应的业务系统中进行运营。关于使用画像产品端进行营销的详细解决方案可以参阅 7.4 节和第 9 章的实践案例。

如果公司处于初创阶段，没有太多人力投入产品、接口层面的开发时，也可以通过数据分析师写 Hive SQL 语句，组合用户标签筛选出对应的用户群数据。而后将该批用户群相关数据给到对应业务人员，将数据导入到第三方平台后以短信、邮件等方式进行营销。

## 8.2.2 效果分析

精准营销是数据价值的一个重要出口,但如何评估效果好坏,不同业务线的人员有不同的关注重点。总体来看,可分为流量提升导向和 GMV 提升导向两种情况。

有的业务线人员背的 KPI 指标是流量,因此关注的重点是流量提升,如负责 Push 业务线的人员。这种情况下,对效果的分析会对比使用圈定人群进行精准推送方式带来的点击率,与没有使用用户画像进行无差别普通推送带来的点击率相比是否有所提升、提升了多少个百分点。

有的业务线人员背的 KPI 指标是 GMV,因此关注的重点是 ROI 的转化,如短信营销、外呼营销的业务线人员。这种情况下,对效果的分析会关注营销活动中营销了多少用户、实际触达了多少用户、有多少用户实际付费以及带来的 GMV,对比实际营销成本(短信、外呼电话的成本)分析营销的 ROI。

下面分别通过两个案例进行说明。

**案例 1:对目标人群精准消息推送带来流量提升**

某电商负责渠道运营的人员每天给用户推送消息,促进用户在平台的活跃度。在使用画像系统前每天给用户的消息均为无差别推送,没有针对用户行为特点推送消息,每天消息推送的点击转化率一直在 7% 上下波动。

画像系统上线后,业务人员使用标签圈定用户群,根据用户属性和行为特征将用户划分到不同的人群中去,针对这些人群分别编辑文案然后进行推送。例如,筛选近 × 日浏览过女装品类且近 × 日有过来访的用户,给这批用户推送女装营销会场的消息。借助这种精细化推送人群的方式显著提高了整体用户体验,每天消息推送的点击转化率增长到 10% 左右,如图 8-10 所示。

**案例 2:对目标人群进行短信营销带来营收增长**

在大促活动期间,某电商公司渠道运营人员申请了一笔财务经费用于短信营销用户,目标是召回用户来访 App 以及实现订单的转化。

| push类型 | | 发送时间 | 发送频次 | 发送人群 | 发送内容 | 发送人群数量 |
|---|---|---|---|---|---|---|
| 普通营销push | | xx: xx | 每日n次 | 普通推送人群 | 普通营销内容 | xxxx |
| 个性化营销push | 个性化单品push | xx: xx | 每日n次 | 基于画像系统的个性化人群a | 千人千品 | xxxx |
| | 个性化类目push | xx: xx | 每日n次 | 基于画像系统的个性化人群b | 个性化类目专题 | xxxx |
| | 个性化场景push | xx: xx | 每日n次 | 基于画像系统的个性化人群c | 个性化营销场景 | xxxx |
| 标签人群push | | xx: xx | 每日n次 | 基于画像系统的人群 | 运营人员指定营销内容 | xxxx |
| 系统消息push | | xx: xx | 每日n次 | 满足系统触发条件的人群 | 系统消息落地页面 | xxxx |

图 8-10　画像系统在消息推送上的应用效果（示意数据）

运营人员根据活动的目标营销人群，使用画像系统组合用户标签圈定人群后推送到短信发送平台。在短信发送后的几日内，通过 BI 报表每天监测营销用户的访问、下单情况，如图 8-11 所示。活动结束后统计发现本次短信精准营销给 GMV 带来了显著的提升。

| 主推业务线 | 发送时间 | 短信内容 | 发送人数 | 打开人数 | 链接点击人数 | 订单数 | 销售金额 | 订单转化率 |
|---|---|---|---|---|---|---|---|---|
| 业务线a | x月x号 | 营销内容a + 营销链接a | xxxx | xxx | xx | xx | xxx | xx% |
| 业务线b | x月x号 | 营销内容b + 营销链接b | xxxx | xxx | xx | xx | xxx | xx% |
| 业务线c | x月x号 | 营销内容c + 营销链接c | xxxx | xxx | xx | xx | xxx | xx% |
| 业务线d | x月x号 | 营销内容d + 营销链接d | xxxx | xxx | xx | xx | xxx | xx% |
| 业务线e | x月x号 | 营销内容e + 营销链接e | xxxx | xxx | xx | xx | xxx | xx% |

图 8-11　画像在短信营销上的应用效果（示意数据）

## 8.3　个性化推荐与服务

在用户画像的开发过程中不仅会开发用户标签维度的数据，同时也会开发用户行为特征库、商品特征库、商家特征库等相关数据。为算法开发人员做用户相关商品、内容的个性化推荐提供底层数据支持。

另外，基于画像标签系统可以为用户的个性化服务提供支持。例如，针对高质量用户提供 VIP 专人客服，可以让该部分头部用户享受到高质量服务，有效提升用户体验。

## 8.4 本章小结

本章介绍了用户画像的应用方式。首先，对于业务人员从经营分析的多个维度分析了解用户特征，可进一步通过消息推送、短信、邮件等多渠道触达、运营用户，有效帮助流量增长和 GMV 转化，提升用户体验。同时画像标签数据、用户行为特征库的构建为个性化推荐相关人员进行数据挖掘提供了底层支持。

# 第9章　实践案例详解

用户画像的落地应用场景有很多，本章通过一些实践案例来场景化复现用户画像的应用点和应用方式。

基于画像系统去做多方面的数据分析、触达用户的运营方案，可以快速地将数据应用到服务层（T+1甚至实时即可上线应用），得到用户使用反馈后通过效果分析，迭代营销策略或产品设计。相比基于传统的项目制，通过项目经理提需求、上线版本，然后进行效果分析、迭代再优化的时间周期将大大缩短。

## 9.1　风控反欺诈预警

### 9.1.1　应用背景

风控反欺诈预警在游戏、电商、金融、家政、社交等众领域中有着广泛的应用场景，例如家政领域中识别失信风险、借贷风险的用户，提高从业人员素质和准入门槛；金融领域中识别存在失信风险、多头借贷的问题用户，对其拒绝放贷；电商领域中识别出薅羊毛、下单签收等行为存在异常的用户，对其进行隔离处理。这些应用场景都可以基于用户画像来实现。下面通过金融领域的某风控反欺诈案例来介绍。

消费金融领域对于用户贷前准入有着严苛的审核，对于用户信息、设备指纹建立画像，通过借助画像数据结合风控策略规则、模型，进而生成完善的审批策略，对于高风险用户进行有效识别，帮助企业减少人工参与环节，实现自动化审批、授信，有效规避营销、交易的风险（图9-1）。

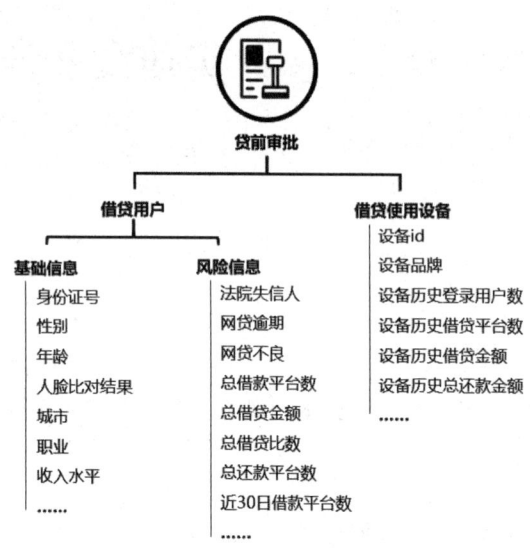

图9-1　画像在信贷业务场景的（示意数据）

### 9.1.2　用户画像切入点

当一个用户发起申请借贷时，接口传入用户身份id或设备id信息，在服务层中（一般选用HBase）查询对应的用户信息或设备id信息（图9-2），生成用户风控报告（图9-3）或设备指纹风控报告辅助业务人员进行审核或系统根据风控规则进行自动化放贷管理。

根据调用的画像数据，产品前端展现该用户各维度的风控信息。

在构建风控反欺诈画像模型的过程中，使用基于授权数据综合构建起基于用户身份id、手机号码、设备指纹等多主体、多维度的画像，从而帮助企业有效建立起用户、手机号、设备的黑白名单，从而为信贷、租赁、家政等多场景的应用提供评估参考。

```
⊟{
    "身份证号":"120*************000",
    "姓名":"AAA",
    "性别":"女",
    "年龄":"25",
    "人脸比对":":比对通过",
    "失信风险":⊟{
        "法院失信人":"2018-06-01",
        "网贷逾期":"2019-01-01",
        "网贷不良":"2019-02-12"
    },
    "借贷记录":⊟{
        "总借款平台数":"3",
        "总借款比数":"10",
        "总还款平台数":"1",
        "总还款比数":"2",
        "总借款金额":"15000",
        "近30日借款金额":"5000",
        "近30日借款平台":"2"
    },
    "设备风险":⊟{
        "设备id":"1547089390-22168cf755-0ee9516fb-566c75c",
        "设备品牌":"OPPO",
        "设备使用人数":"5人",
        "设备安装借贷APP数量":"4"
    }
}
```


图 9-2　用户风控数据（示例数据）

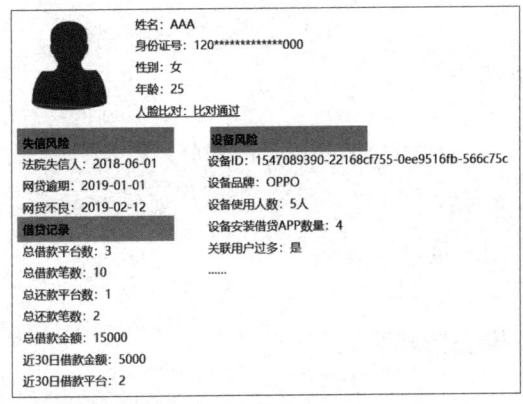

图 9-3　用户风控报告（示例）

## 9.2　A/B 人群效果测试

本着数据驱动的理念，在正式切换到使用某种规则运营用户前，需要经过 A/B 测试来看 AB 哪个组可以带来更高的转化增量，带来的转化增量是多少。借助画像系统可以很方便地实现对两组人群运营效果的对照测试。

## 9.2.1 案例背景

某零食类快消商品为在大促活动期间获得较好的销量，计划通过消息推送的方式种草新上市产品、产品的保健功能等系列文章，为大促活动造势，激发销量转化。为了精准定位目标人群流量，渠道运营人员现在计划做两个 A/B 人群效果测试：

1）不同内容标题对流量的影响；
2）精准推送相比普通推送带来的流量提升。

## 9.2.2 用户画像切入点

整个项目中需要梳理清楚如何切分 AB 组流量，如何设计好 AB 组人群规则和效果监测。下面分步骤介绍画像系统如何切入 AB 人群测试中。

### 1. 对 AB 组流量做切分

为了做 A/B 组测试，首先需要做好流量的切分，结合平台上 cookieid 的生成机制，考虑从 cookieid 尾号入手做流量切分。可以将用户划分为 A/B 人群，也可以使用人群创建 + 随机分流的形式对流量进行切分。

### 2. 测试文案标题对流量影响的方案

某平台渠道运营人员为在大促活动期间召回更多用户来访 App，计划在活动预热期选取少量用户做一版文案标题的 AB 效果测试。

在该测试方案中，控制组 A 选取了近 x 天来访过、cookie 尾号为 a，且近 x 天内浏览/收藏/加购过该零食的用户群，给该批用户推送零售文案 A，对照组 B 选取了近 x 天来访过、cookie 尾号为 b，且近 x 天内浏览/收藏/加购过该零食的用户群，给该批用户推送零食文案 B。控制组和对照组的用户量相同，但文案不同，后续监控两组人群的点击率大小，进而分析不同文案对用户点击的影响。

### 3. 精准推送相比普通推送带来的流量提升的测试方案

在使用画像系统精细化推送人群前，某平台对用户采用无差别推送消息的形式进行推送。为了测试精细化运营人群相比无差别运营带来的流量提升，渠道运营人员决定在近期重点运营的零食营销会场做一个 AB 效果测试。

该测试方案中，控制组 A 选取了近 x 天来访过、cookie 尾号为 1，没有类目偏好的用户群，对照组 B 选取了近 x 天来访过、cookie 尾号为 2，且近 x 天内浏览/收藏/加购过该零食的用户群。对 AB 组用户群都消息推送相同的文案，后续监控两组人群的点击率大小，进而分析精准营销推送带来的增长点大小。

### 9.2.3 效果分析

在 AB 组人群消息推送上线后，后续需要搭建监控报表来监测控制组和测试组的流量和转化情况（如图 9-4 所示）。

| 投放组 | | | | | | | 测试组 | | | | | |
|---|---|---|---|---|---|---|---|---|---|---|---|---|
| 人群GMV | 购买用户数 | 优惠券GMV | 当天来访用户数 | 来访率 | 下单转化率 | 购买转化率 | 人群GMV | 购买用户数 | 当天来访用户数 | 来访率 | 下单转化率 | 购买转化率 |
|  |  |  |  |  |  |  |  |  |  |  |  |  |
|  |  |  |  |  |  |  |  |  |  |  |  |  |

图 9-4　A/B 组效果监测报表

本节介绍了如何使用画像系统在 Push 渠道进行 A/B 人群效果测试，同样地，在短信、邮件等其他营销渠道同样可借助此类方法进行 A/B 测试。

## 9.3　用户生命周期划分与营销

生命周期指的是一个生命个体从出生到死亡的发展过程，用户的生命周期指的是用户从接触产品（网站）到离开产品（网站）的发展过程，用户的生命周期价值 LTV（Life Time Value）/CLV（Customer Life Value）指的是这个发展过程中用户为产品（网站）所带来的价值总和。

针对用户生命周期的划分、分析用户在不同生命周期阶段的行为特征，以及切入运营，分析运营效果，从而有效提升用户的转化、复购、留存，在各公司中有广泛的应用场景。本节主要介绍如何划分生命周期、分析用户在不同阶段的行为特征、运营策略，以及将用户画像如何切入到整个流程中，提升分析用户、触达用户的效率。

### 9.3.1 生命周期划分

用户生命周期主要分为：引入期、成长期、成熟期、衰退期和流失期5个阶段。用户进入产品后，不一定会走完一个完整的周期，在每个阶段都有可能离开，每个阶段都会为产品（网站）带来不同的价值。

- 引入期：此时用户刚来，用户会试探性地来试用产品，偶尔用一下，此时用户的价值相对来说比较低。
- 成长期：用户会不定期地来使用产品，并开始进一步体验产品功能，此时用户的价值有所提升。
- 成熟期：用户会经常使用产品，并会以分享的形式来宣传产品，此时用户的价值比较高。
- 衰退期：用户因某些原因（如产品迭代后用户不喜欢等）不再经常使用产品，此时用户的价值呈衰减模式。
- 流失期：用户对产品非常不满意或者找到了替代的同类型的产品，不再使用该产品。

在用户运营的过程中，我们不能一上来就唯周期论，而是要定一个目标，围绕目标我们能拆解出哪些关键指标，要提升这些关键指标需要去满足用户相应的核心需求。比如用户生命周期分析的核心目标是：提升用户生命周期每个节点的转化率，提升用户的留存（用户的参与程度）。在每个节点的持续转化及用户留存的提高过程中，用户的生命周期也经历了一个完整的历程，其价值也得到了提升。

围绕这两个目标我们将其拆解为如下指标，如表9-1所示。

表 9-1 转化核心指标拆解

| 核心目标 | 用户转化率 | | 用户留存（用户参与度） |
|---|---|---|---|
| 目标拆解 | 激活用户 | 下载用户 | 激活 |
| | 下载用户 | 注册用户 | 注册 |
| | 注册用户 | 活跃用户 | 活跃 |
| | 活跃用户 | 下单用户 | 下单 |
| | 下单用户 | 复购用户 | 复购 |
| | 复购用户 | 传播用户 | 传播 |

按用户的生命周期，我们可以将用户的结构拆解如下，如图 9-5 所示。

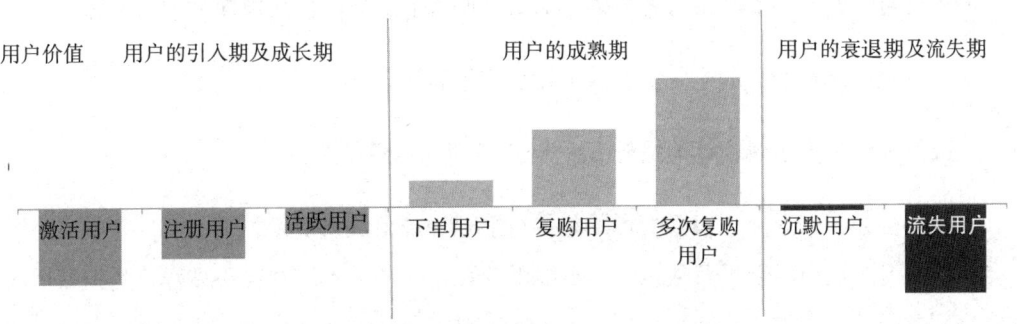

图 9-5 用户生命周期中用户结构示意图

与用户生命周期的各个阶段对应的关键指标，如表 9-2 所示。

表 9-2 用户生命周期关键指标拆解

| 用户生命周期 | 用户结构 | 转化点 | 关键指标 |
|---|---|---|---|
| 引入期 | 激活用户 | 渠道激活→下载 | 单个用户获取成本、激活数、下载数、下载转化率 |
| 引入期 | 注册用户 | 下载→注册 | 注册数、注册转化率 |
| 成长期 | 活跃用户 | 注册→活跃 | 活跃用户、活跃转化率 |
| 成熟期 | 首次下单用户 | 活跃→下单 | 下单用户、应付金额、实付金额、ARPU、下单用户转化率 |
| 成熟期 | 复购用户 | 活跃→复购 | 复购用户、应付金额、实付金额、ARPU、复购转化率 |
| 成熟期 | 多次复购用户（忠诚用户） | 复购→复购 | 忠诚用户转化率、人均订单金额 |
| 衰退期 | 沉默用户 | 下单→沉默 | 沉默率 |
| 流失期 | 流失用户 | 沉默→流失 | 流失率 |
| 流失期 | 唤醒用户 | 流失→唤醒 | 唤醒率 |

结合 Melnick 的理论及互联网产品的实际情况，将用户的生命周期价值拆解为：

LTV =（某个客户每个月的下单频次 × 客单价 × 毛利率）×（1/ 月流失率）
　　 =（某个客户每个月的下单频次 × ARPU × 毛利率）×[1/（1− 月留存率）]
　　 = 用户生命周期内下单次数 × 客单价 × 毛利率

其中，① ARPU（每个用户的平均收入）= 某段时间内的总收入 / 同时期内活跃用户总数；② 流失率：流失率指的是一段时间内，有多少比例的用户不再使用你的产品了。所以流失率 = 在某段时间内流失的用户 / 同时期内活跃的用户，流失比较难定义，但留存比较好定义，故月流失率近似等价于 1− 月留存率；流失率的倒数用来表示预测的用户生命周期，如果一个产品的流失率为 10%，则产品对应的生命周期为 10 个月。

用户生命周期在业务中主要有以下几个应用场景。

### 应用一：根据拆解指标为提升 LTV 制定不同的运营策略

从拆解公式来看，运营需要做的是尽可能地保证渠道的质量，确保引进来的用户的有效性，提升用户的质量及数量，尽量降低获取用户的成本，并应用多样化的运营手段提升用户转化；在用户生命周期的每个阶段，对不同结构的用户进行流失原因分析，提升用户活跃度。

### 应用二：评估用户运营活动是否盈利

单个用户毛利 = 用户生命周期价值 − 获取用户成本 − 运营成本 = CLV−CAC−COC

很多产品在初期一直以补贴用户的形式来留住用户，长此以往，资金链一旦断裂，将无以为继。只有当用户的毛利大于 0 时，产品才能良性地、持续稳健地发展下去。

假设一个产品每个用户每月的收入是 20 元，每个月的流失率为 50%，每个用户会传播 5 次，被传播群体的每个用户每个月的收入为 5 元，每个月的流失率为 70%，则

$$CLTV = 20 \times 1/0.5 + 5 \times 5 \times 1/0.7 = 41.43 \text{ 元}。$$

如果获取用户的成本加上运营的成本大于用户的生命周期价值，那么显然这个用户是不盈利的，如果获取用户的成本加上运营的成本小于用户的生命周期价值，那这个活动是值得做的。

**应用三：追踪投资回报率（Return On Investment，ROI）**

根据 LTV 的公式及用户毛利的计算公式，递推得到投资回报率的计算公式：

$$ROI = 转化率 \times ARPU / (CAC+COC)$$

从 ROI 的计算公式来看，要想提高 ROI，需要从以下 3 个方面着手：

**（1）提高转化率**

提高转化率，一在开源，二在节流。所谓开源，指的是要不断地通过各种方式来获取新用户，节流指的是减少产品的用户流失及挽回即将流失或已经流失的用户。这里主要介绍节流。节流主要从以下两点出发来最大化地减少用户流失。

a）从产品出发，在具体的研究中，所有脱离产品的用户流失预警都是无意义的。首先我们要通过现有的指标找出用户是在哪一步流失的，再结合具体的产品进行改进。比如，是在某一个环节会产生闪退的情况，那就推动产品解决闪退的问题；再如，是下单转化中流程过于烦琐、支付渠道过于单一，那就推动流程简化、支付形式多样化。又如，前面我们分析过用户的生命周期所有关键节点会用到的转化率的关键指标，从这个公式来看，追踪各个关键节点的转化率，找出转化率比较小的节点，定位原因进行优化。举一个具体应用的例子，某产品各个渠道的注册率差不多，但不同渠道的下单转化率差异比较大，此时用设定风控规则来评估渠道的质量，因为这批渠道是按注册来付费的，发现是有些渠道在刷单，在对刷单的渠道停止合作之后，渠道整体的下单转化率就上来了。

b）从运营出发，形成种子用户群体，保证流失下限，结合具体的运营策略，如抽奖、签到送积分，将优质内容推送给精准用户，进行用户等级体系建设等。

**（2）提高 ARPU**

互联网的红利期已经过去，那么如何抓住现有的用户来提高 ARPU 呢？可以从抓住用户的需求来展开：①用发放优惠券、各种抵价金币、红包等优惠方式，来满足用户追求性价比的心理，促进用户下单；②对用户设立等级体系，并对不同的用户等级设立不同的福利规则，满足用户对身份地位的诉求；③建立精准营销平台，精准定位用户群体，并对这部分群体进行个性化精准推荐，满足用户的特定场景需求；④提示用户信息不会被泄露，满足用户对安全感的诉求；⑤生日提供满减券或其他福利，满足用户对情感的认同需求。用以上方式来促进用户下单，可直接或间接地提高ARPU。

（3）降低成本

降低成本分为两个模块。

一个是降低用户的获取成本。实现的方式有很多，比如：①通过数据分析优化渠道质量；②通过流失预警，对即将流失的用户进行合适的运营，提高用户留存，增加用户对产品的参与度与黏性；③与其他平台合作，资源共享；④其他。

二是降低用户的运营成本。实现的方式也有很多，比如：①搭建精准营销平台，对每一个用户的各个属性进行打标、对即将流失的用户进行推送召回、对高金值客户推送单价高的商品；②将常用的分析思路固化，建立常用分析思路的BI报表，并支持快速迭代，支持细分项下钻。

根据上面对用户生命周期核心指标的拆解，对于用户处于生命周期中哪一环节的划分，可以从以下几个维度着手。

1）App使用阶段：用户使用App包括安装、注册、首次购买、复购、沉默、卸载等几个重要阶段。

2）RFM：从R（用户最近一次付款距今天数）、F（用户近x天消费次数）、M（用户近x天消费金额）这3个维度考虑用户消费能力。

3）访问时间：从最近一次访问距今天数分析用户是否已经流失。

根据上面的维度，对某平台用户的生命周期从购买金额、购买次数、购买品类、购买时间等维度去分析用户当前处于生命周期的哪个阶段，进一步对该平台用户相关数据进行调研，最终做出如下划分（如图9-6所示）。

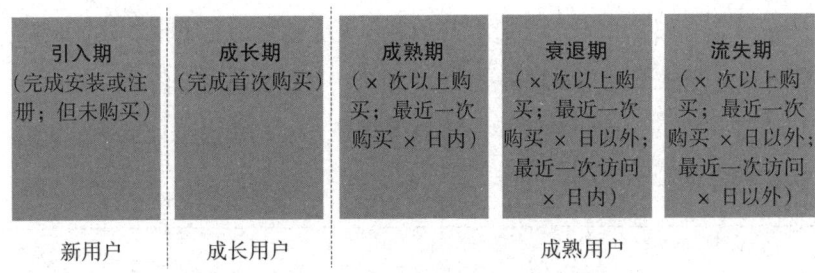

图 9-6　用户生命价值周期划分（示例数据）

### 9.3.2　不同阶段的用户触达策略

从用户使用产品的阶段来看，包括从安装、注册、购买、复购、成为忠诚用户或离开等多个阶段。这里截取某平台一段时间内的用户数据，分析用户在不同生命周期阶段的行为特征（如图 9-7 所示）。

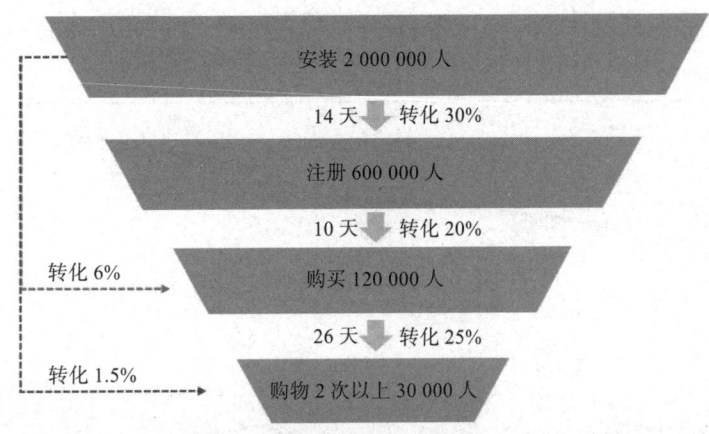

图 9-7　用户各阶段的转化情况（示例数据）

结合图 9-7 和图 9-8 可以看出从安装到注册平均用时 14 天，其中 61% 的用户在安装当日就完成注册，70% 的用户在安装 3 日内完成注册，从安装到注册的转化率为 30%。进一步分析可知道注册用户 30 日内活跃率为 30%，比未注册用户的活跃度高 10%。因此在新用户安装的前 3 日内可通过新人红包、优惠券等活动，配合消息推送、短信等渠道触达用户，进而引导用户完成注册。

结合图 9-7 和图 9-9 可以看出从注册到购买平均用时 10 天，其中 43% 的用户在注册当日就完成首单，可见用户的注册目的很大程度上就是为了下单。76% 的用户在注册 9 日内完成首单，从注册到购买的转化率为 20%。由此在新用户注册 9 日内，可通过新人红包、优惠券、满减、用户感兴趣内容的推送等方式，配合消息推送、短信等渠道触达用户，进而引导用户下单。

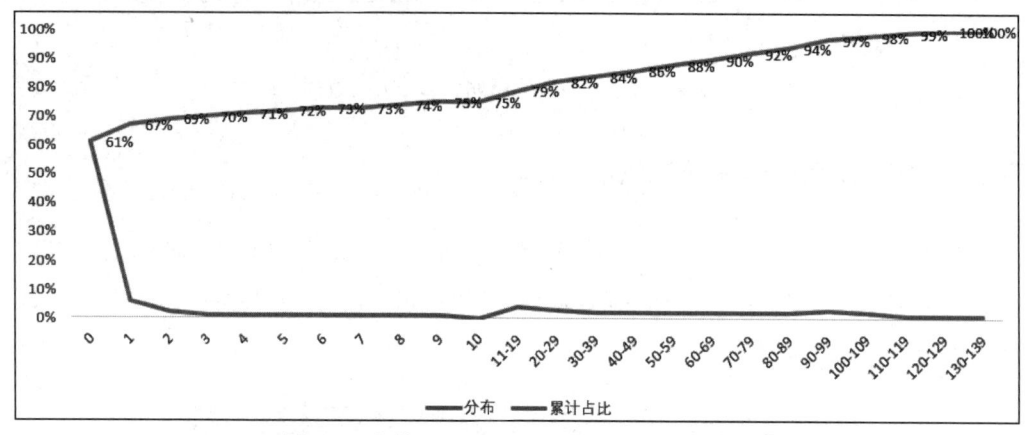

图 9-8　安装 x 天后注册用户占比（示例数据）

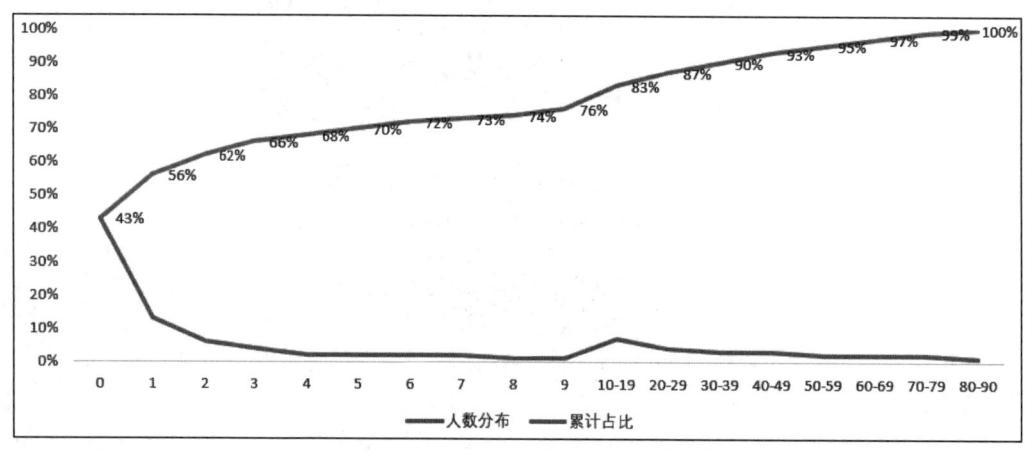

图 9-9　注册 x 天后购买用户占比（示例数据）

结合图 9-7 和图 9-10 可以看出用户在首单付款后 15 天，达到复购的高峰期，复购的刺激手段也应在此阶段前后进行。复购用户中 50% 以上选择在 35 日以内进行复购，80% 以上在 90 日内进行复购，可每月对首单用户进行唤醒。

大部分用户停留在引入期，仅有 20% 用户进入成长期。从引入期到成长期平均需要 8 天，成长期进入成熟期转化率为 10%。进入成熟期后，有一半用户 30 天内未再次购买，但仍保持活跃，需要积极引导复购。初步来看，用户在生命周期各阶段中均有较大的可提升空间。

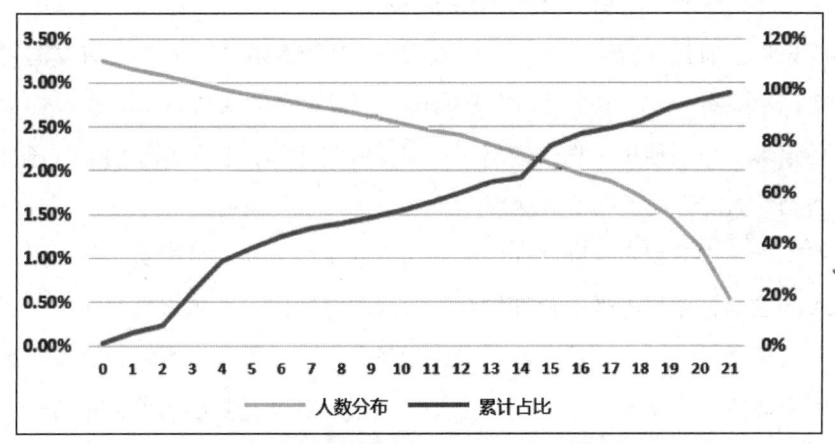

图 9-10　首购 x 天后复购用户占比（示例数据）

通过对用户生命周期中不同阶段进行差异化运营，可最大化用户价值，如图 9-11 所示。

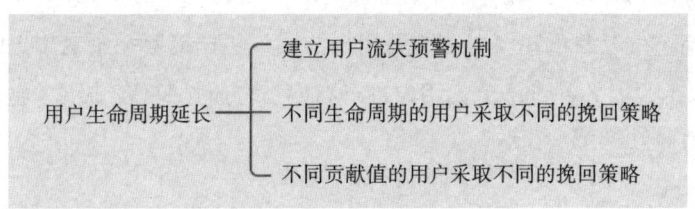

图 9-11　用户生命周期延长策略

通过前面对用户在生命周期各阶段的分析（见表 9-3），需要对不同阶段的用户采取不同的运营策略进行触达。

表 9-3　用户在生命周期各阶段的分析

| 周期阶段 | 判断标准 | 客户类型 |
| --- | --- | --- |
| 引入期 | 安装/注册，未购买 | 初步接触 App |
| 成长期 | 首次购买 | 有一定了解 |
| 成熟期 | xx 次以上购买，最近一次购买 xx 日内 | 对产品有一定忠诚度 |
| 衰退期 | xx 次以上购买，最近一次购买 xx 日以外，最近一次访问 xx 日内 | 预流失用户 |
| 流失期 | xx 次以上购买，最近一次购买 xx 日以外，最近一次访问 xx 日以外 | 已流失用户 |

- 引入期：针对已安装但未注册的用户引导其注册，针对已注册但未下过单的用户引导其下单。对于该阶段的用户，可通过消息推送、站内广告推送等渠道触达，缩短用户购买时间间隔，实际中可通过红包、优惠券的方式激励用户缩短从安装到注册、注册到首次下单的时间间隔；
- 成长期：通过分析可以看出一个新用户在首次购买 1 个月内没有复购行为的其留存率只有 19%，1 个月内有复购行为的留存率能达到 60% 以上。在此阶段需要培养用户的使用习惯，缩短用户购买时间间隔，刺激其复购。可通过消息推送、站内广告推送等渠道触达；
- 成熟期：提升用户活跃，加强触达用户的手段，如消息推送。随着用户购买频次的增加，用户黏性会逐渐增强，购买的时间间隔会越来越短。增加用户购买频次可通过设计丰富的购物场景进行场景营销。另外，可通过满减、满送等活动提高用户客单价。培养用户的使用习惯，刺激其复购。可通过消息推送、站内广告推送等渠道触达；
- 衰退期：建立用户流失预警机制，对用户进行情感挽留，提升用户活跃度，可通过短信 / 邮件 / 主动外呼等渠道触达；
- 流失期：由经验可知获取一个新用户的成本相比挽留一个老用户的成本普遍高 5 倍以上，因此针对已流失用户进行召回，可通过短信 / 邮件 / 主动外呼等渠道触达召回。

### 9.3.3 画像在生命周期中的应用

用户画像产品端可帮助业务人员快速分析生命周期不同阶段中用户的特征、选择合适的渠道快递触达用户。

#### 1. 分析用户特征

通过前面的介绍，读者已经知道如何对用户进行生命周期的划分，通过产品端可选择出生命周期不同阶段中的用户群，通过多维透视分析功能（详见 7.5 节），分析不同阶段用户群的特征，如图 9-12 所示。

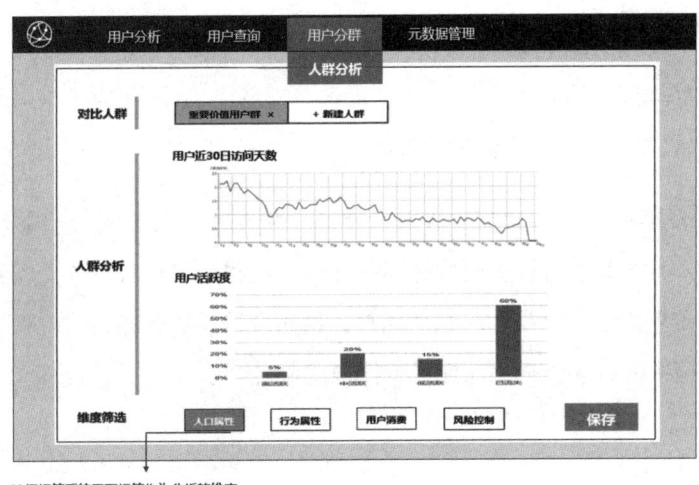

图 9-12　多维透视分析用户

**2. 选择触达用户渠道**

根据前面所讲，在生命周期不同阶段中可通过不同渠道（消息推送、站内信、短信、邮件等）来触达用户。画像系统的用户分群功能支持通过组合标签筛选好用户群，然后以多种方式触达到用户（详见 7.4 节），如图 9-13 所示。

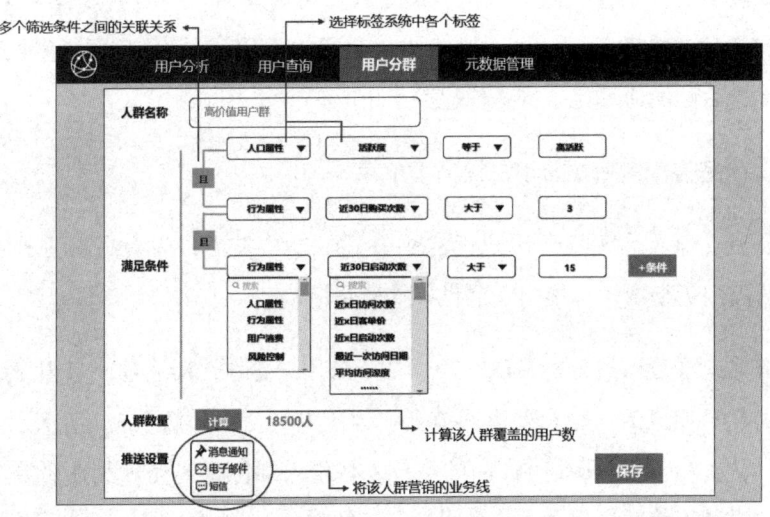

图 9-13　选择触达用户渠道

### 3. 分析营销效果

在画像产品端圈定用户后，将对应的人群 id 写入到 Hive 相应表中。数据分析师可以从 Hive 表提取相应数据分析营销效果。

此外，在多渠道触达用户（包括消息推送、弹窗、推荐、短信、邮件、电话外呼等）的过程中，不同渠道的触达成本是不一样的，在触达用户时一方面需要考虑营销成本；另一方面需求排除多渠道同时触达用户，给用户造成骚扰的情况。而这个都是可以在用户画像系统中通过人群排重功能进行控制的。

## 9.3.4 应用案例

**案例一：消息推送新安装用户提高用户注册率**

业务背景：某平台新安装用户正常注册率一般维持在 30% 左右，而用户的注册对后续的下单、复购等行为有重要的影响作用。提高新用户注册率是运营部门努力的方向。

解决方案：根据数据分析发现，80% 的注册用户是在安装 3 日内完成注册行为的，新安装 3 日内成为一个重要时间节点。运营人员使用画像系统圈定安装 3 日内的用户，将新人红包、优惠券等活动，通过消息推送渠道推送给该批用户群。经过 A/B 测试发现，消息推送后的注册率比未推送前提升了 15%。

**案例二：短信营销新注册用户提高下单率**

业务背景：某平台新注册用户正常下单率在 20% 左右，为提高新注册用户的下单转化，运营部门近期要对母婴类商品做一次营销活动。

解决方案：经过数据分析发现，76% 的下单用户是在注册后前 9 日内完成首次交易的，新注册 9 日内成为一个重要时间节点。运营人员使用画像系统圈定新注册 9 日内，并且浏览/收藏/加购过母婴类商品的用户，将新人红包到期提醒及母婴类大促商品编辑成文案，通过短信渠道推送给该批用户群。经过 A/B 测试发现，短信营销的该批用户群的下单率比未做营销的新注册用户下单率提升了 6%。

**案例三：用户全生命周期营销**

业务背景：某平台为对用户做全生命周期营销，对不同阶段用户做站内广告弹窗和落地页的分组展示，评估用户从浏览、活跃到最终转化过程的差异。在这个过程中，通过 A/B 人群效果测试迭代出更好的用户运营策略。

| 组名 | 发送人群 | 发送时间 | 短信内容 | 发送人数 | 打开人数 | 链接点击人数 | 订单数 | 销售金额 | 订单转化率 |
|---|---|---|---|---|---|---|---|---|---|
| A组 | 画像系统A人群控制组 | x月x号 | 营销内容a+营销链接a | xxxx | xxx | xx | xx | xxx | xx% |
| | 画像系统A人群对照组 | x月x号 | 营销内容b+营销链接b | xxxx | xxx | xx | xx | xxx | xx% |
| B组 | 画像系统B人群控制组 | x月x号 | 营销内容c+营销链接c | xxxx | xxx | xx | xx | xxx | xx% |
| | 画像系统B人群对照组 | x月x号 | 营销内容d+营销链接d | xxxx | xxx | xx | xx | xxx | xx% |
| C组 | 画像系统C人群控制组 | x月x号 | 营销内容e+营销链接e | xxxx | xxx | xx | xx | xxx | xx% |
| | 画像系统C人群对照组 | x月x号 | 营销内容e+营销链接e | xxxx | xxx | xx | xx | xxx | xx% |

图 9-14　不同阶段用户运营策略（示例策略）

解决方案：业务人员根据用户生命周期所处阶段不同，在制定运营策略时创建了 3 组人群，同时为每组人群分别设置了控制组和对照组，通过不同分组的弹窗来测试增长（见图 9-14）。

为分析触达不同阶段用户利益点，业务人员对用户状态做了 3 个分组，每个分组分别设置了控制组和对照组，通过不同分组的弹窗展现来测试增长（如图 9-14 所示）。

进一步根据运营策略在画像系统中圈定好人群，并选择推送到对应的业务系统（如图 9-15 所示）。

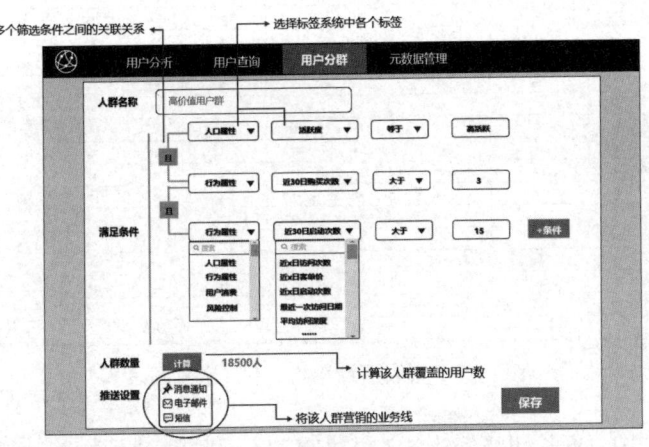

图 9-15　借助画像系统圈定人群

业务人员在画像系统中组合用户标签圈定人群并推送到广告系统中,进一步在ERP的广告系统中根据创建的人群ID编号配置对应的弹窗、落地页、文案等素材(如图9-16所示)。

　　A组入口图　　　　　　B组入口图　　　　　　C组入口图

图 9-16　不同组用户弹窗入口(示意图片)

在AB组人群上线运营后,BI分析师通过报表形式每日监测不同人群的转化情况。通过分析,有弹窗用户在详情页转化率、加购转化率、下单转化率、购买转化率等方面表现均好于无弹窗用户组(如图9-17所示)。

| | 日期 | 访客数 | 首购用户 | 首购用户订单金额 | 详情页浏览用户数 | 加购用户数 | 下单用户数 | 尝试付款用户数 | 订单数 | 详情页转化率 | 加购转化率 | 下单转化率 | 购买转化率 | 客单价 |
|---|---|---|---|---|---|---|---|---|---|---|---|---|---|---|
| 无弹窗 | 20190102 | xx | xx | xx | xx | xx | xx | xx | xx | xx | xx | xx | xx | xx |
| | 20190103 | xx | xx | xx | xx | xx | xx | xx | xx | xx | xx | xx | xx | xx |
| | 20190104 | xx | xx | xx | xx | xx | xx | xx | xx | xx | xx | xx | xx | xx |
| | 20190105 | xx | xx | xx | xx | xx | xx | xx | xx | xx | xx | xx | xx | xx |
| | 20190106 | xx | xx | xx | xx | xx | xx | xx | xx | xx | xx | xx | xx | xx |
| 有弹窗 | 20190102 | xx | xx | xx | xx | xx | xx | xx | xx | xx | xx | xx | xx | xx |
| | 20190103 | xx | xx | xx | xx | xx | xx | xx | xx | xx | xx | xx | xx | xx |
| | 20190104 | xx | xx | xx | xx | xx | xx | xx | xx | xx | xx | xx | xx | xx |
| | 20190105 | xx | xx | xx | xx | xx | xx | xx | xx | xx | xx | xx | xx | xx |
| | 20190106 | xx | xx | xx | xx | xx | xx | xx | xx | xx | xx | xx | xx | xx |
| vs | 20190102 | xx | xx | xx | xx | xx | xx | xx | xx | xx | xx | xx | xx | xx |
| | 20190103 | xx | xx | xx | xx | xx | xx | xx | xx | xx | xx | xx | xx | xx |
| | 20190104 | xx | xx | xx | xx | xx | xx | xx | xx | xx | xx | xx | xx | xx |
| | 20190105 | xx | xx | xx | xx | xx | xx | xx | xx | xx | xx | xx | xx | xx |
| | 20190106 | xx | xx | xx | xx | xx | xx | xx | xx | xx | xx | xx | xx | xx |
| | 20190107 | xx | xx | xx | xx | xx | xx | xx | xx | xx | xx | xx | xx | xx |
| | 20190108 | xx | xx | xx | xx | xx | xx | xx | xx | xx | xx | xx | xx | xx |

图 9-17　报表追踪用户转化(示意图表)

经过测试,用户增长团队的业务人员决定对不同阶段用户群采用首页广告弹窗这一策略来提高用户转化率。

## 9.4 高价值用户实时营销

### 9.4.1 项目应用背景

平台运营人员为促进高价值新用户的留存，制定了运营规则——"首日注册的新用户，如果其注册当日消费满 100 元则对其进行短信营销，短信中附有平台赠送红包的链接"。

如某用户甲，上午在平台注册后消费了 60 元，下午继续在平台消费了 50 元，此时该用户在平台注册当日累计消费了 110 元，则立马对其发送短信进行营销，营销短信中附有平台赠送的红包，以更好地留存该高价值新用户。

### 9.4.2 用户画像切入点

该业务背景下需要用实时数据进行支持，Spark Streaming 将从 Kafka 拉取的数据解析后写入缓存表，这里由于需要统计新用户当日的累计金额所以会用到缓存表。然后对缓存表中的明细数据进行汇总统计后写入到 HBase 中（图 9-18）。

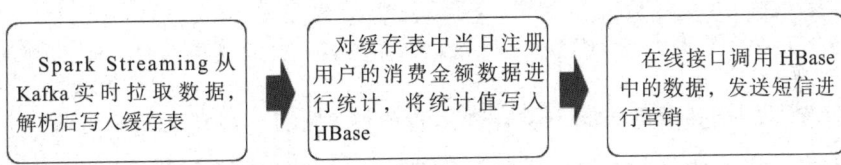

图 9-18　实时标签调用方案设计

### 9.4.3 HBase 应用场景小结

本案例我们使用 HBase 存储用户实时数据，在画像实践应用中 HBase 在很多场景下都可作为服务层提供接口服务，总体来说 HBase 可存储离线数据和实时数据供线上接口调用（图 9-19）。

- 离线写入：通过数仓 ETL 作业将每天写入 Hive 表中的数据生成 HFile 然后 buckload 到 HBase 对应的表。举个场景示例：在 7.4 节中，当业务系统需要调用 HBase 中数据时，可以通过将每天 ETL 后的人群数据先离线写入 Hive 表然后将 Hive 表 buckload 的方式将人群数据写入 HBase 中。

❑ 实时写入：SparkStreaming/Flink 实时消费 Kafka 中存储的线上数据，经过简单处理后写入 HBase 中，在线接口实时调用 HBase 中数据运营用户。本案例讲的高价值用户实时营销就是一种实时写入的应用场景。

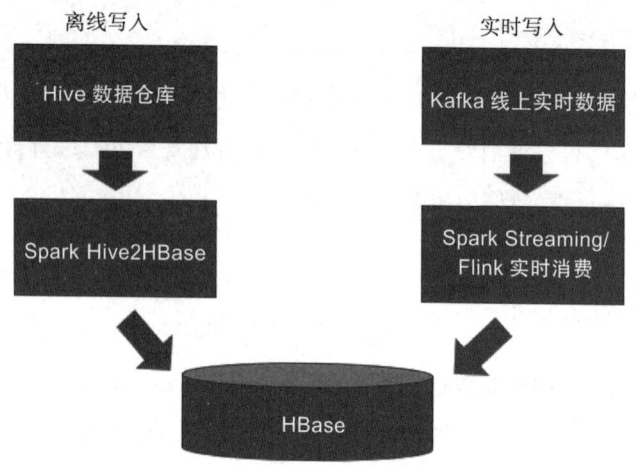

图 9-19　数据写入 HBase 场景

本案例介绍了实时写入 HBase 的场景，下面再看一种离线写入 HBase 的场景。

某运营人员在画像系统圈出符合其运营条件（如满足规则 A 则触发推送优惠券）的用户人群，将该部分人群推送到线上营销系统中（例如推送到 HBase 表 usergroup_HBase 中）。

某用户甲（用户 id：66600723）符合该业务规则 A，被圈入该人群中。当该用户触发规则时，线上接口发送该用户 id，请求查询 HBase 表 usergroup_HBase，判断该用户身上标签是否符合组合标签的条件，当其符合推送优惠券的条件，对其进行优惠券的发送。如果用户不符合该规则 A，则不对其发送优惠券。

关于离线写入 HBase 的工程化实现方式可参见 3.3.3 节内容。

## 9.5 短信营销用户

### 9.5.1 案例背景

平台上某快消品牌商家在日常销售和运营客户过程中发现，目前快消商品同质化严重，品牌之间竞争激烈，虽然用户复购率较高但是忠诚度较低，用户普遍对优惠活动的敏感度较大。因此，可针对快消品牌的易耗性，定期通过短信渠道精准触达目标用户，引导其进行复购。

### 9.5.2 画像切入及其应用效果

商家在借助画像系统进行短信营销在圈定目标用户群的时候，主要从以下几个方面考虑建立业务规则：

1）短信敏感度：有的用户对营销短信的敏感度很差，比如从历史数据来看，推送给其10次短信，只打开过一次或从未打开过。考虑到短信渠道营销需要成本，需要对这类用户进行排除，减少对用户的打扰。

2）无效手机号：对于在平台上随意填写非自己的手机号、手机号已经作废/更换，或者对于接收到的短信回复了"TD"的用户来说，短信无法接收，属于"短信黑名单"用户，同样需要对这类用户进行排除。图9-20中的示例数据显示了排除黑名单用户对营销效果的提升程度。

3）对营销商品感兴趣的用户：近期曾多次浏览、收藏或有过加购、下单行为的用户会是对某类商品存在潜在意向的用户，通过画像系统圈选出这部分用户，通过满减优惠券或红包等利益点进行营销。

借助画像系统，有效提高了短信发送的抵达率和点击率，如图9-20所示。

在日常生活中我们也会经常收到类似的营销短信。例如，我5月份曾购买过某品牌的牙线，3个月过后，该品牌给我发送了一条营销短信（图9-21），此时我的牙线正好快用完了。其在推送短信时应该充分考虑了用户购买量及产品消耗周期，从这方面来看非常契合用户购买需求。

| 发送时间 | 发送主题 | 人群 | 发送量 | 抵达量 | 抵达率 | 总优惠码收入 | roi |
|---|---|---|---|---|---|---|---|
| 20180101 | A主题 | 某用户人群规则&黑名单数据 | xxxx | xxx | xx% | xxxx | x.x |
| 20180101 | | 某用户人群规则&白名单数据 | xxxx | xxx | xx% | xxxx | x.x |
| 20180501 | B主题 | A渠道下单用户黑名单 | xxxx | xxx | xx% | xxxx | x.x |
| 20180501 | | A渠道下单用户白名单 | xxxx | xxx | xx% | xxxx | x.x |
| 20180701 | C主题 | B渠道下单用户黑名单 | xxxx | xxx | xx% | xxxx | x.x |
| 20180701 | | B渠道下单用户白名单 | xxxx | xxx | xx% | xxxx | x.x |

图 9-20　短信营销效果分析（示例数据）

上面的案例通过短信促进用户的复购，同样可通过短信营销向用户推送潜在购买产品。例如，某次我购买到石家庄的机票，一会儿就收到一条租车优惠的营销短信（图 9-22），短信文案简洁明了地突出这几点内容：①目的地有租车服务功能；②租车的日最低费用；③租车优惠券已到本人账户。对于有在飞机目的地城市自驾出行需求的用户来说，这条短信是一条有用的信息。

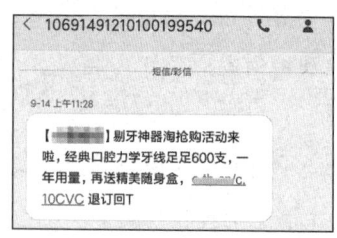

图 9-21　某快消商品的营销短信

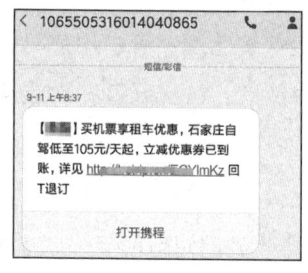

图 9-22　某出行产品的营销短信

使用用户画像系统，从合适的时间选择合适的产品通过合适的渠道对目标客群进行营销（图 9-23）。

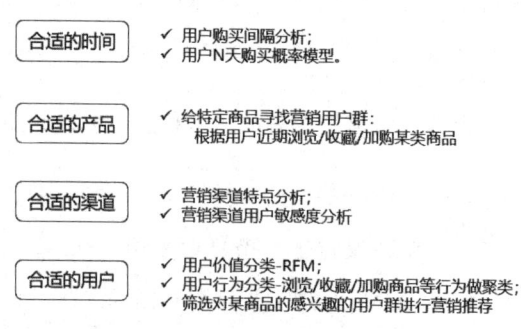

图 9-23　精准营销客群的逻辑

## 9.6 Session 行为分析应用

### 9.6.1 关于用户行为分析

用户行为分析是指在获得网站访问量基本数据的情况下，对有关数据进行统计、分析，从中发现用户访问网站的规律，并将这些规律与网络营销策略等相结合，从而发现目前网络营销活动中可能存在的问题，并为进一步修正或重新制定网络营销策略提供依据。

埋点日记几乎记录了用户的所有行为，其中有些指标是通用的，比如用户的访问频率、平均停留时长等，有些指标是特定场景适用的，比如盈利平台的下单行为、社区的内容发布行为等。用户行为的相关指标可分为黏性指标、参与度指标、转化类指标，下面详细进行介绍。

**1. 黏性指标**

第一类需要关注的指标是用户黏性，如访问频率，选取活跃用户每周的活跃天数，并按活跃天数对用户分类，用累加百分比柱形图来对四周的数据作图展现，方便对比（注：数据均为虚构数据），如图 9-24 所示。从图中我们可以看出活跃 1 天的用户是最多的，可总结这部分用户的规律，定位这部分用户活跃天数少的原因，然后制定合适的运营策略，尽量让他们的活跃天数提升。而针对每周活跃天数大于等于 6 天的用户，可以将这个指标拆出来，看平台的忠实用户大致情况及忠诚度比例。

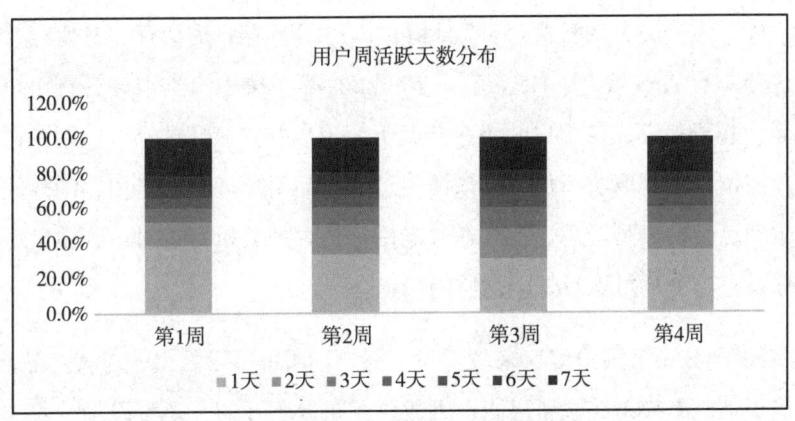

图 9-24 用户活跃分布示意图

图 9-25 是带平滑曲线的散点图，显示的是近 60 天中访问的用户的最近一次访问距离当前时间的间隔天数的用户分布，横轴表示的是最近一次访问的间隔天数，纵轴表示的是对应间隔天数的用户比例，从图中可以直观地看出各个时间间隔对应的用户活跃情况，结合用户的生命周期来看，我们可以将访问天数大于 10 天的用户定义为沉默用户。可针对这部分用户细分看用户为何隔这么久都没有访问，比如看他们最后一次访问看了什么内容，或者对这批用户的特征进行分析，将精准优质的内容推送给这批用户看挽回的用户比率，或者选取部分用户进行调研，寻找产品的哪些部分可以优化。

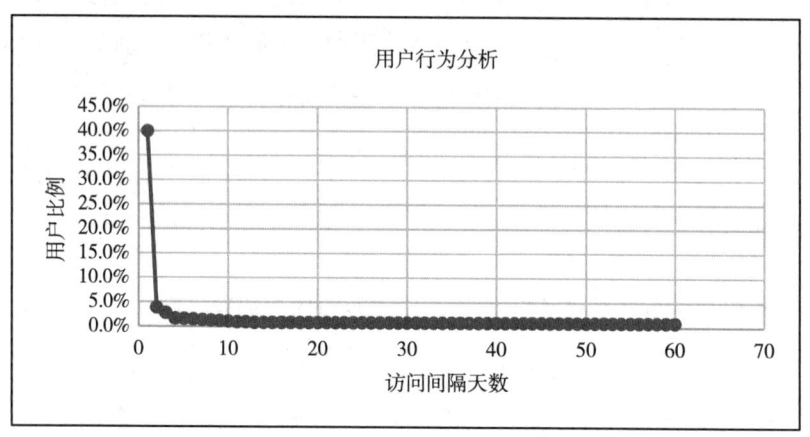

图 9-25　用户访问周期示意图

接下来是看用户的留存，用户留存的本质是产品（网站）满足用户需求。要分析留存，我们首先要弄清楚留存的定义，留存是活跃用户在下一个时间段有多少用户仍旧活跃的比例。按时间分类有次日留存、7 日留存、15 日留存、周留存、月留存、季度留存等，按渠道分类有 App 留存、H5 留存、Web 留存等，按用户类型分有新用户留存、老用户留存等。一般来说，老用户的留存会高于新用户的留存，这个可以用来进行数据校验。新用户的留存主要取决于用户的来源渠道和产品引导。对新老用户细分的留存分析就是数据驱动运营的典型应用，比如通过老用户留存的分析可以对运营质量做监控，通过对新用户留存的分析可以筛选出优质的渠道。

图 9-26 以细分渠道用户留存来举了一个例子，从中可以看出，对某产品而言，App 的留存要优于 H5 及 Web，这和智能手机的普及是分不开的。还可以细分看 3 端留存的新老用户的占比及各端迁移用户的留存，及各端细分渠道的留存对比，评估渠道质量。

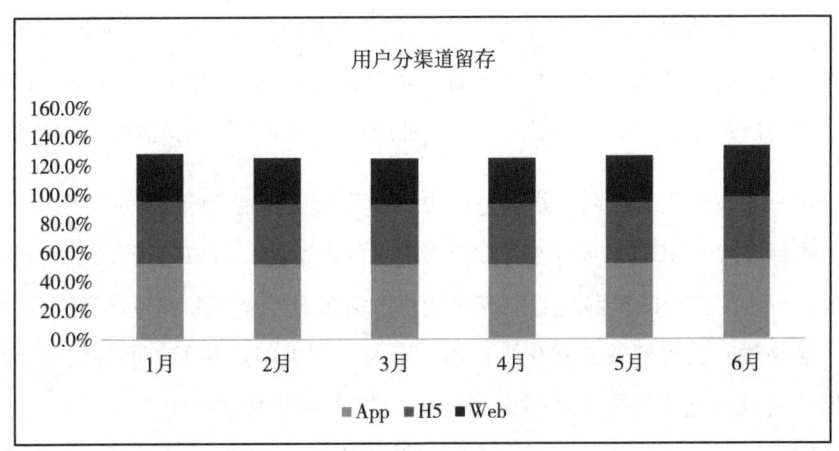

图 9-26　各渠道用户留存示意图

## 2. 参与度指标

第二类需要关注的指标是用户的参与度。活跃度作为评判用户参与度的一个关键指标，并没有标准定义，通常指的是完成某一关键动作的用户，或者参与情况满足某一条件的用户。比如电子商务网站的下单、社交类的互动、视频类产品的视频播放，或者登录、消费、使用等均可定义为活跃。活跃用户关键在定义，只有准确定义了活跃用户，我们才能清楚地了解活跃用户的情况。比如产品初期，为了数据看起来好看，数据可能会定义得比较宽泛，比如激活就算活跃，而有些产品对活跃用户的定义比较严谨，比如只有消费过的用户才算活跃，这样数据出来虽然会比较小，看起来产品的活跃用户比较少，但是这样定义的活跃用户都是企业的盈利用户，用该指标来反映问题会比较灵敏。

我们以定义登录产品（网站）即称之为活跃来举例，按登录产品（网站）来算活跃，按时间分类可以拆分为日活（日活跃用户量，DAU—Daily Active User）、周活（周活跃用户量，WAU—Weekly Active User）、月活（月活跃用户量，MAU-Monthly Active User），一般会用 DAU/MAU 来作为产品或网站的打开率指标，该指标越大说明产品或网站的打开率越高。

活跃用户的分析主要有对比分析及细分。对比分析主要可以看时间变化趋势及竞品数据对比。这个分析能比较直观地反映产品的用户活跃趋势，也能清楚比对自己产品在同类产品中的大致情况，以便更好地制定产品下一步的目标及走向。如果 DAU 有一段时间涨得明显，此时并不是数值越大越好，需要细分看这批用户的留存及其转化情况。因为很有可能是做活动拉了一批用户，但这批用户具体质量如何，需要进一步分析。

表示用户参与度的另外两个指标是用户的停留时长及用户的访问页面数。为什么要用这两个指标来表示用户的参与度呢？因为用户的停留时长可以间接反映网页对用户的吸引程度，可以间接反映产品是否能满足用户的需求及产品页面的设计是否合理。对于盈利性产品来说，其目标就是转化，让用户下单，如果用户在下单前的任意页面走了，那这个用户就没有完成转化。从图 9-27 来看，用户只有经过页面 A、B、C，才能到达目标页，完成转化。则用户在页面 A 的停留时长为用户离开页面 A 的时间 – 用户进入页面 A 的时间，用户到达目标页前共访问了 3 个页面，这 3 个页面分别是页面 A、页面 B、页面 C。

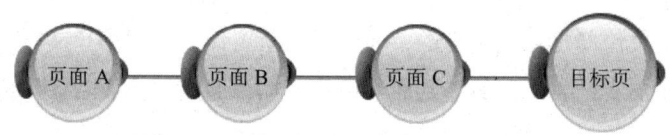

图 9-27　用户访问页面示意图

比如我们随机生成一组数据，如图 9-28 所示，看下用户的平均访问时长及平均访问页面，发现在第三周的时候这两个指标急剧下降。事出必有因。此时需要详细定位原因，是埋点数据没有上报，还是日志解析出了问题？如果数据没有问题，那么是产品改版后没有引导机制，用户找不到入口了，还是产品改版后新加了某个流程，比如实名等强制性措施，用户对新产品不满意？这些都需要数据团队根据一系列逻辑设定及指标跟踪来具体定位。

### 3. 转化类指标

第三类需要关注的指标是用户的转化。分析用户的路径转化主要有 3 个作用：一是通过数据追踪用户的访问细节，访问细节反映的是用户的行为特征，通过追踪访问细节来推测用户的心理活动；二是通过用户的访问行为来追踪用户在访问流程中可能碰到的困难，看整个路径和运营之前设想的是否一致，如果不一致，是哪个环节不一致，定位具体的原因，调整页面布局；三是在追踪用户的访问路径的过程中，寻找有价值的可迭代路径，对产品进行优化。

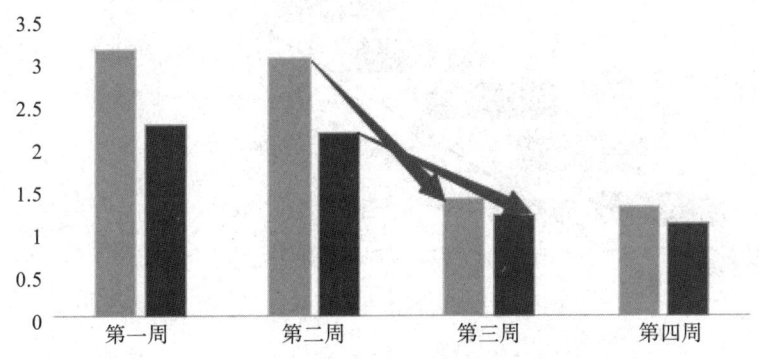

图 9-28　用户参与度示意图

要分析用户的转化情况，不仅需要熟知业务流程，也需要熟知数据流程，即将业务流程转化成数据流程。由于互联网行业独有的日志数据能记录用户的所有访问行为，故我们只需要熟悉业务的设计流程，对业务的细节和流程及数据上的记录、获取、埋点字段都了然于胸，将业务流程转化为数据流程，再将数据和业务结合，抓住业务产品的关键路径，层层剥离拆解再组合，即可形成业务转化的完整分析。对于 App 类产品可用 Charles 或 Fiddler 抓包工具测试埋点关键点。

分析用户的转化情况可以从两个大的方向着手，一是从产品的整体运营情况来看，用户从激活到下单的整个流程；二是从细分产品的关键路径来看，用户接触产品到完成转化经历的步骤，这个已经在 8.1.4 节中详细阐述过。下面就第一个应用场景进行举例说明。

在 9.3 节我们列举了产品运营场景中的所有转化节点，如图 9-29 所示。

通过对这些关键节点的数据监控，我们可以从整体及细分渠道、细分时间段、细分活动来看不同的转化情况，如表 9-2 所示。找出有问题的转化节点。比如细分渠道的场景下，假设渠道都是按激活用户付费，从某两个渠道进来的用户后续的转化行为如表 9-4 所示，若是来评判这两个渠道的质量优劣，在激活同等用户的情况下，我们应怎么判断呢？

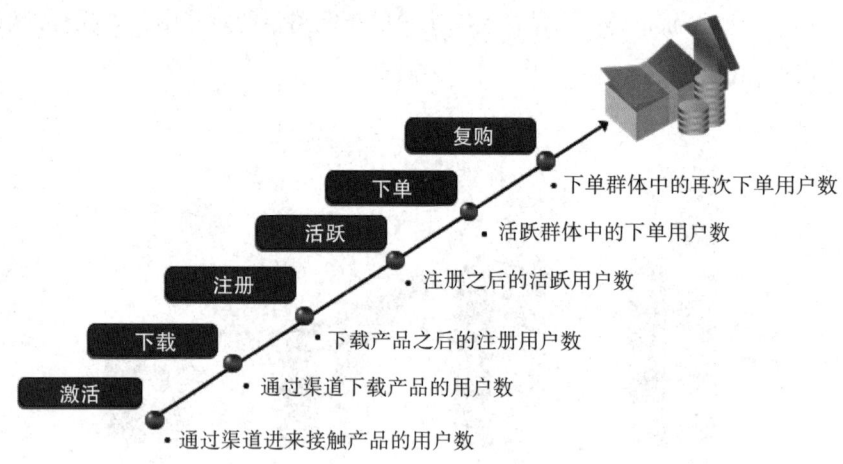

图 9-29　用户转化节点一览图

表 9-4　各个渠道质量监控

| 合作渠道 | 获取成本（万） | 下载率 | 注册率 | 活跃率 | 下单率 | 复购率 |
|---|---|---|---|---|---|---|
| 渠道 1 | 3 | 30% | 65% | 70% | 30% | 29% |
| 渠道 2 | 4 | 35% | 65% | 65% | 25% | 25% |
| 平均成本 | 3.5 | 33% | 65% | 68% | 28% | 27% |

假设激活用户为 10000 个，将各个转化节点的指标转化为成本绝对值，如表 9-5 所示。

表 9-5　各个渠道成本监控

| 合作渠道 | 单个激活成本 | 单个下载成本 | 单个注册成本 | 单个活跃成本 | 单个下单成本 | 复购成本 |
|---|---|---|---|---|---|---|
| 渠道 1 | 3 | 10 | 15 | 22 | 73 | 253 |
| 渠道 2 | 4 | 11 | 18 | 27 | 108 | 433 |
| 平均成本 | 3.5 | 11 | 16 | 25 | 91 | 343 |

显然，从成本的角度来说，渠道 1 要优于渠道 2。当然，后续我们也需要分析不同渠道进来的用户的 ARPU，看整体的营收情况，综合评估渠道的整体质量。

## 9.6.2　案例背景

这里首先通过一个典型的场景来介绍用户访问 Session 分析应用的背景。

用户进入电商类网站或 App 的一个典型流程包括，进入首页后搜索关键词、点击商品板块或点击推荐商品进入详情页，在详情页浏览点击加购后退出该页面搜索其他商品继续浏览，最后进入订单页进行支付，或浏览途中退出 App。这一系列行为就是用户的行为轨迹，如图 9-30 所示，对于用户这样的连续访问会话，我们称之为 Session。

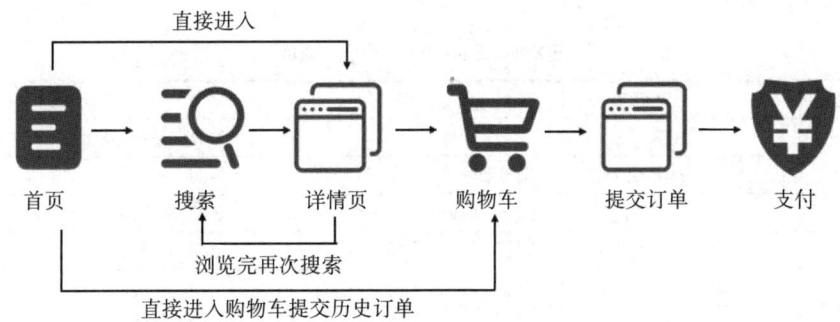

图 9-30　用户访问行为轨迹

Session 中记录了用户在什么时间点，通过什么样的行为，浏览了什么页面/商品。一般 Session 的切割为固定时长，如定义 App 端 Session 的切割时长为 5 分钟时，即用户每次访问行为如果距离上一次访问行为在 5 分钟之内，则记为同一次访问，如果距离上次访问大于 5 分钟则记为两次不同的访问。通过 session_id 可标识用户的访问，同一次连续访问的 session_id 相同，否则不同。

基于 Session 对用户进行分析具有非常重要的作用，可以从用户的访问次数、访问路径、访问商品品类等多个维度分析用户特征。进一步地分析用户首次访问的 Session 对于挖掘影响用户购买行为具有重要的意义。

本章介绍的 Session 访问行为分析案例是在对 4.5 节中介绍的用户特征库进行二次开发的基础上，进一步挖掘用户首次访问的行为特征。下面做详细的介绍。

### 9.6.3　特征构建

在新用户首购当次 Session 和复购当次 Session 的行为分析特征构建的过程中，可基于 4.5 节中构建的特征库进行二次开发。按日期分区记录每天新访问用户的特征，可从行为事件、商品类型、商品特征、浏览时长等维度构建特征模型。

与 4.5 节中介绍的用户特征库不同的是，4.5 节构建的特征库是记录用户每一次行为的明细，而本节是对用户首访行为进行汇总，将其汇总成一条记录。表结构设计参考维度表 9-6 所示。

表 9-6 Session 分析特征库

| 字段名称 | 中文名称 | 备注 | 示例 |
| --- | --- | --- | --- |
| cookieid | 用户 ID |  | d4a6-41e5-a670- 85d217d055a6 |
| eventkey1 | 第一次行为事件 | 浏览 / 收藏 / 加购等行为 | add_to_bag |
| eventkey2 | 第二次行为事件 | 浏览 / 收藏 / 加购等行为 | add_to_bag |
| eventkey3 | 第三次行为事件 | 浏览 / 收藏 / 加购等行为 | add_to_bag |
| eventkey4 | 第四次行为事件 | 浏览 / 收藏 / 加购等行为 | add_to_bag |
| eventkey5 | 第五次行为事件 | 浏览 / 收藏 / 加购等行为 | add_to_bag |
| …… | …… | …… | …… |
| level3_name | 三级品类名称 | 用户行为浏览 / 收藏 / 加购等行为次数最多对应商品所属三级品类 | 运动鞋 |
| goods_event_num | 商品数量 | 用户行为对应商品数量 | 11 |
| goods_list | 商品清单 | 用户行为对应商品明细，记录商品 ID 及对应行为次数 | {001:3;002:5;003:11;...} |
| ava_oriain_price | 商品平均原价 | 浏览 / 收藏 / 加购等行为对应商品 | 66 |
| ava_promote_price | 商品平均促销价 | 浏览 / 收藏 / 加购等行为对应商品 | 59 |
| price_ranae | 价格区间 | 浏览 / 收藏 / 加购行为对应商品 | [50,100) |
| access_time | 浏览时长 | 访问从开始到结束时间 | 600 |
| click_num | 点击次数 |  | 32 |
| goods.number | 商品数量 |  | 16 |
| is.Daid | 是否下单 | 记录用户是否下订单 | 1 |

下面通过案例介绍如何抽取用户首次访问的 Session。

这里有一张记录用户点击行为日志的底层表 'ods.click_event_log' 表，从该表中对当日访问的新用户按当日访问时间做正排序，取第一次访问时间对应的 sessionid，即是用户首次访问的行为记录。示例代码如下：

```
select cookieid,
       sessionid
from ( select cookieid,
```

```
                        eventtime,
                        sessionid,
                        row_number() over(partition by cookieid order by
eventtime asc) as rank
            from ods.click_event_log        # ODS层点击事件表
            where data_date = "data_date"   # 当天日期分区
                and is_newuser = 1          # 判断是新用户
                and cookieid is not null
                and cookieid <> ''
            ) t
    where t.rank = 1
    group by cookieid,sessionid
```

通过上面的建模，最后得到用户首次访问行为特征的 Session 表，如图 9-31 所示。

| cookieid | eventkey | level3_name | ds_event_r | goods_list | rg_origin_pri | promote_p | price_range | access_time | click_num | ods_numb | is_paid | data_date |
|---|---|---|---|---|---|---|---|---|---|---|---|---|
| 6945-4AAE-9911-FC1525 | goodsdetail_view | 洗发水 | 3 | {"3766198":"1"} | 310 | 294 | >200 | 180 | 34 | 4 | 0 | 20181225 |
| 4C5E-402F-8D8F-D955AD | addtobag_click | 牙膏 | 3 | {"2226516":"1"} | 9.99 | 0 | [0,20] | 788 | 91 | 1 | 0 | 20181225 |
| 8B2D-4715-BCF7-86A04A | addtobag_click | 沐浴露 | 6 | {"1001174":"1"} | 32.99 | 10 | [20,40] | 553 | 84 | 4 | 0 | 20181225 |
| E0D4-464A-BA5B-99779E | goodsdetail_view | 香皂 | 4 | {"4389212":"1"} | 15.99 | 7.99 | [0,20] | 1620 | 216 | 13 | 0 | 20181225 |
| E0D4-464A-BA5B-99779E | goodsdetail_view | 礼盒 | 4 | {"4389212":"1"} | 15.99 | 7.99 | [0,20] | 1620 | 216 | 13 | 0 | 20181225 |
| C86B-4FBE-A0A0-D9D44 | goodsdetail_view | 洗手液 | 8 | {"4365470":"1"} | 9.99 | 0 | [0,20] | 359 | 84 | 12 | 0 | 20181225 |
| C86B-4FBE-A0A0-D9D44 | goodsdetail_view | 洗手液 | 8 | {"4365470":"1"} | 9.99 | 0 | [0,20] | 359 | 84 | 12 | 0 | 20181225 |
| DACC-4413-B22F-2249E3 | goodsdetail_view | 卫生纸 | 4 | {"3582844":"1"} | 24.99 | 0 | [20,40] | 945 | 109 | 8 | 0 | 20181225 |
| FCCC-4068-97C8-FA0B60 | goodsdetail_view | 厨房用纸 | 12 | {"1980724":"2"} | 10.99 | 0.5 | [0,20] | 1161 | 167 | 35 | 1 | 20181225 |
| 9800-431B-8812-31D435 | goodsdetail_view | 洗洁精 | 11 | {"3685230":"1"} | 139.72 | 23.03 | (100,150] | 825 | 169 | 47 | 0 | 20181225 |
| D44D-4754-9BBE-213329 | goodsdetail_view | 洁厕剂 | 6 | {"172567":"1","5 | 26.49 | 13.49 | [20,40] | 897 | 135 | 25 | 0 | 20181225 |
| 8744-4D90-B28C-ADA15 | addtobag_click | 洁厕剂 | 3 | {"3661866":"1"} | 9.99 | 4.99 | [0,20] | 799 | 152 | 2 | 0 | 20181225 |
| 8744-4D90-B28C-ADA15 | addtobag_click | 洗衣液 | 3 | {"3661866":"1"} | 9.99 | 4.99 | [0,20] | 799 | 152 | 2 | 0 | 20181225 |
| C28A-4B1B-82E0-4F747E | goodsdetail_view | 彩妆工具 | 3 | {"2518138":"1"} | 71 | 0 | [60,80] | 264 | 61 | 1 | 0 | 20181225 |
| 84E8-4F27-93D4-085863 | goodsdetail_view | 漱口水 | 4 | {"3272696":"1"} | 23.99 | 0 | [20,40] | 248 | 65 | 4 | 0 | 20181225 |
| B240-44DC-BBAC-37151 | goodsdetail_view | 美发工具 | 3 | {"1656288":"3"} | 769 | 0 | >200 | 1512 | 197 | 11 | 0 | 20181225 |
| 2795-4ED7-B15B-3BE334 | goodsdetail_view | 香皂 | 6 | {"4336620":"1"} | 71.5 | 34.5 | (60,80] | 489 | 114 | 14 | 1 | 20181225 |
| 067F-4F0A-B609-BACB98 | goodsdetail_view | 礼盒 | 3 | {"3624142":"1"} | 34.99 | 28.99 | [20,40] | 1220 | 98 | 18 | 0 | 20181225 |
| 7627-40FB-949D-CAEC4A | goodsdetail_view | 洗手液 | 7 | {"4622712":"2"} | 21.7 | 15.7 | [20,40] | 269 | 29 | 3 | 0 | 20181225 |
| 7627-40FB-949D-CAEC4A | goodsdetail_view | 洗手液 | 7 | {"4622712":"2"} | 21.7 | 15.7 | [20,40] | 269 | 29 | 3 | 0 | 20181225 |
| E020-4F91-996A-A07D70 | goodsdetail_view | 面膜 | 17 | {"4562986":"3"} | 21.4 | 9.64 | [20,40] | 484 | 146 | 21 | 0 | 20181225 |
| E020-4F91-996A-A07D70 | goodsdetail_view | 精华 | 17 | {"4562986":"3"} | 21.4 | 9.64 | [20,40] | 484 | 146 | 21 | 0 | 20181225 |
| 5029-4AA9-8E5E-076D40 | goodsdetail_view | 防晒 | 3 | {"4190982":"2"} | 52 | 38.99 | (40,60] | 307 | 73 | 6 | 0 | 20181225 |

图 9-31　Session 分析特征数据结构示例

后续进一步对用户访问特征的 Session 表进行透视分析，可以从多个维度挖掘用户首访特征。

## 9.6.4　分析方法与结论

通过对构建的首访用户行为特征进行透视分析，可以从用户访问路径、访问商品品类、浏览商品价格区间、对促销敏感程度等维度挖掘首访用户特征。

下面通过对用户访问路径进行分析的实践案例来介绍。

```
// 创建SparkSession
val spark = SparkSession
  .builder()
  .AppName("FirstSessionAnalysis")
  .config("spark.testing.memory","2147480000")
  .master("local[*]")
  .getOrCreate()

// 读取原数据 下单用户
val peopleRDD = spark.sparkContext.textFile("C:\\Users\\king\\Desktop\\cookiesession.log")
  .map(_.split(","))                                              // RDD[Array[String]]
  .map( row => Row(row(0),row(1),row(2),row(3),row(4)))           // RDD[Row]

// 表结构
val schemas = "cookie,event,ispaid,data_date,time".split(",")
  .map(fp => StructField(fp, StringType))
val schema = StructType(schemas)

// 创建视图
spark.createDataFrame(peopleRDD, schema).createOrReplaceTempView("people_feature")
spark.sql("select * from people_feature").show(20,50)
```

查看表结构如图 9-32 所示，可以看出分析用户 Session 行为路径包括以下字段：

```
+------------------------------------+---------------------+-----+----------+--------+
|                              cookie|                event|ispaid| data_date|    time|
+------------------------------------+---------------------+-----+----------+--------+
|0000DB4A-615C-4A63-B6D0-666666888888|     goods_impression| NULL|2019-01-20|17:52:21|
|0000DB4A-615C-4A63-B6D0-666666888888|     goods_impression| NULL|2019-01-20|17:52:14|
|0000DB4A-615C-4A63-B6D0-666666888888|    goods_detail_view| NULL|2019-01-20|17:49:37|
|0000DB4A-615C-4A63-B6D0-666666888888|     regsuccess_ok_click| NULL|2019-01-20|17:49:39|
|0000DB4A-615C-4A63-B6D0-666666888888|     goods_impression| NULL|2019-01-20|17:53:29|
|0000DB4A-615C-4A63-B6D0-666666888888|              add_to_bag|    1|2019-01-20|17:49:38|
|0000DB4A-615C-4A63-B6D0-666666888888|    goods_detail_view| NULL|2019-01-20|17:49:09|
|0000DB4A-615C-4A63-B6D0-666666888888|              LaunchEnd| NULL|2019-01-20|17:48:57|
|0000DB4A-615C-4A63-B6D0-666666888888|     goods_impression| NULL|2019-01-20|17:53:29|
|0000DB4A-615C-4A63-B6D0-666666888888|          message_click| NULL|2019-01-20|17:53:19|
|0000DB4A-615C-4A63-B6D0-666666888888|     goods_impression| NULL|2019-01-20|17:53:29|
|0000DB4A-615C-4A63-B6D0-666666888888|     goods_impression| NULL|2019-01-20|17:53:29|
|0000DB4A-615C-4A63-B6D0-666666888888|     goods_impression| NULL|2019-01-20|17:53:29|
|0288095A-B5D4-4AF5-A03B-CD08550581F9|     goods_impression| NULL|2019-01-20|17:53:29|
|0288095A-B5D4-4AF5-A03B-CD08550581F9|categories_impression| NULL|2019-01-20|17:53:14|
|0288095A-B5D4-4AF5-A03B-CD08550581F9|     goods_impression| NULL|2019-01-20|17:53:29|
|0000DB4A-615C-4A63-B6D0-666666888888|     goods_impression| NULL|2019-01-20|17:53:29|
|33d7784-697d-4b10-aae2-e8e39b635be15|     goods_impression| NULL|2019-01-20|17:53:29|
|33d7784-697d-4b10-aae2-e8e39b635be15|             home_click| NULL|2019-01-20|17:53:07|
|33d7784-697d-4b10-aae2-e8e39b635be15|     goods_impression| NULL|2019-01-20|17:53:29|
+------------------------------------+---------------------+-----+----------+--------+
```

图 9-32　用户首访 Session 原始数据

❑ cookie：用户 id。

- event：用户访问事件，如点击加购、访问某个页面板块等。
- ispaid：用户本次行为事件是否支付，支付为 1，未支付为 NULL。
- data_date：访问日期。
- time：本次行为事件的时间。

通过用户首访的 Session 数据，可以挖掘用户集中在哪个时间段访问、集中访问事件是哪些、主要在哪些行为事件后跳出了访问、哪些行为事件促进了最后下单、访问时长与访问量的增加是否能促进下单等维度的内容。

下面通过对某用户首访 Session 进行挖掘分析的案例来介绍，Scala 代码示例如下。

```scala
val test1 = peopleRDD.map { row => {
  val id = row.getString(0)
  val event = row.getString(1)
  val result = row.getString(2)
  val time = row.getString(3)
  val isOrder = row.getString(4)
  (id, event,result ,time, isOrder)
}}  // RDD[(String, String, String, String, String)]

val orderedSessionEventRdd = test1.map { f => (f._1, (f._2, f._3, f._4,f._5)) }
  .groupByKey()
  .mapValues {
    itor => {
      val eventLst = itor.toList.sortBy(f => f._4)
      // 进入日期
      val data_date = eventLst.head._3
      // 进入时间
      val startTime = eventLst.head._4
      // 离开时间
      val endTime = eventLst.last._4
      // 进入事件
      val startevent = eventLst.head._1
      // 离开事件
      val endevent = eventLst.last._1
      // 访问时长
      val start = data_date.toString + " " +startTime.toString
      val end = data_date.toString + " " + endTime.toString
      val visitdiff = DateUtils.timeDiff("2019-01-12 03:22:39", "2019-01-12 03:22:49")
      // 首个Session内是否下单
```

```
        val ordered = if (eventLst.head._2 == "NULL") "0" else "1"
        // 访问页面数
        val visitnum = eventLst.length.toString
        // 跳出时间
        val lastEvent = eventLst.last._1
         (eventLst.mkString(""), startTime,endTime,startevent,endevent,ordered,visitnum) // 每个人次数和时长
    }
  }

val rowRdd = orderedSessionEventRdd.map(tp => {
  val id = tp._1     // cookie_id
  val eventLst = tp._2._1.mkString("")    // event_cts
  val startTime = tp._2._2     // startTime 进入时间
  val endTime = tp._2._3     // endTime 离开时间
  val startevent = tp._2._4     // startevent 第一个访问事件
  val endevent = tp._2._5     // endevent 离开时事件
  val ordered = tp._2._6     // ordered 是否下单
  val visitnum = tp._2._7     //  visitnum  本次访问多少个行为
  Row(id, eventLst, startTime, endTime,startevent, endevent, ordered, visitnum)
})

val sct = StructType(
  Seq(
   StructField("cookie_id", StringType),
   StructField("eventLst", StringType),
   StructField("startTime", StringType),
   StructField("endTime", StringType),
   StructField("startevent", StringType),
   StructField("endevent", StringType),
   StructField("ordered", StringType),
   StructField("visitnum", StringType)
  ))

spark.createDataFrame(rowRdd, sct)
  .createOrReplaceTempView("v_tmp_session")
// 查看处理后的数据
spark.sql("select * from v_tmp_session").show(20, 40)
```

在对 RDD 进行处理后，表结构主要包括以下字段：

❑ cookie_id：用户 id。

❑ eventLst：用户访问事件列表，将用户本次 Session 中每一个访问事件、是否下

单、访问日期、访问时间作为列表中一个元素进行存储，数据格式如"(App_open,NULL,2018-12-30,03:30:40)(loginreg_view,NULL,2018-12-30,03:30:42)(loginreg_next_click,...)"。

- startTime：用户本次 Session 开始访问时间。
- endTime：用户离开本次 Session 的时间。
- startevent：用户在本次 Session 中的第一个行为事件。
- endevent：用户在本次 Session 中的最后一个行为事件，即退出本次 Session 的事件。
- ordered：用户本次 Session 访问是否下单。
- visitnum：本次 Session 访问的行为事件数量。

用户首访 Session 行为事件分析示意图如图 9-33 所示。

```
+--------------------+--------------------+--------+--------+----------+----------------------+-------+-------+
|           cookie_id|            eventLst|startTime| endTime|startevent|              endevent|ordered|visitnum|
+--------------------+--------------------+--------+--------+----------+----------------------+-------+-------+
|519B-429E-8F58-627890C6BB3E|(app_open,NULL,2019-01-19,17:32:4...|17:32:49|17:34:29|  app_open|          loginreg_view|      0|      4|
|bccc-4b85-a4f7-3fc6538711b5f|(app_open,NULL,2018-12-30,03:30:4...|03:30:40|03:33:04|  app_open|       key_login_result|      0|     10|
|f0c2-4ba6-9ef5-3c6e39b1405a|(app_open,NULL,2019-01-04,04:05:1...|04:05:19|04:05:36|  app_open|phonenumber_next_result|      0|      5|
|5F38-4AE0-8070-BC50DD9EE84D|(app_open,NULL,2019-01-14,01:24:0...|01:24:01|01:27:24|  app_open|categories_suggest_click|     0|     46|
|47db-4b5f-bbbd-7d1958a74b23|(app_open,NULL,2019-01-21,05:57:1...|05:57:18|05:58:32|  app_open|      regsuccess_ok_click|    0|     12|
|789d-4864-b874-2a43f2b2367d|(app_open,NULL,2019-01-13,02:30:3...|02:30:38|02:30:40|  app_open|          loginreg_view|      0|      2|
|2abf-4828-bed8-e8eea70692a8|(app_open,NULL,2019-01-23,23:51:3...|23:51:34|23:52:45|  app_open| verification_sendsms_click|  0|      8|
|0468-4CEF-9AE1-8916C1355B78|(app_open,NULL,2019-01-04,13:13:1...|13:13:14|13:15:01|  app_open|  fication_allow_click|      0|     17|
|7D24-444C-9917-8916C1355B78|(app_open,NULL,2018-12-25,15:44:0...|15:44:07|15:56:47|  app_open|       addtobag_click|      1|   1148|
|8449-4cdf-d09a-bd1b126fa79c|(app_open,NULL,2019-01-03,21:34:3...|21:34:36|21:34:38|  app_open|          loginreg_view|      0|      2|
|e360-4dfd-a63c-1c92c1fda782|(app_open,NULL,2019-01-17,22:45:5...|22:45:51|22:46:27|  app_open|loginreg_phonecolumn_click|  0|     85|
|5D04-4487-B471-BC12DCA30AFA|(app_open,NULL,2018-12-26,13:25:4...|13:25:44|13:30:38|  app_open|  features_load_result|      1|    655|
|B5D4-4AF5-A03B-CD08EE0581F9|(app_open,NULL,2019-01-11,19:33:3...|19:33:33|19:49:39|  app_open|goodsdetail_gallery_click|    0|     85|
|8F3A-4B4-9EAE-F599E31379BC|(app_open,NULL,2019-01-06,04:19:3...|04:19:34|04:22:44|  app_open|     getnow_cancel_click|    0|    124|
|b15c-444e-922f-f9bb2c18803b|(app_open,NULL,2019-01-09,02:58:5...|02:58:57|02:58:57|  app_open|             app_open|      0|      1|
|C1FA-4F3-B488-20380140CD9E|(app_open,NULL,2018-12-30,04:13:4...|04:13:49|2018-12-30|  app_open|        search_result|      0|    128|
|e770-4f84-af28-a50f4876891b|(app_open,NULL,2019-01-11,02:33:0...|02:33:02|02:33:02|  app_open|             app_open|      0|      2|
|697d-4b10-aae2-e8e39b635be1|(app_open,NULL,2019-01-19,10:02:1...|10:02:12|10:03:25|  app_open|      loginreg_ok_click|    0|     14|
|7eb8-415b-8a42-045564950fb4|(app_open,NULL,2019-01-04,21:46:3...|21:46:30|21:46:43|  app_open|    loginreg_back_click|    0|      3|
|CA28-4F24-8FD3-FEBA3210D219|(app_open,NULL,2019-01-04,09:45:2...|09:45:20|09:47:32|  app_open|   loginreg_login_click|    0|      8|
+--------------------+--------------------+--------+--------+----------+----------------------+-------+-------+
```

图 9-33　用户首访 Session 行为事件分析

除了以上维度的分析，还可以进一步从用户的访问时长、访问间隔等其他维度深入挖掘用户访问特征。

通过 Session 分析还可以找到用户行为路径，路径分析记录用户每次访问的顺序，结合桑基图可以清楚地观察在每一关键节点前后的流量进入和流量走向情况。通过优化关键节点部分，可以提升这些节点的转化效率。

```
val orderedSessionEventRdd = test1.map { f => (f._1, (f._2, f._3, f._4,f._5)) }
    .groupByKey()
    .mapValues {
```

```
    itor => {
      // 按事件的时间依次排序
      val eventLst = itor.toList.sortBy(f => f._4).map(p => p._1)

      val firstpath = eventLst(0)
      val secondpath = if (eventLst.size >= 2) { eventLst(1) } else{ null }
      val thirdpath = if (eventLst.size >= 3) { eventLst(2) } else{ null }
      val forthpath = if (eventLst.size >= 4) { eventLst(3) } else{ null }
      val fifthpath = if (eventLst.size >= 5) { eventLst(4) } else{ null }

      val paths = firstpath + ',' + secondpath + ',' + thirdpath + ',' +
forthpath + ',' + fifthpath
      paths.toString    // 前5次行为访问路径
    }
  }


val rowRdd = orderedSessionEventRdd.map(tp => {
  val cookieid = tp._1    // cookie_id
  val eventLst = tp._2    // event_cts
  Row(cookieid, eventLst)
})

val sct = StructType(
  Seq(
    StructField("cookie_id", StringType),
    StructField("eventLst", StringType)
  ))

spark.createDataFrame(rowRdd, sct)
  .createOrReplaceTempView("v_tmp_session")

spark.sql("select eventLst, count(cookie_id) as num from v_tmp_session group
by eventLst order by count(cookie_id) desc limit 20")
  .show(20, 130)
```

通过用户的访问路径（如图9-34所示），可以了解用户前5次访问多集中在哪些行为。

根据用户的访问路径进行分析，对于产品设计的改进有很大帮助，分析用户从登录、搜索、浏览详情页到购买的行为路径，根据用户在各环节的转化率发现用户行为偏好和影响订单转化的主要因素。

从图 9-35 的桑基图中可以看出用户在进入 App 后每一次访问的流量去向。

```
+--------------------------------------------------------------------------------------------------------------------------------+---+
|                                                                                                                        eventLst|num|
+--------------------------------------------------------------------------------------------------------------------------------+---+
|                                                                           key_app_open,loginreg_view,null,null,null|136|
|key_app_open,loginreg_view,loginreg_phonenumber_phonecolumn_click,loginreg_phonenumber_next_click,loginreg_phonenumber_next_result| 94|
|key_app_open,loginreg_view,loginreg_phonenumber_phonecolumn_click,loginreg_phonenumber_next_result,loginreg_phonenumber_next_click| 29|
|                         key_app_open,LaunchEnd,loginreg_view,LaunchAnimationEnd,loginreg_phonenumber_phonecolumn_click| 28|
|                         key_app_open,LaunchEnd,LaunchAnimationEnd,loginreg_view,loginreg_phonenumber_phonecolumn_click| 27|
|                         key_app_open,LaunchAnimationEnd,loginreg_view,LaunchEnd,loginreg_phonenumber_phonecolumn_click| 27|
|                                        key_app_open,loginreg_view,loginreg_phonenumber_phonecolumn_click,null,null| 26|
|                                                                                 key_app_open,null,null,null,null| 25|
|                         key_app_open,LaunchAnimationEnd,LaunchEnd,loginreg_view,loginreg_phonenumber_phonecolumn_click| 24|
|                         key_app_open,loginreg_view,LaunchAnimationEnd,LaunchEnd,loginreg_phonenumber_phonecolumn_click| 20|
|                         key_app_open,loginreg_view,LaunchEnd,LaunchAnimationEnd,loginreg_phonenumber_phonecolumn_click| 18|
|                                            key_app_open,LaunchEnd,loginreg_view,LaunchAnimationEnd,guidepage_skip| 17|
|                          key_app_open,key_app_open,loginreg_view,loginreg_view,loginreg_phonenumber_phonecolumn_click| 17|
|key_app_open,loginreg_view,loginreg_phonenumber_phonecolumn_click,loginreg_phonenumber_next_click,loginreg_verification_sendsms...| 15|
|                                                                      key_app_open,LaunchAnimationEnd,null,null,null| 15|
|                                          key_app_open,loginreg_view,loginreg_phonenumber_next_click,null,null| 14|
|                                            key_app_open,LaunchAnimationEnd,LaunchEnd,loginreg_view,guidepage_skip| 13|
|                                            key_app_open,LaunchAnimationEnd,loginreg_view,LaunchEnd,guidepage_skip| 13|
|                                            key_app_open,LaunchEnd,LaunchAnimationEnd,loginreg_view,guidepage_skip| 12|
|                                            key_app_open,loginreg_view,LaunchEnd,LaunchAnimationEnd,guidepage_skip| 11|
+--------------------------------------------------------------------------------------------------------------------------------+---+
```

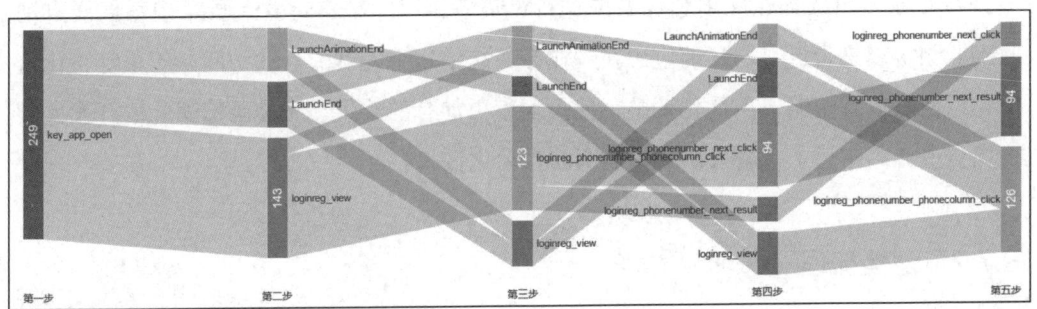

图 9-34　用户前 5 次访问路径

图 9-35　用户访问 Session 流量桑基图

从图 9-36 可以看出未购买用户大部分时间在浏览 Home 主页面，其次才是商品详情页，而首购和复购用户大部分时间在商品详情页，其次是类目页面。由此建议针对未购买用户访问的页面结合用户偏好，提供更多用户感兴趣的商品。未购买用户有 6% 访问过购物车页面，与购买用户占比相同，建议在购物车页面增加"满减优惠券 / 再购 xx 元包邮"等提醒，以减少有购物意向的用户的流失。

| 页面 | 未购买用户访问分布 | | | 首购当次session访问页面 | | | 复购当次session访问页面 | | |
|---|---|---|---|---|---|---|---|---|---|
| | 人数 | 平均分布时长 | 人数占比 | 人数 | 平均访问时长 | 人数占比 | 人数 | 平均访问时长 | 人数占比 |
| $payment | xx | xx | xx% | xx | xx | xx% | xx | xx | xx% |
| $Checkout | xx | xx | xx% | xx | xx | xx% | xx | xx | xx% |
| $Shoppingbag | xx | xx | xx% | xx | xx | xx% | xx | xx | xx% |
| $Paymentresult | xx | xx | xx% | xx | xx | xx% | xx | xx | xx% |
| $Goodsdetail | xx | xx | xx% | xx | xx | xx% | xx | xx | xx% |
| $Home | xx | xx | xx% | xx | xx | xx% | xx | xx | xx% |
| $orderdetail | xx | xx | xx% | xx | xx | xx% | xx | xx | xx% |
| $myaccount | xx | xx | xx% | xx | xx | xx% | xx | xx | xx% |
| $address | xx | xx | xx% | xx | xx | xx% | xx | xx | xx% |
| $Launch | xx | xx | xx% | xx | xx | xx% | xx | xx | xx% |
| …… | xx | xx | xx% | xx | xx | xx% | xx | xx | xx% |

图 9-36　用户 session 访问页面分布（示例数据）

## 9.7　人群效果监测报表搭建

### 9.7.1　案例背景

在业务方团队都在应用画像系统进行渠道营销时，渠道运营人员希望每天能自动收到监测报表来告诉自己目前应用在各业务系统中每个人群的后续访问、下单等转化情况，以便对运营策略有所优化调整，使得运营更加有的放矢。于是画像团队的开发人员面向各业务方搭建了一套人群效果监测的自动化报表。

### 9.7.2　逻辑梳理

在搭建人群监测报表时，主要分为两个阶段，首先从相关的 Hive 表中提取数据，关联分析成一张宽表，然后整理好一份 Excel 报表模板，最后通过自动报表邮件每天定时跑 Hive 任务，将数据插入到 Excel 报表模板中然后自动发送。

下面通过一个案例依次了解各个环节的实现方式。

**1. 数据提取**

某负责对接用户主动外呼营销的运营人员，在画像系统上线人群到各业务系统后，后续需要进一步监控该部分人群的访问、下单等转化情况。

根据业务方圈定的规则，人群'10003''10004'创建后上线到了邮件营销系统

（见图9-37）。

| 人群名称 | 人群ID | 创建时间 | 创建者 | 人数 | 下载 | 推送 | 操作 |
|---|---|---|---|---|---|---|---|
| 高价值用户 | 10001 | 2019-01-01 19:00 | AAA | 7000人 | ⬇ | 📌消息通知 | 编辑 删除 |
| 近3日申请贷款 | 10002 | 2019-01-02 19:01 | BBB | 8000人 | ⬇ | 📌消息通知 | 编辑 删除 |
| 核心付费用户 | 10003 | 2019-01-03 12:01 | CCC | 9000人 | ⬇ | ✉电子邮件 | 编辑 删除 |
| 近7日新注册女性 | 10004 | 2019-01-04 18:00 | DDD | 30000人 | ⬇ | ✉电子邮件 | 编辑 删除 |

图 9-37　业务方圈定目标人群用于外呼系统

```
insert overwrite table dw.user_group_info partition(data_date ="data_date")
    select groupuserid as user_id,
           case when  groupid='10003' then '核心付费用户'
                when  groupid='10004' then '近7日新注册女性'
           end group_name
    from dw.userprofile_usergroup_labels_all
    where data_date=  "data_date"
    and tagsystem = 'email_system'         // 邮件系统id编号
    and groupid in('10003', '10004')       // 人群id编号
```

### 2. 报表自动化

整体来说，做好一份个性化的 Excel 数据管理模板需要分三步走：第一步需要根据分析的内容及指标，设计好报告的呈现内容与呈现形式，即根据分析纬度搭建数据报告的框架。可以先手动设计好报告的版式；第二步厘清指标之间的逻辑关系，明确报告的呈现内容，设计报告的内容实现逻辑，建立数据源表和数据转化表；第三步按照设计调整报告元素及格式，设计自动化流程。通过从数据源表导入数据即可在报告正文页得到最终呈现的结果。实现流程如图 9-38 所示。

图 9-38　Excel 报告自动化流程

**数据仓库**：对企业业务数据及日志数据等多个异构数据源集成存储的结构化集成环境，需要数据分析师使用 HQL 语言从数据库中提取数据；

原始数据表：是用于存放每次通报所需关键指标数据的汇总表，一般用 HQL 语言经过初步的数据清洗及数据预处理（如汇总、排序、离散、格式转换等）从数据库中提取出来；

中间转化数据表：用来动态引用数据源中的数据，并进行相应的数据转化、指标计算、图表绘制及通报文字组合等工作；

Excel 日报正文：根据分析框架，组织引用"数据转化区域"中相应组合好的数据、通报文字及绘制好的图表，以一定格式呈现出来。

接下来会通过一份 Excel 运营数据日报来举例说明个性化数据管理报告是如何创建的。

**从数据源表到数据转化表**

本小节将对上一节中介绍的数据源表和数据转化表的创建过程展开详细介绍。Excel 原始数据 sheet 用于存放从数据仓库中提取的原始数据和经过二次计算得到的数据。一般分为原始提取数据、计算数据和辅助数据 3 个区域。如图 9-39 所示。

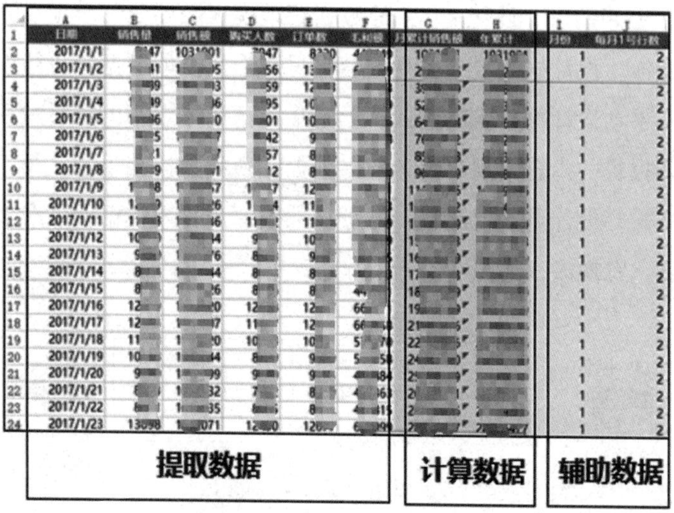

图 9-39　Excel 原始数据表

提取数据区域用于存放从数据仓库中原始提取出来的数据；辅助数据区域用于存放

一些临时的参数，作为辅助列便于计算另一列数据；计算后数据区域用于存放经过计算得到的指标数据。

Excel中间转化数据表的创建是整个 Excel 自动化管理模板中最为关键的一环。通过对数据源表建立动态的数据引用，引用数据源表的相关信息。在数据转化表中主要用到了日期控件、MATCH 函数、TEXT 函数、OFFSET 函数和 INDEX 函数。下面我们分 4 步详细讲解数据转化表的建立过程。

**第一步，设置日期控制单元**

借助日期控制单元我们可以选择查看目标日期的数据，通过引用控制可以自动调整相应数据列变化。

首先我们打开 Excel 表格，在"开发工具"的"插入"选项卡下面的"表单控件"中选择第二个选项组合框，如图 9-40 所示，在表格的空白区域拖曳鼠标即可生成控件。

右击该日期控件选择"设置控件格式"命令，如图 9-41 所示，在弹出的"设置控件格式"对话框中点击"数据源区域"选项的按钮，进入到数据源表中选择对应的日期，如图 9-42 所示，按回车键确认操作。然后设置"单元格链接"，即当我们选择控件日期后存放相应数值的位置。这里我们放在数据转化表日期控件的旁边，如图 9-43 所示。

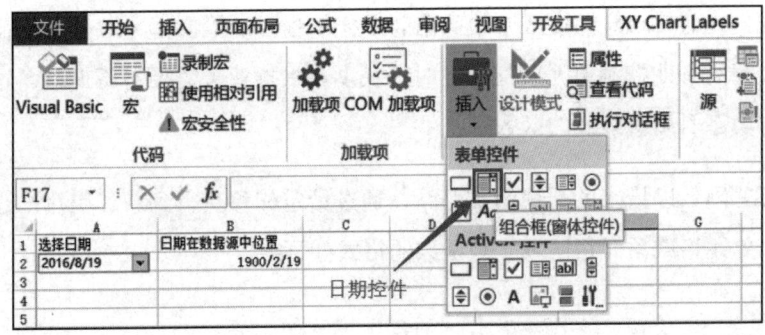

图 9-40　选择日期控制单元控件

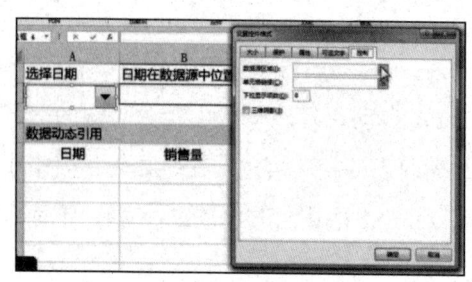
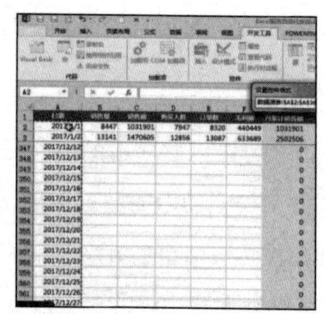

图 9-41 "设置控件格式"对话框　　　图 9-42 选择数据源表中的日期

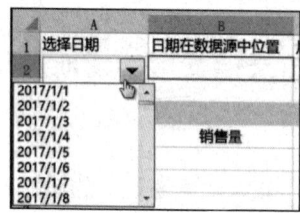

图 9-43 日期控件的使用

至此,当我们在数据转化表的日期控件中选择对应的日期时,旁边单元格即可显示该日期对应其在数据源表中的位置。接下来我们将通过 Excel 函数建立起数据与日期控件之间的关系,使得改变选择日期时,对应的数据列做成相应变化。

**第二步,从原始数据表动态引用数据**

这里我们通过 Excel 函数从原始数据表中截取报告所需的部分数据,而截取的时间点,由上步骤的日期控制单元所控制。时间长度可根据业务需要进行调整。这里我们详细讲解数据动态引用所涉及的函数。

OFFSET 函数以指定的引用为参照系,通过给定偏移量得到新的引用。返回的引用可以为一个单元格或单元格区域,该函数的格式如下:

```
OFFSET( reference, rows, cols, height, width)
```

OFFSET 函数是偏移单元引用的函数,这个偏移不是原始单元格内容的偏移,只是引用单元格的地址发生了变化。该函数中的各参数释义如下:

❏ reference:是偏移的基点,作为偏移量的引用区域,必须为对单元格或相连单元格区域的引用；
- rows：是偏移的行数（其中正数表示向下偏移，负数表示向上偏移，0表示不偏移）；
- cols：是偏移的列（其中正数表示向右偏移，负数表示向左偏移）；
- height：是所要返回的引用区域的行数；
- width：是所要返回的引用区域的列数。

当第四和第五参数是正数的时候，单元格引用区域是以那个位移单元格为左上角。如果不想改变引用区域的大小，第四、第五参数可以省略。在单元格录入公式后需要同时按下 Shift+Ctrl+Enter 键，组合完成输入，输入后编辑栏显示公式用大括号括起来，此时表示公式起效了。如图 9-44 所示。

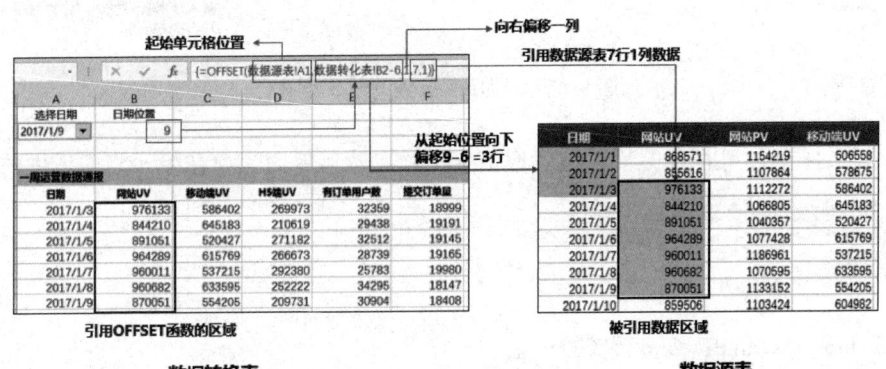

图 9-44　OFFSET 函数的使用方式

当记录日报流水数据时，数据是从行上不断向下增加的，所以应固定单元格的上方。

INDEX 返回指定位置的内容，该函数的格式如下：

INDEX(array, row-num, column-num)

- array：表示要查找数据的区域，其返回值为单元格区域或数组；
- row-num：要查找数据所在的行号；
- column-num：要查找数据所在的列号。

INDEX 函数在该数据管理模板中的使用方式如图 9-45 所示。

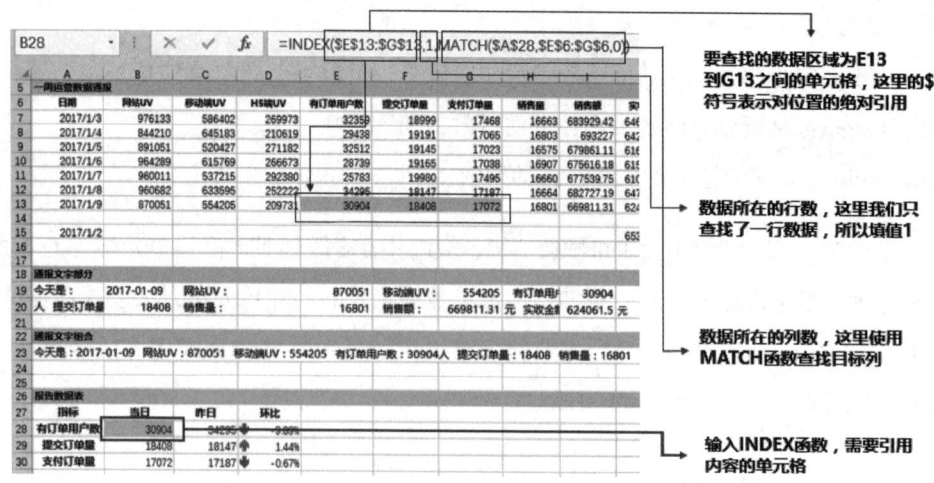

图 9-45 INDEX 函数的使用方式

MATCH 函数可在单元格区域中搜索指定项，然后返回该项在单元格区域中的相对位置。该函数的格式如下：

```
MATCH(lookup-value, lookup-array, match-type)
```

- lookup-value：表示要查找的值。
- lookup-array：表示要搜索的单元格区域。
- match-type：指定如何在 lookup_array 中查找 lookup_value。其中 1 表示查找小于或等于 lookup_value 的最大值，lookup_array 参数中的值必须按升序排列；0 表示查找等于 lookup_value 的第一个值；-1 表示查找大于或等于 lookup_value 的最小值。

MATCH 函数在该数据管理模板中的使用方式如图 9-46 所示。

**第三步，报告的通报文字**

报告中的通报文字一般包括两个部分，一部分是标题；另一部分是数据表的结论。通报文字部分可分为固定不变的文本和随日期变化的数字部分。我们将其放在相邻的单元格，固定不变的文本保持不变，随日期变化的数据我们使用 TEXT 函数对其进行转化，最后使用"&"连接符将文字描述和数字进行组合，效果如图 9-47 所示。

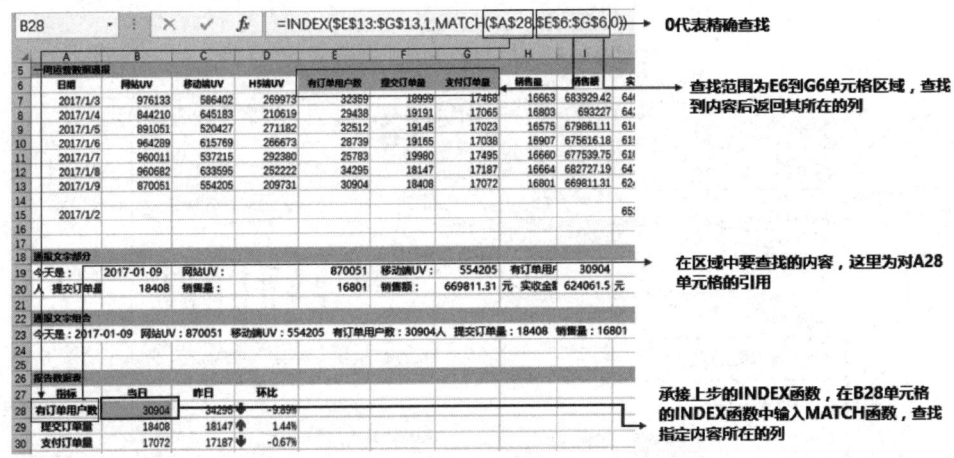

图 9-46　MATCH 函数的使用方式

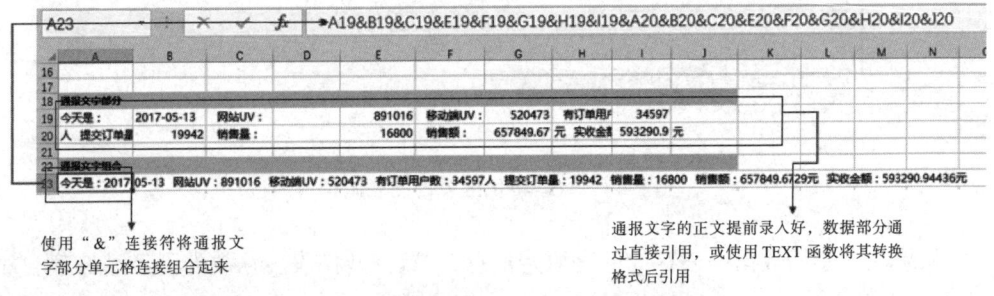

图 9-47　组合通报文字及对应数据

使用 TEXT 函数可将数据指标转化成固定的格式。该函数格式如下：

TEXT（指标，"数字格式"）

❑ 指标：是单元格内存放的原始数据；
❑ 数字格式：将原始数据转化成我们所期望的固定数据样式。

**第四步，制作关键图表**

先在数据转化表中作出单元格数据相关图表，由于单元格数据受函数控制动态引用，当改变日期控件时，单元格中数据将会随时间改变，同时图表也会同步更改。最后在报告正文中引用数据转化表中的图表，同样可实现当改变日期控件时间时，图表作相应调整。如图 9-48 所示。

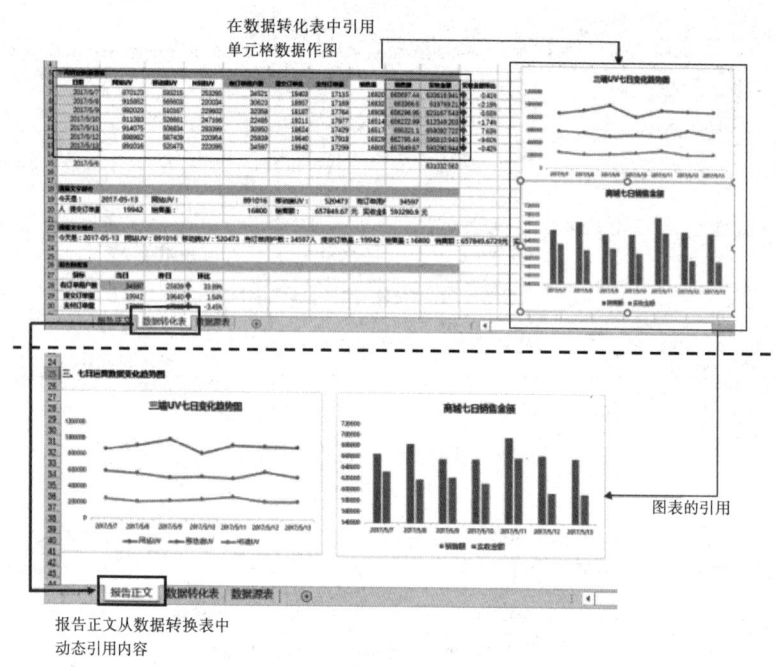

图 9-48　数据转化区关键图表制作

如果说"原始数据"表存放的是原始信息，"数据转换表"存放的是经过处理、加工的数据模板草稿，那么"报告正文"表就是这份数据管理模板的"门面"了。它向阅读者展现了整份数据日报的核心、关键内容（如图 9-49 所示）。

报告正文除了需要保持信息的准确性、精简性，还需要保持页面的干净整洁。对于自动化报告，我们在选择不同的日期时要保证报告的正文展示区域能够自动随之改变。为了让阅读界面更加简洁，我们可以对没必要展示的信息（如工作表、单元格标题、网格线等）进行隐藏。

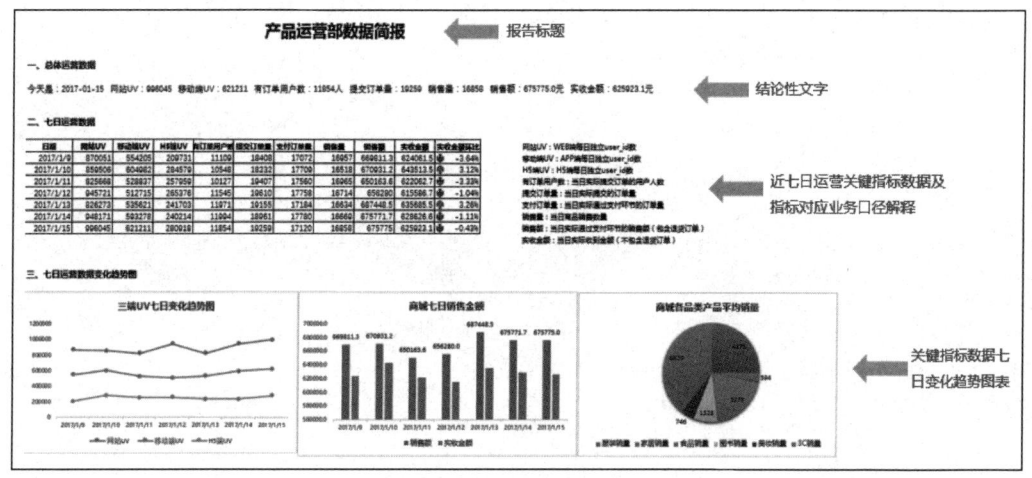

图 9-49 报告正文展示内容

## 9.7.3 自动报表邮件

为了减少重复性工作,数据提取人员可以使用 Python 自动化脚本跑定时任务。将写好的 HQL 语句放入 Python 脚本中,并在服务器上设置 crontab 定时调度任务,保证每天定时自动从数据仓库中提取数据后,将结果集写到 Excel 中并发送邮件到数据需求方的邮箱。Python 脚本代码示例如下 (auto_email.py):

```
#coding: utf-8
search_data = """ 创建临时表查询昨日运营数据"""
report_data = ''' select * from 上一步创建的临时表 '''

import psycopg2
import smtplib
import os
import openpyxl
import datetime
from impala.dbapi import connect
from email.mime.multipart import MIMEMultipart
from email.mime.text import MIMEText
from email.mime.image import MIMEImage
import pyhs2      # Hive环境

wb = openpyxl.load_workbook('/home/path/username/daily_report_v1.xlsx')   # 打开服务器存储路径下的Excel文件
```

```python
# 连接Hive环境
impala_conn = pyhs2.connect(host='10.xx.xx.xx', port=xxx, 
authMechanism="PLAIN", user='username', password='password', database='dwd')

seo_h5_1 = impala_conn.cursor()
h5_result = impala_conn.cursor()

seo_h5_1.execute('''SET mapreduce.job.queuename=root.yydata''')
seo_h5_1.execute(search_data)   # 执行HQL语句

# 取出数据
h5_result.execute(report_data) # 取出数据
h5_result = h5_result.fetchall()

#放到sheet里面去
sheet = wb.get_sheet_by_name('daily_report')   #daily_report表

#清除历史数据
for i in range(2,sheet.max_row + 1 ):
    for j in range(1,sheet.max_column + 1 ):
        sheet.cell(row=i,column=j).value = ''

#填充结果数据
for i in range(2,len(h5_result) + 2 ):
    for j in range(1,len(h5_result[i-2]) + 1 ):
        sheet.cell(row=i,column=j).value = h5_result[i-2][j-1]

#关闭Hive链接
impala_conn.close()
wb.save('/home/path/usernamet/daily_report_v1.xlsx')    # 保存Excel文件
receiver = 'receiver_email@xxx.com'          # 收件人邮箱地址

date_str = datetime.datetime.strftime(datetime.date.today()-datetime.timedelta(days=1),'%m%d')

mail_txt = """
Dear All,
    附件是人群监测日报,请查收。
"""
msgRoot = MIMEMultipart('mixed')
msgRoot['Subject'] = unicode(u'日报-%s' % date_str)    #添加日期
msgRoot['From'] = 'sender_email@xxx.com'
msgRoot['To'] = receiver
msgRoot["Accept-Language"]="zh-CN"
```

```
msgRoot["Accept-Charset"]="ISO-8859-1,utf-8"

msg = MIMEText(mail_txt,'plain','utf-8')
msgRoot.attach(msg)
att = MIMEText(open('/home/path/usernamet/daily_report_v1.xlsx', 'rb').
read(), 'base64', 'utf-8')
att["Content-Type"] = 'Application/octet-stream'
att["Content-Disposition"] = 'attachment; filename="日报2017%s.xlsx"' % date_
str
msgRoot.attach(att)
smtp = smtplib.SMTP()
smtp.connect('mail.address.com')
smtp.login('sender_email@xxx.com', 'sender_password')
for k in receiver.split(','):
    smtp.sendmail('receiver_email@xxx.com', k, msgRoot.as_string())
smtp.quit()
```

## 9.8 基于用户特征库筛选目标人群

### 9.8.1 案例背景

在前面章节中的案例是基于电商业务数据构建的用户特征库，这里介绍另一种基于医疗业务场景下构建的用户特征库及其应用方案。

某互联网医疗产品上入驻了行业内几十万名专家和医生，用户在该产品 Web 端、App 端或 H5 页面上挑选与要咨询疾病相关的专家，并预约付款后，可以以图片＋文字、语音通话、视频等方式向专家咨询相关疾病。专家作出解答后，用户确认付款并填写评价。根据用户在该产品上的业务订单与行为数据，可充分挖掘用户疾病特征，以便精准营销合适的医疗服务与产品。

目前该平台的数据仓库中积累了大量订单数据及用户行为数据，为更好地支持运营人员将相关活动精准推送给有需求的用户，数据开发人员将根据用户的订单、行为相关数据进行建模，构建用户行为特征库。

## 9.8.2 应用方式及效果

创建用户行为标签表 dw.peasona_user_tag_relation，基于用户特征库的表结构，在该医疗业务场景下对字段的定义做如表 9-7 所示的调整。

表 9-7 某医疗场景用户行为标签表

| 字段 | 字段类型 | 字段定义 | 备注 |
| --- | --- | --- | --- |
| userid | String | 用户 id | |
| tagid | String | 标签 id | 包括医院 id、医生 id、科室 id、疾病 id、药品 id 等 |
| tagname | String | 标签名称 | 标签对应的中文名称 |
| tagtype | String | 标签类型 | 1 疾病；2 药品；3 症状；4 医院；5 医生；6 科室 |
| cnt | Int | 行为次数 | 用户当日行为次数 |
| eventtype | String | 行为类型 | 1 用户问诊医生诊断疾病（直接行为）<br>2 用户问诊评价填写疾病（直接行为）<br>3 用户问诊医生擅长疾病（间接行为）<br>4 用户问诊医生对应科室（间接行为）<br>5 用户问诊医生对应医院（间接行为）<br>6 用户浏览医院科室（直接行为）<br>7 用户浏览医生主页（直接行为）<br>8 用户浏览医院主页（直接行为）<br>9 用户关注医生（直接行为）<br>10 用户关注医院（直接行为）<br>11 用户关注科室（直接行为）<br>12 用户关注疾病（直接行为）<br>…… |
| datadate | String | 日期 | |

场景 1：针对近期问诊的用户中患有感冒、发烧、喉咙痛等疾病的用户营销相关的医疗服务与产品。

根据业务需求，从用户行为标签表中抽取相关的精准用户。

```
select userid
   from dw.peasona_user_tag_relation
  where data_date >= '20190101'
    and data_date <= '20190106'
    and (eventtype = '1'       #用户问诊医生诊断疾病
         or eventtype = '2'    #用户问诊评价填写疾病
         or eventtype = '3')   #用户问诊医生擅长疾病
    and (tagname like '%感冒%' or tagname like '%发烧%' or tagname like '%喉咙痛%')
```

场景 2：在大促活动期间，平台要针对某医院的一些重点科室医生营销相关医疗服务，需要精准抽取一批近期在该医院问诊过的用户。

```
select userid
   from dw.peasona_user_tag_relation
  where data_date >= '20190101'
    and data_date <= '20190106'
    and tagtype = '4'    # 标签类型为医院
    and tagname = 'xxxx 医院'
    and eventtype = '5' #用户问诊医生对应医院
```

## 9.9　本章小结

本章通过 10 用户画像在业务场景中实际应用的案例讲解了用户画像在消息推送营销、A/B 人群效果测试、用户生命周期营销、用户 VIP 专属客服等场景中的应用。9.7 节讲解了如何搭建报表追踪画像系统推送各业务线的人群数据在业务上的应用效果。

从上线前后的数据分析效果来看，通过对人群的精细化运营，对流量、GMV、用户体验等有显著的促进作用。

Appendix 附录

# 某产品用户画像项目规划文档

下面是一份产品画像规划说明书，希望为需要写文档的读者提供一种思路方案。

## 用户画像及其应用

## 项目规划说明书

××××年××月

×××大数据部门

**文档记录:**

**摘要记录:**

| 关键字 | |
|---|---|
| 编　号 | 用户画像及应用项目 - 设计说明书 |
| 关　联 | |

**变更记录:**

| 变更者 | 版本 | 变更日期 | 批准人 | 审批日期 | 变更内容 |
|---|---|---|---|---|---|
| ××× | V1.0 | 2019-01-10 | | | 初稿 |
| | | | | | |
| | | | | | |
| | | | | | |
| | | | | | |

# 1　引言

## 1.1　项目名称

×××用户画像及其应用

## 1.2　项目背景及概要

在互联网逐步步入大数据时代后，不可避免地给企业和用户行为带来一系列改变与重塑；其中最大的变化莫过于，用户的一切行为在企业面前都是"可视化"的。随着大数据技术的深入研究与应用，企业的专注点日益聚焦于怎样利用大数据来为精细化运营及精准营销服务，进而深入挖掘潜在的商业价值。于是，用户画像的概念也就应运而生。

用户画像可以使产品的服务对象更加聚焦，更加专注。本项目分别从用户人口属性、订单消费、行为属性、用户偏好、疾病问诊信息、客户满意度6个角度构建用户画像模型；基于 MySQL（关系型数据库）和大数据平台进行采集分析，分别从用户类别、渠道内容、行为特征及业务场景等多个方面进行数据标签配置，实现模型与应用场景数据共享，采用千人千面等方法进行 UI 数据可视化展现，实现精细化运营及精确营销服务。

## 1.3 项目目标

全业务运营下，用户画像及应用基于 MySQL（关系型数据库）和大数据平台采集分析，把用户特征标签封装成数据接口服务，实时推送到一线，将信息数据变成生产力，项目实现目标如下。

### 一、用户画像模型封装

（1）基于 MySQL（关系型数据库）和大数据平台（Hive、HBase、Elasticsearch 等）包含基础标签与分析类知识标签，实现用户特征全貌刻画。

（2）多种封装角度

分用户类别、渠道内容、业务场景进行封装配置。

### 二、接口数据实时推送

实现用户画像数据实时更新至运营及营销统一视图（Web 产品）中进行展现，并实时反馈运营及营销信息问题，保证数据应用的时效性。

### 三、展现 UI 封装

依托用户画像，将推荐信息配置应用端进行可视化展现，集中活动运营，实现千人千面的运营效果。

## 1.4 项目适用范围

1）运营决策人员：对运营的关键问题进行决策。

2）运营分析人员：从事市场竞争分析、用户需求分析、业务分析工作，主要负责用户需求的发现和目标确定，并配合运营策划和评估的实施。

3）运营策划人员：从事运营和实施方案设计，根据用户需求生成创意，将创意转化为策略，并制订实施方案。

4）数据分析人员：负责数据挖掘和数据分析支撑的全体 IT 支撑人员。

5）算法开发人员：应用于线上推荐系统实时调用画像标签数据。

# 2 系统功能及模型架构

## 2.1 系统功能架构

用户画像及应用项目包括底层数据源采集和存储、画像标签模型构建、数据模型应用 3 个层级，系统功能架构如下：

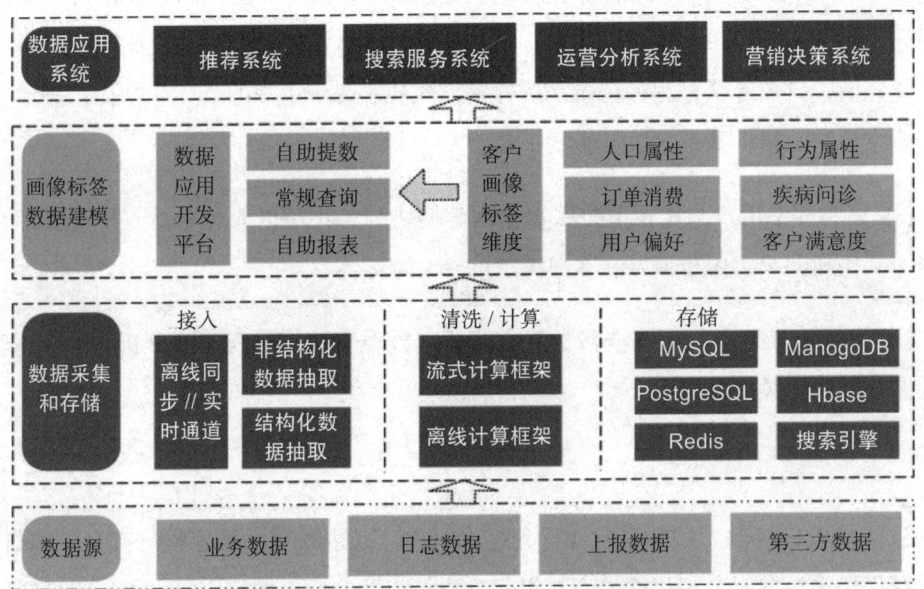

## 2.2 模型架构

画像标签模型分析主要分原始数据统计分析、统计标签建模分析、模型标签预测分析3个部分，具体如下：

| 1 原始数据 | 2 统计标签 | 3 模型标签 | 4 预测标签 |
| --- | --- | --- | --- |
| • 用户维表<br>• 订单事实表<br>• 行为日志表<br>• 埋点日志表<br>• 医生维表<br>• 疾病维表<br>• …… | • 人口属性<br>• 订单次数<br>• 登录频率<br>• 最近患病<br>• 医院级别<br>• 活跃频度<br>• …… | • 消费登记<br>• 用户分群<br>• 疾病模型<br>• 用户活跃度<br>• 颖难杂症<br>• …… | • 消费能力<br>• 用户流失<br>• 用户性别<br>• 群体特征<br>• 用户偏好<br>• 用户消费周期 |

# 3 需求设计

## 3.1 用户画像模型

【需求说明】用户画像模型是结合用户基本属性分析，对用户的互联网行为特征进行描述，包括用户登录、搜索、关注、消费等各方面数据，对用户的疾病问诊、行为喜好变化、消费订单等全过程的记录，以标签方式展示每个用户的个性化特征，画像是系统分析结果的总结，是系统数据挖掘的起始。

【业务要素】用户画像模型按照数据内容模块分为：用户人口属性、行为属性、资产消费、疾病问诊、用户偏好、客户满意度6大类标签。

【核心算法描述】核心算法包括聚类分析、分类算法、时间序列分析、RFM模型、推荐系统算法、关联分析等。

（1）聚类分析

聚类分析将看似无序的对象进行分组、归类，以达到更好地理解研究对象的目的。聚类结果要求组内对象相似性较高，组间对象相似性较低。在用户研究中，很多问题可以借助聚类分析来解决，比如用户活跃度行为聚类、用户消费情况聚类等。

（2）分类算法

分类是按照某种标准给用户贴标签，再根据标签来区分归类，分类是事先定义好类别，类别数不变。根据用户群的文化观念、订单消费、行为习惯等的不同细分新的类别，企业根据用户的不同制定品牌推广战略和营销策略，将资源针对目标用户集中使用。

（3）时间序列分析

时间序列分析是一种动态的数据统计方法。该方法基于随机过程理论和数理统计学方法，研究随机数据序列所遵从的统计规律，以用于解决实际问题。比如用户的周期性行为分析、因子回归分析建模等。

（4）RFM 模型

RFM 模型较为动态地显示了一个用户的全部轮廓，R 表示用户购买的时间有多远，F 表示用户在时间内购买的次数，M 表示用户在时间内购买的金额，加权得到 RFM 得分。

（5）推荐系统算法

利用用户的一些行为，通过一些算法（协同过滤、LFM、打分模型、关联分析等）推测出用户可能喜欢的商品。推荐讲究准确性，提高用户 – 医生（医院）– 内容（订单、知识等）等组合的匹配度，提升服务质量。

（6）关联分析

关联分析就是在关系数据或其他信息载体中，查找存在于项目集合或对象集合之间的频繁模式、关联、相关性或因果结构，挖掘潜在的行为和消费关联特征。

### 3.1.1 人口属性标签

【需求说明】人口属性标签是用户的基本信息，这些信息往往是用户注册及使用产品时记录的信息，如年龄、性别、注册时间、婚姻状况、身高体重等。通过人口属性刻画，达到对用户初步认知的目的。

【业务要素】人口属性标签大部分可从数据仓库中直接获取，部分数据（生理）可在体检、疾病处方等非结构数据中提炼。

| 标签所属分类 | 标签名 | 标签解释 | 标签 eg |
|---|---|---|---|
| 人口属性标签 | 性别 | 身份证标识的性别 | 1 男 2 女 其他未知 |
| | 年龄/分层 | 对平台用户年龄进行分群分析 | 新生婴儿 0~28 天、婴儿（28 天~1 年）、幼儿（1~4 年）、儿童（5~13）、少年（14~18）、青年（19~44）、中年（45~59）、老年（60 以上） |
| | 电话号码所在区域/分层 | 一二三四线城市 or 城乡标识 | 城市/农村 |
| | 是否临时账户 | 为第三方账号登录，没有进行验证 | 是/否 |
| | 注册时间 | 用户的注册日期，格式 yyyy-mm-dd | 2016/9/25 11:10 |
| | 新老用户标识 | 基于用户注册时间及订单业务情况建模 | 新/老用户 |
| | 教育程度 | 用户的学历信息 | 研究生/本科/大专/高中/初中及以下 |
| | 身高 | 健康档案中的个人信息 | 175cm |
| | 体重 | 健康档案中的个人信息 | 65kg |
| | 职业类型 | 用户从事职业的分类 | 政企机关/白领/销售等 |
| | 收入水平 | 根据各因子模型预测用户收入等级 | 高/中/低 |
| | 星座 | 根据用户生日进行分群 | 白羊/金牛/双子/狮子等 12 星座 |
| | 婚姻状况 | 用户结婚与否 | 是/否 |
| | 生育状态 | 用户生育情况 | 未生育/备孕/怀孕/已生育 |
| | 是否有老人 | 联系人识别是否有 60 以上 | 是/否 |
| | 是否有小孩 | 联系人识别是否有小于 10 岁以下 | 是/否 |

### 3.1.2 行为属性标签

【需求说明】行为属性标签是基于用户使用产品过程中产生的信息，包括登录行为、挂号、问诊、协议处方、保险等订单以及平台点击、浏览、关注、搜索、评价等互联网行为数据，通过基础统计分析了解用户的行为周期、习惯偏好、关注内容等。

【业务要素】行为属性标签主要通过各类订单以及前端的埋点数据的基础统计分析获取，详细内容及口径如下：

| 标签所属分类 | 标签名 | 标签解释 | 标签 eg |
| --- | --- | --- | --- |
| 行为属性标签 | 最近一次登录时间 | 取最后一次登录的时间 | 2016/9/25 11:10 |
| | 用户成长值 | 近期用户会员等级升级速度 | 成长期、平稳期 |
| | 登录活跃度指数 | 通过模型计算活跃指数 | 是/否；或指数 |
| | 近一个月付费问诊次数 | 30 天内累计付费问诊次数 | 4 |
| | 近一个月保险购买次数 | 30 天内累计协议处方次数 | 6 |
| | 近一个月浏览文章数 | 最近 30 天浏览文章总数 | 12 |
| | 近一个月浏览时长 | 最近 30 天浏览内容停留总时长 | 10.5h |
| | 页面浏览层级 | 用户浏览页面的层级深度 | 首页/深入点击 |
| | 近一个月搜索次数 | 最近 30 天搜索点击总数 | 21 |
| | 近 30 天 banner 点击数 | 近 30 天 APP 首页 banner 点击次数 | 23 |

### 3.1.3 疾病问诊标签

【需求说明】疾病问诊标签是基于用户挂号、问诊、处方数据提取用户（用户联系人）的疾病及问诊相关信息，并相应提取用户搜索、浏览、关注、点击等互联网行为相关的疾病问诊标签，通过数据分析与挖掘预测用户疾病问诊的潜在业务需求.

【业务要素】疾病问诊标签主要通过分析各类挂号问诊订单以及疾病关注信息数据，提取用户疾病及问诊需求的业务标签，详细内容及口径如下：

| 标签所属分类 | 标签名 | 标签解释 | 标签 eg |
| --- | --- | --- | --- |
| 疾病问诊标签 | 最近患病 | 最近一次问诊所患疾病名称 | 高血压 |
| | 家族病史 | 用户健康档案中的家族病史登记 | 糖尿病/心脏病/… |
| | 药物过敏史 | 用户健康档案中的药物过敏登记 | 青霉素/地卡因/… |
| | 食物和接触物过敏史 | 用户健康档案中的食物和接触物过敏登记 | 芒果/牛奶/… |
| | 个人习惯 | 用户健康档案中的个人习惯登记 | 久坐/饮酒/… |
| | 疑似疑难杂症标识 | 就诊日在最近 14 天内的并且有 2 个以上不同专家号的有效预约 | 是/否 |
| | 就诊人数 | 联系人数量 | 20 |
| | 近一次关注的医生星级 | 最近一次 (30 天内) 添加关注医生的级别 | 主任医师…… |
| | 近一次关注的医院类别 | 最近一次 (30 天内) 添加关注医院的类别 | 三级甲等…… |

(续)

| 标签所属分类 | 标签名 | 标签解释 | 标签 eg |
|---|---|---|---|
| 疾病问诊标签 | 近一次关注的科室 | 最近一次(30天内)关注的科室名称 | 儿科 |
| | 近一次就诊医院类别 | 最近一次(30天内)就诊医院的类别 | 三级甲等…… |
| | 近一个月浏览文章所属疾病 | 最近一个月浏览文章所属最多的疾病名称 | 鼻窦炎 |
| | 近一个月搜索最多病 | 最近一个月搜索量中所属最多的疾病名称 | 感冒 |

### 3.1.4 订单消费标签

【需求说明】订单消费标签是用户基于平台产品使用过程中进行购买或消费打的标签，通过分析各业务订单及消费数据挖掘用户的消费特征，以便为用户提供针对性服务。

【业务要素】订单消费标签主要从业务分类及消费金额等数据角度进行轻量统计汇总，详细内容及口径如下：

| 标签所属分类 | 标签名 | 标签解释 | 标签 eg |
|---|---|---|---|
| 订单消费标签 | 累计消费金额 | 累计成功付费，不含优惠和退款的金额 | 999rmb |
| | 近一个月消费金额 | 最近一个月累计成功付费，不含优惠和退款的金额 | 777rmb |
| | 近一个月挂号消费金额 | 近一个月累计成功挂号付费金额，不含优惠及退款的金额 | 666rmb |
| | 近一个月问诊消费金额 | 近一个月累计成功问诊付费金额，不含优惠及退款的金额 | 555rmb |
| | 近一个月xxx消费金额 | 近一个月累计成功xxx业务线付费金额，不含优惠及退款的金额 | 444rmb |
| | 账户余额 | 当前个人账户余额 | 222rmb |
| | 积分余额 | 会员通过平台操作行为累计的"积分" | 500 |

### 3.1.5 用户偏好标签

【需求说明】用户偏好标签是用户基于平台产品使用的一种喜好特征或者习惯性，重点分析用户常用渠道、问诊类型、就医偏好、用户加关注内容。

【业务要素】用户偏好标签从用户的终端类型、问诊方式、历史就诊医生类型、就诊医院类型、用户点击关注信息分析用户各模块的标签特征，具体如下：

| 标签所属分类 | 标签名 | 标签解释 | 标签 eg |
|---|---|---|---|
| 用户偏好标签 | 登录终端类型 | 用户登录记录统计分析汇总，从 PC（Web）/App（移动 H5）/第三方渠道登录平台使用产品 | PC/App/第三方 |
| | 常用问诊类型 | 近 1 年问诊过程采用最多的问诊方式 | 图文/视频/电话/急速/其他 |
| | 名医偏好 | 预约挂号专家都为三甲医院副主任以上医生并且在线问诊都为副主任以上医生则记为"是"，反之为"否" | 是/否 |
| 用户偏好标签 | 中西医偏好 | 挂号和咨询的医生 50% 以上为中医医生则为"中"，无中医医生则为"西"，其他情况为"无" | 中/西/无 |
| | 科室偏好 | 分析用户关注文章、医生等内容所属科室，汇总疾病标签中各关注科室的建模进行权重指标计算 | 儿科 |
| | 医院就医偏好 | 基本以平台免费咨询，且挂号去医院就医为主；平台付费行为基本没有 | 是/否 |
| | 就医地域偏好 | 挂号的选择地统计分析，得到用户常去的医院所在地 | 上海 |
| | 访问时段偏好 | 将一天的时间分区间统计用户的访问时长，统计用户最常登录和访问时间 | 21:00—23:00 |

### 3.1.6 客户满意度标签

【需求说明】客户满意度标签是用户在使用产品过程中的情绪体现，主要从用户在使用产品后的反馈情况以及用户的流失风险进行综合评估。

【业务要素】客户满意度标签从用户历史是否有投诉信息、主动评价包括差评数据以及多因子建模评估流失风险，具体标签如下：

| 标签所属分类 | 标签名 | 标签解释 | 标签 eg |
|---|---|---|---|
| 用户满意度标签 | 历史是否有投诉工单 | 历史工单是否有投诉或建议级别的工单 | 是/否 |
| | 是否流失 | 90 天内未登录 | 是/否 |
| | 流失风险指数 | 通过用户近期的登录行为、浏览搜索等互联网点击行为、挂号问诊订单信息等多因子建模，计算用户流失风险指数 | 0.5 |
| | 最近一个月评价数 | 最近一个月挂号加问诊的评价数量 | 30 |
| | 最近一个月挂号差评数 | 最近一个月挂号的差评数量 | 3 |
| | 最近一个月问诊差评数 | 最近一个月问诊的差评数量 | 0 |

## 3.2 接口封装

【需求说明】用户画像接口旨在解决用户画像数据与各业务渠道应用的传输问题，使用户画像标签能够在各渠道应用时个性化展现，并且保证数据运营及营销推荐数据实时更新，数据每日更新，避免数据不准确和重复交叉应用。

【功能说明】Hive 数据仓库封装用户画像模型宽表，每日同步至 MySQL 数据库，各业务及运营可通过直接访问 MySQL 数据库或数据文件下发的方式，访问画像模型数据宽表；也可通过在线接口以 RESTful API 的方式实时调用 HBase、Elasticsearch 中的用户标签、用户人群标签数据，实时反馈运营及营销接触数据问题，整合画像模型并更新；配置分析及应用平台可视化展现推荐标签库，以实现权限管控需求。

## 3.3 UI 设计

【需求说明】数字化运营及精准营销的可视化展现，是基于用户画像数据实现千人千面的展现效果，使运营及营销人员有更好的用户认识，带来更佳的用户服务质量。

【功能说明】展现 UI 信息包括：人口属性、行为属性、疾病问诊、订单消费、用户偏好以及客户满意度标签等，同时基于用户汇总实现更多的用户分群统计分析，具体展现样例如下：

（1）画像数据展现图

（2）业务标签统计柱形图

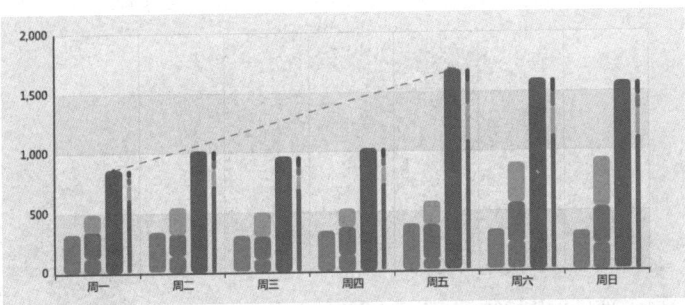

（3）用户人群分部热力图

（4）用户标签特征雷达图

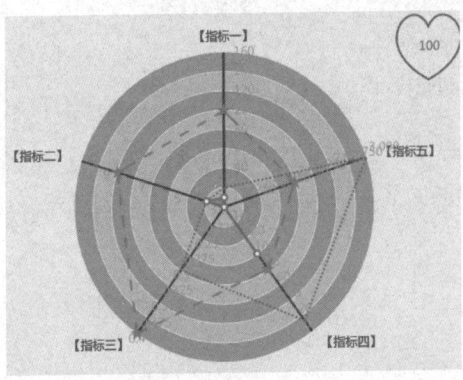

（5）指标情况仪表盘

（6）用户关注及搜索疾病标签词云图

## 3.4 场景应用及项目排期

画像系统上线后将应用于数据分析、BI分析、Push推送营销、站内广告推送、差异化客服、主动外呼系统、短信/邮件营销系统等多个应用场景。项目排期与各阶段关键产出如下图所示。

| 任务类型 | 任务名称 | 任务内容 | 所需时间 | 重点内容 |
|---|---|---|---|---|
| 标签开发 | 性别标签开发 | 数据调研、熟悉数据字典，开发标签（包括统计类、算法类、实时类的标签） | ××天 | 数据调研、和业务方确认数据口径，标签开发上线。初期上线满足应用需求 |
| | 会员标签开发 | | ××天 | |
| | 活跃度标签开发 | | ××天 | |
| | RFM 标签开发 | | ××天 | |
| | …… | …… | …… | |
| ETL调度开发 | 任务依赖关系梳理 | 梳理各任务之间的依赖关系 | ××天 | 满足定时调度，监控预警、失败重试，各调度任务之间的复杂依赖关系 |
| | 监控脚本开发 | 开发标签监控、人群计算监控、服务层监控等相关脚本 | ××天 | |
| | 调度脚本开发 | 根据梳理的各任务间调度依赖，开发调度流脚本 | ××天 | |
| | 上线调度系统 | 调度流脚本上线调度试运行/正式运行 | ××天 | |
| 打通服务层接口 | Push系统业务对接沟通 | 画像人群数据和Push系统的打通方案，开发方式确定 | ××天 | 打通数据仓库数据和各业务系统之间的通路，提供稳健的服务 |
| | 外呼系统业务对接沟通 | 和外呼团队了解外呼业务场景，确定打通方式 | ××天 | |
| | 广告系统业务对接沟通 | 和广告团队了解目前广告场景，确定打通方式 | ××天 | |
| | 客服系统业务对接沟通 | 和客服团队确认系统打通方式 | ××天 | |
| | …… | …… | …… | |
| 画像产品化 | 产品经理与业务人员、技术开发对接沟通 | 确定产品功能、画原型、明确开发排期 | ××天 | 产品交互友好，能支持到业务方对用户进行分析、精细运营的需求 |
| | JAVA Web端开发 | 开发测试、内测 | ××天 | |
| | 产品上线 | 通知各业务方使用产品 | ××天 | |
| 开发调优 | 标签脚本、调度脚本的重构优化 | 梳理现有标签开发、调度、校验告警、同步到服务层等相关脚本，明确可以优化的地方，迭代优化 | ××天 | 减少ETL调度时间，降低调度时消耗资源 |
| 面向业务方推广应用 | 写画像使用文档 | 面向数据分析师、业务人员等群体撰写详细的画像使用文档，包括相关表及元数据、产品使用手册等 | ××天 | 帮助业务人员将画像数据应用到业务中去、提高用户活跃、提高GMV |
| | 提供业务支持 | 针对业务场景，为业务方提供画像解决方案 | ××天 | |

# 4. 运行环境

## 4.1 网络与硬件设备

网络与硬件设备包括数据库服务器：Kafka、MySQL、HDFS、Hive、HBase、Elasticsearch、Spark，应用服务器配置，网络环境等。以部署在3个节点上的集群为例，说明各机器的作用。机器及环境部署如下示例所示。

| 模块名称 | 角色 | 端口 | 部署节点 | 备注 |
|---|---|---|---|---|
| Nginx | | 8106, 8007 | data01<br>data02<br>data03 | |
| Extractor | | 8101 | data01<br>data02<br>data03 | |
| Kafka | Kafka Broker | 9092, 44422, 24042,<br>9393, 37746 | data01<br>data02<br>data03 | |
| MySQL | Master | 3305 | data01 | |
| | Slave | 3305 | data02<br>data03 | |
| Monitor | Leader | 8103 | data03 | |
| | Follower | 8103 | data01<br>data02 | |

## 4.2 软件平台

软件平台包括 Web 服务器环境、数据库操作系统、数据挖掘软件工具等。

# 推荐阅读

## 数据中台

**超级畅销书**

这是一部系统讲解数据中台建设、管理与运营的著作,旨在帮助企业将数据转化为生产力,顺利实现数字化转型。

本书由国内数据中台领域的领先企业数澜科技官方出品,几位联合创始人亲自执笔,7位作者都是资深的数据人,大部分作者来自原阿里巴巴数据中台团队。他们结合过去帮助百余家各行业头部企业建设数据中台的经验,系统总结了一套可落地的数据中台建设方法论。本书得到了包括阿里巴巴集团联合创始人在内的多位行业专家的高度评价和推荐。

## 中台战略

**超级畅销书**

这是一本全面讲解企业如何建设各类中台,并利用中台以数字营销为突破口,最终实现数字化转型和商业创新的著作。

云徙科技是国内双中台技术和数字商业云领域领先的服务提供商,在中台领域有雄厚的技术实力,也积累了丰富的行业经验,已经成功通过中台系统和数字商业云服务帮助良品铺子、珠江啤酒、富力地产、美的置业、长安福特、长安汽车等近40家国内外行业龙头企业实现了数字化转型。

# 推荐阅读